Migration, Diversität und kulturelle Identitäten

Hans W. Giessen · Christian Rink
(Hrsg.)

Migration, Diversität und kulturelle Identitäten

Sozial- und kulturwissenschaftliche
Perspektiven

 J.B. METZLER

Hrsg.
Hans W. Giessen
Universität des Saarlandes
Saarbrücken, Deutschland

Christian Rink
Universität Helsinki
Helsinki, Finnland

Der Band wurde mit Unterstützung der Research Community "Comparing and Contrasting Languages and Cultures" an der Universität Helsinki veröffentlicht (https://www.helsinki.fi/en/researchgroups/comparing-and-contrasting-languages-and-cultures).

ISBN 978-3-476-04371-9   ISBN 978-3-476-04372-6   (eBook)
https://doi.org/10.1007/978-3-476-04372-6

Die Deutsche Nationalbibliothek verzeichnet diese Publikation in der Deutschen Nationalbibliografie; detaillierte bibliografische Daten sind im Internet über http://dnb.d-nb.de abrufbar.

Einbandgestaltung: Finken & Bumiller, Stuttgart (Foto: photocase.com, cydonna)

Planung/Lektorat: Ute Hechtfischer
J.B. Metzler ist ein Imprint der eingetragenen Gesellschaft Springer-Verlag GmbH, DE und ist ein Teil von Springer Nature.
Die Anschrift der Gesellschaft ist: Heidelberger Platz 3, 14197 Berlin, Germany

Vorwort

Die Migrations- und Mobilitätsbewegungen im Kontext der Krisen der vergangenen Jahre, aber auch die Internationalisierungs- und Globalisierungsphänomene der Gegenwart geben der Erforschung daraus resultierender Phänomene und Probleme eine neue Dringlichkeit. Zu Migration, Identität, Hybridität wird in verschiedensten Disziplinen gelehrt und geforscht. Stichworte und Konzepte wie Interkulturalität und Transkulturalität stehen dabei für teils unterschiedliche, teils einander sehr ähnliche Positionen im Umgang mit anderen Kulturen und gleichzeitig auch den Risiken wie Chancen der steigenden Diversität moderner Gesellschaften. Interessanterweise zeigt sich aber, dass selbst die Vertreterinnen und Vertreter unterschiedlicher akademischer Disziplinen, die sich mit kulturellen Phänomenen befassen, oft wenig miteinander reden. Vor dem Hintergrund der virulenten Debatten schien es demnach sinnvoll, zunächst einmal unterschiedliche Fächer, Positionen und Herangehensweisen zusammenzuführen. Zwangsläufig sind das schwerpunktmäßig Vertreter von Disziplinen aus den Sozial- und die Kulturwissenschaften.

Dies ist das Ziel eines Forschungsprojekts an der Universität Helsinki, das sich mit „Migration in Deutschland und Europa. Inter-, Multi-, Transkulturalität" befasst. In einem ersten Schritt ging es um einen inter- bzw. transdisziplinären Dialogs und kritischen Vergleich der dabei verwendeten Kulturkonzepte. Dies geschah in einem 2015 durchgeführten Kongress; dort haben wir einen der exponiertesten Vertreter des Konzepts der Transkulturalität, Wolfgang Welsch, zu einer Keynote eingeladen. Welsch prägte die Diskussionen, provozierte aber auch Kritik. Dass aus der Beschäftigung mit seinen Aussagen eine durchaus klärende Diskussion entstehen kann, zeigt der Beitrag von Withold Bonner. Beide Beträge stehen mithin in einem spannenden Wechselverhältnis und eröffnen daher auch diesen Band, der seine Entstehung dem genannten Kongress verdankt.

In der Folge fiel es uns aber zunehmend schwer, die Beiträge nach einem konsistenten Kriterium zu ordnen. Dass alle hier Vertretenen Autoren auf jeweils spezifische Art und Weise Kulturwissenschaftler sind, ist durch die Thematik vorgegeben. Letztlich gab es einen Aspekt, der die Methodik und die Untersuchungsgegenstände betrifft und der uns zu einer Unterscheidung in zwei größere Blöcke veranlasste, denjenigen der eher empirisch arbeitenden, sozialwissenschaftlich geprägten Autoren, und denjenigen der hermeneutisch arbeitenden Literaturwissenschaftler. Dass aber auch diese Trennung weniger stark und zwangsläufig ist,

als sie im Alltag des Wissenschaftsbetriebs oft sein müsste, machen beispielsweise
die Artikel von Christoph Barmeyer und von Hans Giessen deutlich, die beide Vorgehensweisen, wenngleich in unterschiedlichem Ausmaß, in ihren Beiträgen miteinander verbinden.

Noch schwerer war es dann, ein Ordnungsprinzip innerhalb dieser jeweiligen
Blöcke zu finden; denn es war ja, wie erwähnt, gerade unsere Absicht, disparate
Konzepte, Vorgehensweisen und Themen zusammenzuführen. So sind hier die
Artikel in alphabetischer Reihenfolge gegliedert. Im eher sozialwissenschaftlich
ausgerichteten Block beginnen wir mit den Beiträgen von Christoph Barmeyer,
Jürgen Beneke und Jürgen Bolten, die jeweils kulturlinguistisch geprägt sind,
sich aber gleichzeitig mit ökonomischen Fragestellungen befassen. Indem sie das
Zusammenarbeiten von Menschen aus verschiedenen kulturellen Hintergründen
untersuchen, gehen sie zwangsläufig davon aus, dass dies jeweils möglich sei,
untersuchen aber auch die Probleme und Risiken, die beim Zusammenarbeiten von
Menschen aus unterschiedlichen Kulturkreisen entstehen. Hans Giessen legt den
Schwerpunkt auf die anthropologischen Universalien und trägt Material aus ver-
schiedenen Fächern zusammen. Alexander Thomas ist Psychologe, hat also einen
Blickwinkel, der eher vom Individuum ausgeht. Schließlich gibt es auch einen
Beitrag aus dem Feld der Sozialanthropologie – die ja traditionell eher ‚fremde'
Kulturen untersucht, zunehmend aber auch die kulturellen und strukturellen Spe-
zifitäten der ‚Fremden', die infolge der Migrationsbewegungen zu uns gekommen
sind, hier bei uns, im Kontext unserer Gesellschaften betrachtet. In ihm untersucht
Hanna Snellman exemplarisch die Situation von Migrantinnen aus Finnland im
benachbarten Schweden.

Im literaturwissenschaftlichen Teil gibt es Beiträge von Britta Benert, Edgar
Platen und Christian Rink. Den Auftakt dieses Felds macht Britta Benert, die die
Migrationserfahrungen zweier zeitgenössischer Autoren aus unterschiedlichen
Generationen darstellt, Nancy Huston und Marica Bodrožić. Dagegen versucht
Edgar Platen, aus der Vergangenheit, insbesondere aus den Flucht- und Migrati-
onsbewegungen vor und während der Nazizeit und des Zweiten Weltkriegs, neue
Erfahrungen zu generieren. Der Kreis schließt sich mit einem weiteren Artikel zur
Gegenwartsliteratur: Christian Rink geht auf Kulturkonzepte ein und behandelt
eine Literatur, die das Thema Migration und kulturelle Differenzen zum Thema
hat. Damit greift er die Debatte auf, die den ersten Block dieses Bandes prägt (und
auch die Konferenz in Helsinki geprägt hat). Der Kreis schließt sich.

Was ist die Quintessenz der hier versammelten Studien? Insgesamt wird an
keiner Stelle geleugnet, dass es Differenzen und Verwerfungen geben kann. Die
Tendenz scheint aber deutlich dahin zu gehen, sie als überwindbar zu betrachten; mehr noch: im Gegensatz zu dystopischen Szenarien die Chancen der Diversität als wichtiger und stärker zu erachten. Dies könnte Wunschdenken sein, aus
der Sicht heraus, dass uns heutzutage eh nicht viel anderes übrigbleibe, als ‚das
Beste aus der Situation' zu machen. Es könnte auch an unserer (der Herausgeber)
Auswahl liegen. Wir haben aber durchaus nicht den Eindruck, dass es sich um ein
‚Rufen im Walde' handelt, im Gegenteil (und auch, obwohl diese Aussage hier nur
hermeneutisch formuliert, nicht quantitativ überprüft wird). Kaum ein Autor, der

sich ernsthaft mit der Thematik befasst, geht von der Unlösbarkeit der Situation aus. Wir glauben, dass der Band durchaus den State-of-the-Art der Forschungen zu Migration, Identität und Hybridität widerspiegelt. So ist er aus unserer Sicht gleichzeitig eine Art Handreichung für alle, die in der aktuellen aufgeregten Diskussion einen ruhigen, sachlichen Blick suchen.

Damit das Anliegen gelingen konnte, hat es vielfältiger Unterstützung bedurft. Der Universität Helsinki, die den bereits genannten Kongress ermöglicht hat, sei dafür gedankt, ebenso wie der hiesigen Forschergemeinschaft CoCoLac für die umfangreiche Förderung und nicht zuletzt dem Team vom Metzler Verlag in Stuttgart, das mit den Schwierigkeiten einer Buchproduktion, die selbst zwischen unterschiedlichen Ländern und Kulturen entstand, professionell umgegangen ist.

Hans W. Giessen
Christian Rink

Inhaltsverzeichnis

Autorinnen und Autoren

Christoph Barmeyer, Universität Passau (D)

Jürgen Beneke, Universität Hildesheim (D)

Britta Benert, Université de Strasbourg (F)

Jürgen Bolten, Universität Jena (D)

Withold Bonner, Universität Tampere (FI)

Hans Giessen, Universität des Saarlandes (D)

Edgar Platen, Universität Göteborg (S)

Christian Rink, Universität Helsinki (FI)

Hanna Snellman, Universität Helsinki (FI)

Alexander Thomas, Universität Regensburg (D)

Wolfgang Welsch, Universität Jena (D)

Teil I
Zu Beginn. Begriff und Debatte

Transkulturalität: Realität und Aufgabe

Wolfgang Welsch

1.1 Einleitung

Zunächst will ich darlegen, wie ich vor mittlerweile 25 Jahren dazu kam, das Konzept der Transkulturalität zu entwickeln. Ich habe mich damals intensiv mit Kulturphilosophie befasst. Dabei gewann ich den Eindruck, dass unser herkömmlicher Kulturbegriff auf die gegenwärtigen kulturellen Zustände nicht mehr passt. Also versuchte ich, ein den neuen Verhältnissen adäquates Kulturkonzept zu entwickeln – daraus entstand das Konzept der Transkulturalität. Erstmals habe ich es in Welsch (1992) vorgestellt; viele erweiterte Fassungen folgten, zuletzt Welsch (2011). Die heutigen Flüchtlingsbewegungen waren damals noch nicht abzusehen. Das Konzept ist also nicht in erster Linie darauf zugeschnitten. Aber wir werden sehen, wie es gerade auch in der heutigen Situation hilfreich sein kann.

Was war das Obsolete am herrschenden Kulturbegriff? Er war stark national geprägt: ‚Kultur‘, das sollte deutsche oder italienische oder türkische oder japanische oder US-amerikanische Kultur oder dergleichen sein. Aber just diese nationale Verortung schien mir auf die damaligen Verhältnisse nicht mehr zuzutreffen.

1.2 Das traditionelle Kugelmodell der Kultur

Woher stammte diese Vorstellung von Kultur als Nationalkultur? Sie bildete sich Ende des 18. Jahrhunderts heraus, und der maßgebliche Autor dafür war Johann Gottfried Herder (vgl. Herder 1774 sowie Herder 1784–1791). Herder stellte sich die Kulturen wie Kugeln vor. So erklärte er beispielsweise: „jede

W. Welsch (✉)
Friedrich-Schiller-Universität Institut für Philosophie, Jena, Deutschland
E-Mail: wolfgang.welsch@uni-jena.de

© Springer-Verlag GmbH Deutschland, ein Teil von Springer Nature 2020
H. W. Giessen und C. Rink (Hrsg.), *Migration, Diversität und kulturelle Identitäten,*
https://doi.org/10.1007/978-3-476-04372-6_1

Nation [und ‚Nation' ist für Herder eben gleichbedeutend mit ‚Kultur'] hat ihren *Mittelpunkt* der Glückseligkeit *in sich* wie jede Kugel ihren Schwerpunkt!" (Herder 1774: 44–45). Aus diesem Kugelmodell der Kultur ergeben sich zwei Auflagen.

Erstens soll jede Kultur im Inneren homogen sein. Die Vorstellung geht tatsächlich dahin, dass alle Mitglieder einer Kultur die gleiche Lebensform haben – von alltäglichen Vollzügen wie Essen, Schlafen, Schwitzen bis hin zu ihrer psychischen Verfassung, ihren Überzeugungen, ihrem Weltbild.[1] Diese Homogenitätsforderung ist mit dem Kugelmodell intrinsisch verbunden: eine Kugel, die in sich heterogen wäre, würde zerfallen – wenn es sich um eine Kugel handeln soll, *muss* sie tatsächlich Homogenität besitzen.

Zweitens ergibt sich aus dem Kugelmodell eine strikte Abgrenzung nach außen. Wenn eine Kultur durch ihre besondere Lebensform charakterisiert ist, dann muss eine andere Kultur durch eine andere Lebensform charakterisiert sein – sonst würde es sich eben nicht um eine wirklich andere Kultur handeln. Die Kulturen sind also, dem Kugelmodell entsprechend, auf Alterität, auf Differenz und Abgrenzung gepolt.

Wie weit das gehen kann, ist der folgenden Äußerung Herders zu entnehmen: „Alles was mit meiner Natur noch *gleichartig* ist, was in sie *assimiliert* werden kann, beneide ich, strebs an, mache mirs zu eigen; *darüber hinaus* hat mich die gütige Natur mit *Fühllosigkeit, Kälte* und *Blindheit* bewaffnet; sie kann gar *Verachtung* und *Ekel* werden" (Herder 1774: 45). Man sieht: minimale Gemeinsamkeiten mögen bestehen und genutzt werden, aber wo es an den Kern der kulturellen Unterschiede geht, da gelten Abstoßung und Feindseligkeit. Kulturen, die wie Kugeln aufgefasst sind, können nicht miteinander kommunizieren, sie können einander nicht durchdringen, sondern können einander nur, wie Herder das treffend formuliert hat, „stoßen" (Herder 1774: 46; das ist übrigens die Geburtsstätte des Theorems vom „clash of civilizations" – 1774 bei Herder, nicht erst 1993 bei Huntington.).

Sobald man Kulturen als Kugeln ansetzt, sind diese beiden Forderungen der inneren Homogenität und der äußeren Heterogenität – das wollte ich darlegen, und das wird sich auch im Weiteren bestätigen – unvermeidlich. Wenn Kulturen wie Kugeln sind, dann *müssen* sie intern homogen und extern abweisend sein.[2]

---

[1]In diesem Sinn hat T. S. Eliot neo-herderisch noch 1948 erklärt, dass Kultur „die Gesamtform" sei, „in der ein Volk lebt – von der Geburt bis zum Grabe, vom Morgen bis in die Nacht und selbst im Schlaf". (Eliot 1967: 29).

[2]Um kein Missverständnis aufkommen zu lassen: Es geht mir nicht um Herder-Schelte, sondern um die Kritik eines erstmals von ihm artikulierten Kulturkonzepts, der Vorstellung von Kulturen als Kugeln. In anderen Hinsichten hat Herder, auch in puncto Kultur, große Verdienste. Erstens schließt sein Kulturverständnis ganz selbstverständlich auch die ‚Alltagskultur' ein und ist gegen die unselige spätere Gegenüberstellung von ‚hoher Kultur' und ‚niedriger Zivilisation' immun. Zweitens war Herders Konzept zu seiner Zeit durchaus fortschrittlich und emanzipatorisch, etwa gegen das aufklärerische Kultur- und Geschichtsverständnis, das die Entwicklung der ganzen Menschheit auf einen einzigen Nenner zu bringen suchte – mit Europa als Maß. Gegen solch gesamtmenschheitliche Homogenisierung war Herders Konzept autonomer Einzelkulturen

1.3   ‚Transkulturalität'

Die Frage war dann, ob die gegenwärtigen Kulturen *de facto* noch immer wie autonome Kugeln verfasst sind. Ich hatte schon vor 25 Jahren den Eindruck, dass dies längst nicht mehr der Fall ist, dass die Kulturen vielmehr den Kugelcharakter hinter sich gelassen haben und weithin durch Mischungen und Durchdringungen gekennzeichnet sind. Diese neue Struktur suchte ich durch den Terminus ‚Transkulturalität' zum Ausdruck zu bringen.

‚Transkulturalität' sollte, dem Doppelsinn des lateinischen *trans-* entsprechend, darauf hinweisen, dass die heutige Verfassung der Kulturen *jenseits* der alten (der kugelhaften) Verfassung liegt und dass dies eben insofern der Fall ist, als die kulturellen Determinanten heute *quer* durch die Gesellschaften *hindurchgehen,* diese also durch Verflechtungen und Gemeinsamkeiten gekennzeichnet sind. Unser kulturtheoretisches Leitbild sollte nicht mehr das von Kugeln, sondern das von Geflechten oder Netzen sein.

Im Folgenden will ich einige Hauptpunkte dieses Konzepts darstellen. Ich beginne mit der Makroebene, also der Ebene der Gesellschaft. Was diesbezüglich festzustellen ist, forderte vor 25 Jahren noch massiven Widerspruch heraus, heute ist es (im Zug der Globalisierung) nahezu selbstverständlich geworden. Anschließend werde ich mich der Mikroebene, der Ebene der Individuen zuwenden.

1.4   Makroebene: der veränderte Zuschnitt heutiger Kulturen

1.4.1   Interne Differenzierung

Die alte Homogenitätsthese gilt heute schon gesellschaftsintern nicht mehr. Die Deutschen oder die Finnen oder die Venezolaner verbringen keineswegs ihre Lebensläufe, Tage und Nächte alle auf die gleiche Weise. So einheitlich lebt man in der Moderne nicht mehr. Alle Gesellschaften sind *vertikal differenziert:*

---

gerichtet, und Herder war einer der frühesten Kritiker von Eurozentrismus und ein Anwalt randständiger Kulturen. – Man darf aber auch nicht verkennen, dass Herder an dem von ihm 1774 propagierten Kugelmodell der Kulturen zeitlebens festgehalten hat, auch in den späteren *Ideen zur Philosophie der Geschichte der Menschheit* (1784–1791). Er spricht dort von der „Kette der Kultur" (Herder 1784–1791: 650 [III, 15, III]) – und diese Kette ist eine Perlenkette und bleibt somit eine Kette von Kugeln. Nur in der frühen „Abhandlung über den Ursprung der Sprache" von 1772 hatte Herder noch eine mildere Konzeption vertreten, die mit einer „Überlieferung von Volk zu Volk" rechnete: „Wir Deutsche würden noch ruhig, wie die Amerikaner, in unsern Wäldern leben, oder vielmehr noch in ihnen rauh kriegen und Helden sein, wenn die Kette fremder Kultur nicht so nah an uns gedrängt und mit der Gewalt ganzer Jahrhunderte uns genötigt hätte, mit einzugreifen. Der Römer holte so seine Bildung aus *Griechenland,* der *Grieche* bekam sie aus *Asien* und *Ägypten: Ägypten* aus *Asien, China* vielleicht aus *Ägypten* – so geht die Kette von *einem* ersten Ringe fort und wird vielleicht einmal über die Erde reichen" (Herder 1985 [1772]: 806–807 f. [2,4]). Allerdings galt auch dort schon, dass nur Assimilierbares übernommen werden kann und der Beachtung wert ist.

die Lebensformen in einer Arbeitersiedlung, einem Villenviertel und der Alter-
nativszene weisen nur wenige gemeinsame kulturelle Nenner auf. Hinzu
kommen *horizontale Differenzierungen:* Unterschiede von weiblicher und männ-
licher, heterosexueller, lesbischer oder schwuler Orientierung können drastische
Abweichungen in den kulturellen Mustern und Lebensweisen nach sich ziehen.
Folglich gleichen die Kulturen schon intern nicht mehr homogenen Kugeln, sondern sind *in sich* vielfältig.

1.4.2 Externe Vernetzung und interner Hybridcharakter der Kulturen

Ferner ist die Homogenitätsbehauptung auch im Außenbezug überholt. Zeitgenössische Kulturen sind denkbar stark miteinander verbunden und verflochten.
Die Lebensformen enden nicht mehr an den Grenzen der Einzelkulturen von einst
(der vorgeblichen Nationalkulturen), sondern überschreiten diese, finden sich ebenso
in anderen Kulturen. Die Lebensformen sind eher berufstypisch als nationaltypisch
geprägt. Die Lebensform eines Ökonomen, eines Wissenschaftlers oder eines Journalisten ist nicht mehr einfach deutsch oder französisch, sondern – wenn schon –
von europäischem oder globalem Zuschnitt. Und die Lebensform eines Busfahrers
oder eines Bauern ist in Südamerika kaum anders als im Vorderen Orient.

Zudem sind die zeitgenössischen Kulturen weithin durch *Hybridisierung*
gekennzeichnet. Für eine jede Kultur sind tendenziell alle anderen Kulturen zu
Binnengehalten geworden. Das gilt auf der Ebene der Bevölkerung: weltweit
leben in der Mehrzahl der Länder auch Angehörige aller anderen Länder dieser
Erde. Es gilt ebenso auf der Ebene der Waren: immer mehr werden die gleichen
Artikel (wie exotisch sie einst auch gewesen sein mögen) allerorten verfügbar.
Und es gilt auf der Ebene der Information: im Zeitalter des Internet sind unzählige
Informationen tendenziell von jedem Punkt aus identisch verfügbar.

Die Folge davon ist, dass die Trennschärfe zwischen Eigen- und Fremdkultur
zunehmend schwindet. Man findet heute in den Innenverhältnissen einer Kultur
ähnlich viele Unterschiede wie in ihren Außenverhältnissen: Ulf Hannerz hat das
so ausgedrückt: „Die kulturelle Unterschiedlichkeit tendiert jetzt dazu, innerhalb
von Nationen ebenso groß zu sein wie zwischen ihnen" (Hannerz 1992: 231).

1.4.3 Gründe der ‚Transkulturalisierung'

Was sind die treibenden Faktoren, welche die weltweite Transkulturalisierung
bewirken?

An erster Stelle sind die zunehmende Globalisierung und die Expansion
des Kapitalismus in immer raffinierteren Formen zu nennen. Natürlich hat die
‚Transkulturalisierung' nicht nur ihre schönen Seiten, sondern auch hässliche
und erschreckende. Beispielsweise kommt es im Warenverkehr zu idiotischen
Auswüchsen. Man bestellt in Havanna ein Mineralwasser, und was wird einem

gebracht? Eine Flasche San Pellegrino – die trinkt man dann nur, weil einem angesichts ihrer Ökobilanz einfach die Spucke wegbleibt. Oder die Gründe der weltweiten Migrationsbewegungen sind erschreckend: Ausbeutung, Verarmung, Krieg, Vertreibung. Der Weg in die Transkulturalität ist den Menschen in vielen Fällen durch ökonomische Abhängigkeit und Elend aufgezwungen worden. Bald wird der Klimawandel in großem Ausmaß als weitere Ursache hinzukommen. Am wenigsten sind Negativa vielleicht im Bereich der Information offensichtlich – das Internet bietet immerhin eine Chance für Gegenöffentlichkeiten.

1.4.4 Vieldimensionalität des Wandels

Wichtig ist, dass die neuartigen Durchdringungen und Verflechtungen der Kulturen nicht – wie oft fälschlich behauptet wird – nur die Konsumkultur (McDonald's, Coke, usw.), sondern *sämtliche* kulturellen Dimensionen betreffen, dass sie von den täglichen Routinen bis hin zur Hochkultur reichen.

Beispielsweise wird die Medizin zunehmend transkulturell: im Westen greift man zunehmend zu Akupunktur, Quigong und Ayurveda, und in den asiatischen Ländern dringt die westliche Medizin vor. Oder in der Popkultur ist eine nationale Zuordnung der Stars längst anachronistisch geworden. Daran gemessen, ist der *Eurovision Song Contest* mit seiner Anstachelung nationaler Emotionen nur noch atavistisch. Oder man denke an die großen Fußballklubs: vor dreißig Jahren wäre es undenkbar gewesen, dass die Spieler überwiegend aus anderen Ländern, ja von anderen Kontinenten kommen, heute ist das an der Tagesordnung – und die Fans haben damit keine Schwierigkeiten mehr, sondern geraten in Euphorie, wenn es ihrem Heimatklub gelingt, den Welt-Topspieler aus Südamerika zu verpflichten.[3]

Ebenso ist in der ‚hohen‘ Kultur die Mischung evident: Wer häufig Konzerte besucht, empfindet so unterschiedliche Musiken wie die von Mozart und Mahler, Ives und Bernstein oder Debussy und Takemitsu als Teil seiner Identität. Oder man denke daran, dass jedes Jahr 10.000 Hobbysänger in Osaka Beethovens *Neunte Symphonie* aufführen – eine eminente Herausforderung für die Bewerber, da sie dabei für sie so schwierige deutsche Ausdrücke wie „Freude, schöner Götterfunken" verständlich singen müssen, was ihnen harte Trainingsarbeit abverlangt.[4] Oder man nehme das Cloud Gate Dance Theater in Taiwan als Beispiel, das

---

[3]Schon 2010, als Inter Mailand das Championsleague-Finale bestritt, stand kein einziger italienischer Spieler im Team. Selbst bei Nationalmannschaften ist die transkulturelle Mischung inzwischen unverkennbar.

[4]Beethovens *Neunte Symphonie* ist heute allgemein in Japan äußerst beliebt. Jährlich finden circa 200 Aufführungen statt. Besonders interessant ist, wie es dazu kam. Im ersten Weltkrieg waren Japan und Deutschland Kriegsgegner. Deutsche Soldaten wurden 1917 als Gefangene nach Japan transportiert und in Lagern untergebracht. Eines von ihnen war das *Bandô*-Lager in der Stadt Naruto auf der Insel Shikoku. Die deutschen Soldaten wurden dort sehr human behandelt, man gewährte ihnen viel Freiheit. Sie durften Musik machen, und so kam es in einer Baracke des *Bandô*-Lagers am 01.06.1918 zur ersten Aufführung der *Neunten Symphonie* auf japanischem

westliche Tanzformen (klassischer wie moderner Art) mit asiatischen Traditionen (Tai Chi, Qi Gong, Kampfsportarten, Kalligraphie) verbindet, sozusagen ‚asiatischen Schwanensee' hervorbringt – mit einer ganz eigenen, durch fließende Bewegungen charakterisierten Physiognomie. Da führt die Verbindung westlicher und östlicher Inspirationen zu etwas genuin Neuem. Besonders bemerkenswert ist, dass diese Gruppe in Taiwan sehr geschätzt wird. Obwohl sie sozusagen nur mit einem Bein in der taiwanesischen Kultur steht, ist sie geradezu Gegenstand des Nationalstolzes. Ihr ist ein eigener Feiertag gewidmet: der Tag des ersten öffentlichen Auftritts der Gruppe am 21. August wurde von der Stadtregierung von Taipeh zum ‚Cloud Gate-Tag' ernannt. Man sieht: Nationalstolz muss sich in avancierten Gesellschaften nicht nur auf Nationales, er kann sich auch auf Transkulturelles beziehen.

Schließlich wirkt sich die zeitgenössische kulturelle Durchdringung auch auf Grundfragen des individuellen und gesellschaftlichen Selbstverständnisses aus. Ich erinnere nur an die Menschenrechts-Diskussionen, an die feministische Bewegung oder das ökologische Bewusstsein. Sie werden im Zug der Globalisierung (sozusagen auf dem Rücken des Tigers Kapitalismus) eingeschleust und breiten sich von daher auch in Gesellschaften aus, die dafür von ihrer Tradition her keineswegs disponiert sind. Menschenrechte, Feminismus und Ökologie stellen heute mächtige Wirkfaktoren quer durch die verschiedenen Gesellschaften dar.[5] Dem alten Kulturmodell und seiner Differenz-Fiktion zufolge wäre dergleichen ganz unmöglich – was umgekehrt noch einmal die Obsoletheit dieses Modells belegt.

1.5   Mikroebene

1.5.1   Transkulturelle Prägung der Individuen

Transkulturalität dringt nicht nur auf der gesellschaftlichen Makroebene, sondern ebenso auf der individuellen Mikroebene vor. Dies ist im allgemeinen Bewusstsein unterbelichtet, mir aber besonders wichtig. Die meisten unter uns sind in ihrer kulturellen Formation durch *mehrere* kulturelle Herkünfte und Ver-

---

Boden. Die Soldaten taten dies natürlich zur eigenen seelischen Stärkung in der Gefangenschaft. Aber bald erfolgten gemeinsame Aufführungen mit Japanern. Noch heute wird Beethovens *Neunte* in Naruto jährlich am ersten Sonntag im Juni aufgeführt. Und von dort verbreitete die Beethoven-Begeisterung sich über ganz Japan. Der Fall ist deswegen besonders interessant, weil hier ja gerade ein exemplarisches Stück europäischer Musik vom Kriegsgegner übernommen und zu einem Highlight der eigenen Identität gemacht wurde – ein beindruckendes Beispiel von Transkulturalisierung.

[5] Dabei handelt es sich nicht einfachhin um einen Export westlicher Vorstellungen, sondern es kommt ebenso rückwirkend zu Modifikationen: Die Bejahung des Eigentums beispielsweise, von der indische Frauenrechtlerinnen gesagt haben, dass sie eine unabdingbare Voraussetzung ihrer Emanzipation darstellt, hat manche westliche Kritiker des Privateigentums umzudenken veranlasst.

bindungen bestimmt. Wir sind kulturelle Mischlinge. Das gilt nicht nur, wie man oft meint, für Migranten und Postmigranten, sondern zunehmend für alle heutigen Menschen.

Die Erklärung ist einfach: Da heutige Heranwachsende schon alltäglich mit einer weitaus größeren Anzahl kultureller Muster bekannt werden als dies in der Generation der Eltern und Großeltern der Fall war – man trifft schlicht auf der Straße, im Beruf, in den Medien mehr Menschen mit unterschiedlichem kulturellem und ethnischem Hintergrund als zuvor –, können sie bei ihrer kulturellen Identitätsbildung eine Vielzahl von Elementen unterschiedlicher Herkunft aufgreifen und verbinden. Die Alternativen zum Standard von einst liegen heute nicht mehr außer Reichweite, sondern sind Bestandteil des Alltags geworden. Daher werden heutige Menschen – indem sie solch unterschiedliche kulturelle Elemente zu ihrer Identität verbinden – zunehmend *in sich* transkulturell.[6]

Nun mag man einwenden, dass eine Verfügbarkeit vielfacher kultureller Muster zwar in den fortgeschrittenen und technologisch hochgerüsteten Ländern bestehe, aber doch nicht weltweit gegeben sei. Dagegen will ich darauf hinweisen, dass sich selbst in Regionen, wo diese Verfügbarkeit stark eingeschränkt ist, unter heutigen Bedingungen entsprechende Veränderungen ereignen. In der Mongolei, wo die Beschränkung sicherlich stark ist, sieht eine junge Frau in ihrer Jurte doch einmal einen amerikanischen Blockbuster und ist von dem ihr ganz unbekannten Verhältnis zwischen Mann und Frau fasziniert – so sehr, dass sie aus ihrer Jurte und der mongolischen Tradition ausbricht und eine andere Lebensform einschlägt. Graduell also ist die Verfügbarkeit kultureller Alternativen hochgradig unterschiedlich, aber im Prinzip kann es heute überall zu grundlegenden Veränderungen (schon durch das Bekanntwerden mit nur einem einzigen Alternativbeispiel) kommen.

Ferner werden heute nicht nur die nationalen Kugeln, sondern auch kleinere Kugeln, die vermeintlich verbindliche kulturelle Orientierungen vorgeben, aufgebrochen, so beispielsweise die Kokons von Geschlecht oder Hautfarbe, Beruf usw. Diane Ravitch, eine amerikanische Kritikerin des Multikulturalismus, hat dies einmal wundervoll dargetan. Sie berichtete von einer schwarzen Läuferin, die in einem Interview sagte, ihr Vorbild sei Michail Baryschnikov (der russische Tänzer); sie bewundere ihn, weil er ein großartiger Athlet sei. Ravitch kommentiert dies folgendermaßen: Michail Baryschnikov „ist nicht schwarz; er ist keine Frau; er ist kein gebürtiger Amerikaner; er ist nicht einmal ein Läufer. Aber er inspiriert sie durch die Art, wie er seinen Körper trainiert und eingesetzt hat" (Ravitch 1990: 354) – In der Tat: dem alten Kasten- und Gruppendenken zufolge wäre die Vorbildwahl dieser Läuferin gleich mehrfach unmöglich, denn sie hält sich nicht an die Vorgaben des Geschlechts, der Hautfarbe, der Nationalität und des Berufs.

---

[6] So betont auch die US-amerikanische Politologin Amy Gutmann, dass heute „die Identität der meisten Menschen – und nicht bloß die von westlichen Intellektuellen oder von Eliten – […] durch mehr als eine einzige Kultur geformt" ist. „Nicht nur Gesellschaften, auch Menschen sind multikulturell". (Gutmann 1995: 284).

Aber wenn man die Scheuklappen dieses Abgrenzungsdenkens einmal hinter sich gelassen hat, dann wird eine solche Wahl ganz selbstverständlich möglich.

Die *interne* Transkulturalität der Individuen scheint mir der entscheidende Punkt zu sein. Man sollte nicht nur davon sprechen, dass heutige Gesellschaften unterschiedliche kulturelle Modelle in sich befassen („cultural diversity"), sondern das Augenmerk darauf richten, dass die *Individuen* heute durch mehrere kulturelle Muster geprägt sind, unterschiedliche kulturelle Elemente in sich tragen und verbinden.

Solch innere Pluralität hat bei exquisiten Subjekten gewiss früher schon bestanden. So erklärte Novalis, dass eine Person „mehrere Personen zugleich ist" (Novalis 1960: 250–251 [63]), weil „*Pluralism* [...] unser innerstes Wesen" ist (Novalis 1960: 571 [107], Walt Whitman verkündete „I am large ... I contain multitudes" (Whitman 1985: 84 [1314–1316]), und Ibsens Peer Gynt (Uraufführung 1876) entdeckt, als er seine Identität erforscht, eine ganze Reihe von Personen in sich: einen Passagier, einen Goldgräber, einen Archäologen, einen Propheten, einen Bonvivant usw. – so wie er auch äußerlich ein Wanderer zwischen unterschiedlichen Ländern und Kulturen ist: zwischen seiner norwegischen Heimat und Marokko, der Sahara und Ägypten, dem Atlantik und dem Mittelmeer und zahlreichen mythischen Orten. Peer Gynt ist eine geradezu paradigmatische Figur der Transkulturalität. Er repräsentiert den Übergang vom alten Ideal der Person als Monade (kugelartig, monolithisch wie das alte Konzept der Kulturen es für diese verlangt hatte) zur neuen Seinsweise des Nomaden, des Wanderers zwischen verschiedenen Welten und Kulturen – ein kleiner Buchstabentausch zwischen zwei im Alphabet benachbarten Konsonanten (m und n), schon gelangt man von der Monade zum Nomaden, und alles ist anders. – Was einst nur für exquisite Subjekte gegolten haben mag, scheint heute zunehmend zur Wirklichkeit von jedermann zu werden.[7]

Besonders eindrucksvoll erscheint mir die folgende Formulierung von Goethe. Am 17. Februar 1832, einen Monat vor seinem Tod, sagte er zu Frédéric Soret: „Was bin ich denn selbst? Was habe ich gemacht? ... Zu meinen Werken haben Tausende von Einzelwesen das ihrige beigetragen, Toren und Weise, geistreiche Leute und Dummköpfe, Kinder, Männer und Greise, sie alle kamen und brachten mir ihre Gedanken, ihr Können, ihre Erfahrungen, ihr Leben und ihr Sein; so erntete ich oft, was andere gesäet; mein Lebenswerk ist das eines Kollektivwesens, und dies Werk trägt den Namen Goethe" (Goethe 1905: 146) – Da hat Goethe nicht einfach (wie etwa Whitman) seine eigene Größe gepriesen, sondern er hat sich als dankbar gegenüber denjenigen erwiesen, die ihm dazu verhalfen, derjenige zu werden, als der er seitdem bekannt ist. Goethe hat sich hier als Kreuzungspunkt, als Durchgangsstätte, als Kondensationsknoten vieler anderer Individuen und kultureller Stränge verstanden.

Wenn wir uns selber ehrlich prüfen, dann wird jeder von uns heute, so denke ich, nicht nur nationale Elemente in sich finden, sondern auch verschiedene transnationale. Auf Reisen habe ich immer wieder bemerkt, dass Menschen anderer Länder *als Individuen* gar nicht so verschieden sind von Individuen, die

---

[7] Vgl. zum Thema des pluralen Subjekts Welsch 1991; Welsch 1995.

ich von zuhause kenne. Der eine ähnelte in seinem Verhalten meinem Bruder, der andere einem Nachbarn, die dritte einer Freundin. Und gewiss haben Migranten zumindest uns Deutschen dazu verholfen, bislang unbeachtete Seiten in uns selbst zu entdecken.

1.5.2 Interne ‚Transkulturalität‘ erleichtert den Umgang mit externer ‚Transkulturalität‘

Und unter heutigen Bedingungen – angesichts neuer und immenser Flüchtlings-ströme – ist die Entdeckung dieser inneren Transkulturalität besonders wichtig und hilfreich. Denn einer der großen Vorteile der Transkulturalität liegt darin, dass durch sie die Anschlussfähigkeit, die Kommunikationsfähigkeit größer wird – innere Transkulturalität ist für den Umgang auch mit äußerer Transkultur-alität hilfreich. Aus je mehr Elementen die kulturelle Identität eines Individuums zusammengesetzt ist, umso größer ist die Chance, dass eine gewisse Schnittmenge mit der Identität anderer Individuen besteht, dass einige Elemente gemeinsam sind; von da aus können solche Individuen bei aller sonstigen Unterschiedlich-keit in weit höherem Maß als früher in Austausch und Kommunikation eintreten, bestehende Gemeinsamkeiten entdecken und neue entwickeln.

Daher empfehle ich mit Nachdruck, sich auf diese individuelle Vielfältigkeit im Umgang mit anderen einzulassen, also nicht in die nationalen Stereotype zurück-fallen, nicht einem Individuum als erstes seinen Nationalstempel aufzudrücken, sondern es als Individuum zu perzipieren und nicht von vornherein als National-existenz zu klassifizieren.

Noch immer ist es zu sehr unser Habitus, bei ‚Kultur‘ gleichsam auto-matisch an ‚Nationalkultur‘ zu denken. Sagt man ‚Kultur‘, so geht wie bei einem Bewegungsmelder gleich das Licht ‚Nation‘ an, und man blickt dann in diesem Licht auf ‚Kultur‘. Wir haben, wenn wir von deutscher, französischer, japanischer, indischer usw. Kultur sprechen, üblicherweise in Wahrheit Staatsgeographien, also gar nicht eigentlich *kulturelle,* sondern *politische* Gebilde im Sinn. Eine Pointe der neueren Entwicklungen aber liegt darin, dass sich politische und kulturelle Geographien nicht mehr decken. Es wäre an der Zeit, den genannten Bewegungs-melder (kulturell = national) abzuklemmen.

Die nationalkulturellen Stereotype wirken noch immer selbst in scheinbar avan-cierten Sphären fort. So beispielsweise in Trainingskursen für interkulturelle Wirt-schaftskommunikation, wo man den Managern Vorstellungen über ferne Länder beibringt, die dort schon lange nicht mehr gelten – man denke nur an China, wo die jüngere Generation sich in vielen Hinsichten (auch ethisch) ganz anders ver-hält als die älteren. Auch im Kunstbetrieb stößt man oft darauf, dass Kultur noch immer als Kokon gedacht und die Individuen dann dazu aufgefordert werden, sich ihrer ethnischen Herkunft entsprechend zu gerieren. Ein aus Schwarzafrika kommender Künstler soll dann unbedingt – so die Forderung des Kunstmarkts – ‚afrikanische Kunst‘ machen, nur so habe er Erfolgschancen. („Deutsche, kauft deutsch“ hieß es einmal, jetzt also: „Afrikaner, macht afrikanische Kunst“). Auch in den gegenwärtigen Flüchtlingsdebatten wirkt das Kugeldenken noch immer viel zu sehr nach, wird in Stereotypen gedacht statt auf die Individuen zuzugehen.

Schließlich ist in Rechnung zu stellen, dass die Spezifikation von Kulturformen insbesondere in der jüngeren Generation immer weiter geht. Man ist längst nicht mehr nur Angehöriger einer nationalen Gemeinschaft, sondern gehört zu diversen Netzen, die eigene kulturelle Formen generieren – von Makroformen wie Facebook bis hin zu Mikroformen wie Kurzzeittrends in der Jugendmode oder der Jugendsprache. Man ist heute nicht mehr Angehöriger *einer* Gemeinschaft, sondern Mitspieler in diversen Netzwerken.

1.6   Das ‚Transkulturalitätskonzept' im Verhältnis zu den Konzepten der ‚Multikulturalität' und der ‚Interkulturalität'

Worin liegt der Unterschied des Konzepts der Transkulturalität gegenüber den Konzepten der Multikulturalität und der Interkulturalität (mit denen es manchmal in Verbindung gebracht wird)?

Der Unterschied betrifft den Kernpunkt. Die Konzepte der Multi- und der Interkulturalität halten noch immer am alten Kugelmodell fest. Die Multikulturalisten tun dies im Blick auf die Verhältnisse *innerhalb* von Gesellschaften, die Interkulturalisten hingegen im Blick auf die Verhältnisse *zwischen* Gesellschaften. Das Festhalten am Kugelmodell ist dann aber auch für die Defizite beider Konzepte verantwortlich.

Der Multikulturalismus sieht die Partialkulturen innerhalb einer Gesellschaft noch immer wie Kugeln oder Inseln an und befördert dadurch tendenziell Ghettoisierung. Darin schlägt die Erblast des antiquierten Kulturverständnisses durch – Kugelkulturen haben das Ghetto nicht zum Negativbild, sondern zum Ideal.

Das Konzept der Interkulturalität geht ebenfalls weiterhin von der alten Kugelvorstellung aus. Deutsche, japanische, nigerianische Kultur sollen klar unterschieden, sollen für sich seiende Entitäten sein. Und die Individuen werden eindeutig zugeordnet, in das jeweilige nationale Kulturkorsett eingesperrt.

Allerdings bemüht sich das Konzept der Interkulturalität, dann auch einen interkulturellen Dialog in Gang zu bringen, der zu einem gegenseitigen Verstehen zwischen den im Ansatz als hochgradig verschieden, ja inkommensurabel angesehenen Kulturen führen soll (Wimmer 1990; Cesana 1999; Kimmerle 2002). Was dem ‚Transkulturalitätskonzept' zufolge durch die reale Entwicklung befördert wird, soll dem ‚Interkulturalitätskonzept' zufolge durch hermeneutische Bemühungen geleistet werden.

Das Problem ist nur, dass dieses Konzept durch seinen ersten Zug – die Ansetzung der Kulturen als Kugeln – den zweiten Zug einer wirklichen Kommunikation logisch unmöglich macht. Denn wenn ein Individuum in seine Kultur gebunden ist, dann sind es auch seine Verstehensmöglichkeiten. Dann aber können Angehörige der einen Kultur die andere Kultur immer nur aus dem eigenen Blickwinkel wahrnehmen bzw. verstehen, wobei die diversen Blickwinkel so verschieden sein sollen wie die Kulturen selbst. Dies aber bedeutet, dass sich niemals ein wirkliches Verstehen des Anderen, sondern immer nur ein Missverstehen des Anderen nach dem eigenen Muster ergeben kann – der interkulturelle Dialog wird ständig neu versucht und scheitert ebenso permanent. Und das liegt eben an der Prämisse der Interkulturalität. Wenn man die Kulturen erst einmal als heterogene Kugeln angesetzt hat, dann ist von da aus jedes Bemühen um wirkliches Verstehen zum Scheitern verurteilt.

Das gilt sowohl für die akademische als auch für die politische Welt. Die meisten akademischen Dialoge führen nur dazu, dass man das eigene Scheitern erkennt, um den Dialog dann erneut zu versuchen – mit neuen Förderungsanträgen, Symposien, Tagungsbänden. Und auf der politischen Ebene scheitern die Podien, auf denen Vertreter der verschiedenen Kulturen ihren Auftritt haben, schier noch drastischer. Der Grundfehler liegt darin, dass man die Kulturen erst einmal als autonome Gebilde ansetzt und je durch einen Vertreter repräsentieren lässt – der dann unweigerlich entsprechend agiert, also die Eigenheitsschrauben anzieht statt sie zu lockern. Man geht statt von Gemeinsamkeiten von Differenzen aus – und ist damit von vornherein auf der schiefen Bahn. (Erst nachher, beim gemeinsamen Essen, wo man nicht mehr als Kugelvertreter agieren muss, versteht man sich plötzlich viel leichter und besser.)

Es gibt noch eine zweite Version von Interkulturalität. Während die bislang geschilderte und kritisierte sich vor allem im philosophischen Diskurs und bei etlichen Gesellschaften für Interkulturalität findet, wird diese zweite Version vor allem in den Sozial- und Kulturwissenschaften sowie seitens mancher Sozialinstitutionen vertreten. Dabei hat man durchaus vielfältige Netze im Blick, wie sie die heutige kulturelle Lage charakterisieren. Man wendet sich den Einflüssen von Migranten, der Situation von Postmigranten und generell dem Austausch zwischen gleichzeitig existierenden kulturellen Formen zu. Man ist mehr oder minder davon überzeugt, dass, wie das Konzept der ‚Transkulturalität‘ es fordert, in Sachen Kultur nicht mehr mit der alten Vorstellung von Kugeln, sondern mit der von Netzen, also von Mischungen und Durchdringungen operiert werden muss. Damit ist der Unterschied zum Konzept der ‚Transkulturalität‘ allenfalls noch ein gradueller, kein essenzieller mehr. Es schiene mir ratsam, für diese zweite Version von ‚Interkulturalität‘ gleich, der Sache entsprechend, den Ausdruck ‚Transkulturalität‘ zu verwenden, denn ‚Interkulturalität‘ suggeriert noch immer zu sehr die Existenz klar unterscheidbarer Kulturen, die dann erst nachträglich in Verbindung treten sollen. Es wäre, kurz gesagt, viel weniger missverständlich, hier gleich von ‚Transkulturalität‘ und nicht von ‚Interkulturalität‘ zu sprechen.

1.7 ‚Transkulturalität‘ – schon in der Geschichte

‚Transkulturalität‘ ist übrigens – das ist nun nachzutragen – historisch keineswegs völlig neu. Geschichtlich scheint sie eher die Regel gewesen zu sein. Viele Kulturen waren weitaus weniger ‚rein‘, waren beträchtlich transkultureller, als die romantische und historistische Fiktion der Kulturkugeln das sehen wollte.

‚Griechenland' beispielsweise, einst zur ganz aus sich selbst sprudelnden Quelle des Abendlands stilisiert, war keinesfalls ‚rein': ohne Ägypten und Asien, Babylonien und Phönizien ist die Entstehung der griechischen Kultur gar nicht zu verstehen. Man bedenke, dass nahezu 40 % der altgriechischen Wörter semitischen Ursprungs sind!

Auch das spätere Europa war jahrhundertelang durch ‚transkulturellen' Austausch bestimmt. Man denke nur an den Warenverkehr oder an die Kunstgeschichte. Die Stile waren länder- und nationenübergreifend, und viele Künstler haben ihre besten Werke fernab der Heimat geschaffen. Albrecht Dürer, der lange als der exemplarisch deutsche Künstler galt, ist erst in Italien er selbst geworden, und er musste Italien ein zweites Mal aufsuchen, um ganz er selber zu werden.

Oder: Goethe hat 1808, vom bayrischen Minister Niethammer um Mithilfe bei der Herausgabe einer Lyriksammlung zum Zweck der Nationalbildung gebeten, zur Überraschung Niethammers geantwortet, dass „keine Nation" und „am wenigsten vielleicht die Deutsche […] sich aus sich selbst gebildet" habe, so dass Übersetzungen als „ein wesentlicher Theil unserer Litteratur" zu betrachten seien (Goethe 1907: 420). Homer, Sappho und Shakespeare gehören ebenso zum kulturellen Fundus des Deutschen wie Walther von der Vogelweide oder Grimmelshausen.

Daher forderte Goethe, „ausdrücklich auf Verdienste fremder Nationen hinüber[zu]weisen, weil man das Buch ja auch für Kinder bestimmt, die man besonders jetzt früh genug auf die Verdienste fremder Nationen aufmerksam zu machen hat" (Goethe 1907: 417) – das kam natürlich einer Provokation gegenüber der nationalistischen Idee der Sammlung nahe. Goethe hatte die interne ‚Transkulturalität' des ‚Deutschen' erkannt und klug geltend gemacht. Er kann als der Begründer des Konzepts einer ‚transkulturellen Germanistik' gelten.

Und solche ‚Transkulturalität' des Deutschen besteht nicht nur in kultureller, sondern schon in ethnischer Hinsicht. Dies hat Carl Zuckmayer in *Des Teufels General* wundervoll beschrieben, wo er General Harras zum Fliegerleutnant Hartmann sagen lässt:

> […] stellen Sie sich doch mal Ihre Ahnenreihe vor – seit Christi Geburt. Da war ein römischer Feldhauptmann, ein schwarzer Kerl, braun wie ne reife Olive, der hat einem blonden Mädchen Latein beigebracht. Und dann kam ein jüdischer Gewürzhändler in die Familie, das war ein ernster Mensch, der ist noch vor der Heirat Christ geworden und hat die katholische Haustradition begründet. – Und dann kam ein griechischer Arzt dazu, oder ein keltischer Legionär, ein Graubündner Landsknecht, ein schwedischer Reiter, ein Soldat Napoleons, ein desertierter Kosak, ein Schwarzwälder Flözer, ein wandernder Müllerbursch vom Elsass, ein dicker Schiffer aus Holland, ein Magyar, ein Pandur, ein Offizier aus Wien, ein französischer Schauspieler, ein böhmischer Musikant – das hat alles am Rhein gelebt, gerauft, gesoffen und gesungen und Kinder gezeugt – und – und der Goethe, der kam aus demselben Topf und der Beethoven, und der Gutenberg, und der Matthias Grünewald, und – ach was, schau im Lexikon nach. Es waren die Besten, mein Lieber! Die Besten der Welt! Und warum? Weil sich die Völker dort vermischt haben. Vermischt – wie die Wasser aus Quellen und Bächen und Flüssen, damit sie zu einem großen, lebendigen Strom zusammenrinnen (Zuckmayer 1978: 149).

Dies ist eine realistische Beschreibung der historischen Genese von Mitgliedern eines ‚Volkes'. Sie löst die Homogenitätsfiktion auf.

Ähnliches gilt für andere Kulturen. Beispielsweise wäre es unmöglich, die japanische Kultur ohne Berücksichtigung ihrer Verflechtungen mit der chinesischen, koreanischen, indischen, hellenistischen und der modernen europäischen Kultur zu rekonstruieren. Edward Said hatte recht, als er sagt: „Alle Kulturen sind hybrid; keine ist rein; keine ist identisch mit einem ‚reinen' Volk; keine besteht aus einem homogenen Gewebe" (Said 1996: 24).

Allerdings: Auch wenn ein genauer Blick lehrt, dass historisch seit langem ‚Transkulturalität' und nicht ‚Reinheit' die Regel war, so ist doch das *Ausmaß* der ‚Transkulturalität' in den letzten Jahren stark angestiegen. Eine wirklich *globale* lingua franca – wie heute das Englische – hatte die Welt zuvor nicht gekannt und ebenso wenig einen weltweiten Zusammenschluss durch Informations- und Transportwesen. Die kulturellen Durchdringungen sind heute weltweit stärker, als sie je zuvor waren.

1.8 Gegenbewegungen

Nun ist es aber an der Zeit, auch auf Gegenbewegungen einzugehen. Es gibt sie seit längerem, und heute werden sie unübersehbar: neue Nationalismen, ethnische und religiöse Stammesbeschwörungen – in Europa, in der arabischen Welt, weltweit. – Wie sind sie zu erklären und zu bewerten?

Die soziologische Antwort lautet: Es handelt sich um Reaktionen auf reale oder vermeintliche Ängste, denn man ist ein Globalisierungsverlierer oder fühlt sich als solcher. Man sieht sich von anderen Mächten bedroht. In solchen Situationen neigen wir Menschen (das ist unser archaisches Erbe) zur Zusammenrottung, zur Beschwörung alter und oftmals inzwischen fiktiver Identitäten. Die Künstlichkeit der ausgerufenen Identität verstärkt dann noch einmal den Druck, ihr zu entsprechen – dadurch nähert man sich wieder den alten Kulturkugeln an – mit Reinheitsgebot, Säuberungen, Abwehr alles Fremden usw.[8]

---

[8]Man mag sich fragen, warum sich unter heutigen Bedingungen gleichwohl immer wieder ein Bedürfnis nach Nation, nach Einheit, nach vorgeblicher Reinheit unter Ausschluss des Fremden regt. Da muss wohl eine phylogenetisch alte Prägung im Spiel sein. Es muss in der Geschichte von *Homo sapiens* eine Phase gegeben haben, wo die Identifikation mit der Gruppe (Horde) überlebensnotwendig war. Von daher ist uns noch immer ein Druck zur Gruppenidentifikation inhärent (ähnlich wie andere inzwischen dysfunktional gewordene Prägungen, z. B. die Neigung zu fettreicher Ernährung). Der evolutionäre Nutzen bestand in der Sicherung des Individuums innerhalb der Gruppe sowie der Gruppen gegeneinander. ‚Kultur' hatte ursprünglich vermutlich genau diese Bedeutung: die Einheit der Gruppe zu festigen – Kultur war Gruppenkitt. Davon Abstand zu nehmen, wäre längst an der Zeit. Aber Kultur wird immer aufs Neue (oft ganz undurchschaut) auf diese Aufgabe hin bestimmt – so beispielsweise in der Rede von ‚Kulturnation'. Ursprünglich waren die Gruppen Blutsgemeinschaften – andere Gruppen hatten anderes Blut. Nun lebt die Konnotation des Blutes aber im Begriff der Nation als einer Abstammungsgemeinschaft (von lat. ʿnasciʾ) nach. Die Rede von einer ‚Kulturnation' substituiert also den Gemeinschaftsnenner Blut durch Kultur. So wie einst durch Blut, so soll die Nation jetzt durch Kultur zusammengeschweißt werden. ‚Kulturnation_ ist Blutsgemeinschaft – nur gesoftet'.

Die psychologische Antwort lautet: Hass gegenüber Fremden ist projizierter Selbsthass. Am Fremden lehnt man stellvertretend etwas ab, was man selber in sich trägt, aber nicht zulassen mag. Das intern Verdrängte wird extern bekämpft.[9] Der Freud-Kenner Musil schrieb dazu: „Nun sind völkische Abneigungen gewöhnlich nichts anderes als Abneigung gegen sich selbst, tief aus der Dämmerung eigener Widersprüche geholt und an ein geeignetes Opfer geheftet, ein seit den Urzeiten bewährtes Verfahren" (Musil 1952: 424). – Also das Sündenbock-Verfahren.

Was wären umgekehrt psychische Bedingungen dafür, dass eine Person mit äußerer ‚Transkulturalität', die ja gewiss ja auch ihre anstrengenden Seiten hat, zurechtzukommen vermag? Julia Kristeva hat darauf hingewiesen, dass wohl nur diejenigen, denen einmal der Boden unter den Füßen weggezogen wurde oder deren Boden zumindest ins Schwanken geriet, ein offenes Ohr für andere haben werden. Man muss einen inneren Riss, eine Erschütterung erfahren haben, die einem das Gewohnte zumindest für einen Moment fraglich gemacht hat, so dass man sich neu sortieren musste, um fortan für Fremdes und Anderes wirklich offen zu sein (Kristeva 1990: 26–27).

Wozu rät das ‚Transkulturalitätskonzept'? Was ihm zufolge problematisch ist (und wogegen ich mich ausgesprochen habe), sind geschlossene Kugeln, insbesondere die Nationalkugeln. Aber nichts spricht gegen durchlässige Verankerungen, gegen gleichsam geöffnete Kugeln, die etwa regionalen Eigenheiten oder sprachlichen Gemeinsamkeiten entsprechen, die einerseits tatsächlich so etwas wie Geborgenheit, Sicherheit, Heimat geben können – die dies aber andererseits weder auf Kosten anderer Heimaten noch durch gewaltsame Festzurrung auf die eigene Identität tun. Sondern die auch andere Verankerungen zulassen und es den Menschen erlauben, sich in verschiedenen Atmosphären heimisch zu fühlen. Warum soll jemand nicht ein die heimischen Berge liebender Oberbayer, und zugleich ein Anhänger der italienischen Küche, ein Freund meditativer Praktiken und ein Baseball-Liebhaber sein?

Noch einmal anders ausgedrückt: Es ist gut, ein Standbein zu haben, und für viele bildet die lokale, regionale oder nationale Identität dieses Standbein. Aber das Standbein soll nicht zum Klumpfuß werden. Es soll vielmehr auch zusätzliche und weiter ausgreifende Bewegungen des Spielbeins erlauben, es soll Offenheit für Anderes ermöglichen und nicht ausschließen.

Vermutlich suchen wir alle unsere Verankerungen – aber diese müssen nicht in der nativen Heimat liegen, sie können anderswo sein. *Ubi bene, ibi patria*, hieß dies im klassischen Latein. Ich sage keineswegs, dass man Heimat *nur* fernab von der ersten Heimat, den anfänglichen Wurzeln finden könne. Aber möglich ist das. Und in gewissem Sinn ist auch die erste Heimat immer nur als zweite Heimat

---

[9]Schon Freud hatte eine Analogie zwischen der inneren Topologie der Verdrängung und der äußeren Topologie des Verhältnisses zu Fremdem hergestellt: „[…] das Verdrängte ist […] für das Ich Ausland, inneres Ausland, so wie die Realität – gestatten Sie den ungewohnten Ausdruck – äußeres Ausland ist" (Freud 1969: 496).

wirkliche Heimat, erst dann nämlich, wenn man sich (angesichts auch anderer Möglichkeiten) bewusst zu ihr entschieden, sie nachträglich selber gewählt und bejaht hat. Nur dann ist ‚Heimat' keine naturwüchsige, sondern eine kulturelle und humane Kategorie.

1.9   Kulturbegriffe – Verantwortung

Bedenken wir zum Schluss noch eines: Kulturbegriffe sind besonders verantwortungsbeladene Begriffe. Sie sind nie einfachhin deskriptive, neutrale oder unschuldige Begriffe, sondern haben (ebenso wie andere Selbstverständigungsbegriffe, etwa ‚Identität' oder ‚Person' auch) Einfluss auf ihren Gegenstand, können diesen verändern.

Bei Naturbegriffen ist das anders. Wenn jemand erklärt „Steine sind ätherische Gebilde", so werden sich die Steine darum nicht kümmern, sie werden nicht plötzlich anfangen zu schweben oder zu fliegen.

Kulturelle Begriffe hingegen haben durchaus Einfluss auf ihren Gegenstand: Die Kultur wird ein Stück weit so werden, wie unsere Kulturbegriffe es vorschlagen. Unsere kulturelle Praxis erfolgt ja im Licht unserer Kulturvorstellungen. Und Kultur ist eben das, was durch diese unsere Tätigkeiten entsteht. Also wird die Wirklichkeit von Kultur über unsere kulturbegriffsgeleiteten Handlungen auch durch unsere Kulturbegriffe bestimmt sein. Kulturbegriffe sind somit *Wirkfaktoren* in unserem Kulturleben.

Sagt man uns – wie der alte Kulturbegriff es tat –, dass Kultur eine Homogenitätsveranstaltung zu sein habe, so werden wir uns entsprechend verhalten und die gebotenen Zwänge und Ausschlüsse praktizieren. Wir suchen der gestellten Aufgabe Genüge zu tun – und haben Erfolg damit. Sagt man uns hingegen, dass Kultur gerade auch Fremdes einbeziehen und ‚transkulturellen' Komponenten gerecht werden müsse, dann werden wir diese Aufgabe in Angriff nehmen; und dann werden entsprechende Integrationsleistungen künftig zur realen Struktur der Kultur gehören. Die Realität von Kultur ist immer *auch* eine Folge unserer Konzepte von Kultur. Daher sollte man Kulturbegriffe nicht leichtfertig, sondern verantwortungsvoll verwenden.

Literatur

Cesana, A (Hg.) (1999): Interkulturalität – Grundprobleme der Kulturbegegnung. Mainz.

Eliot, T. S. (1967): „Beiträge zum Begriff der Kultur". In: Eliot, T. S. (1967): Essays I, Werke 2. Frankfurt a.M., S. 9–113.

Freud, S. (1969): Vorlesungen zur Einführung in die Psychoanalyse, 31. Vorlesung (Die Zerlegung der psychischen Persönlichkeit). Frankfurt a.M.

Goethe, J. W. v. (Hg. von Burkhardt, C. A. H.), (1905): Goethes Unterhaltungen mit Friedrich Soret. Weimar.

Goethe, J. W. v. (1907): Schema zu einem Volksbuch, historischen Inhalts. In: Goethe, J. W. v. (1907): Goethes Werke, II. Abtheilung, Bd. 42. Weimar, S. 418–428.

Gutmann, A. (1995): Das Problem des Multikulturalismus in der politischen Ethik. In: Deutsche Zeitschrift für Philosophie 43, 273–305.

Hannerz, U (1992): Cultural Complexity. Studies in the Social Organization of Meaning. New York.

Herder, J. G., (1772): Abhandlung über den Ursprung der Sprache. In: Herder, J. G. (hg. von Gaier, U.) (1985): Werke, Bd. 1, Frankfurt a.M., S. 695–810.

Herder, J. G. (1774): Auch eine Philosophie der Geschichte zur Bildung der Menschheit (Frankfurt a.M. 1967).

Herder, J. G. (1784–1791): Ideen zur Philosophie der Geschichte der Menschheit. In: Herder, J. G. (hg. von Bollacher) (1784–1791): Werke in 10 Bde., Bd. 6, Frankfurt a.M.

Huntington, S. P (1993): Clash of Civilizations. New York.

Kimmerle, H (2002): Interkulturelle Philosophie zur Einführung. Hamburg.

Kristeva, J (1990): Fremde sind wir uns selbst, Frankfurt a.M.

Musil, R (1952): Der Mann ohne Eigenschaften. Hamburg.

Novalis [i. e. von Hardenberg, F.] (1960): „Fragmente und Studien 1799–1800". In: Novalis (1960): Schriften. Stuttgart, S. 525–693.

Ravitch, D (1990): Multiculturalism. E Pluribus Plures. In: American Scholar, S. 337–354.

Said, E. W (1996): Kultur und Identität – Europas Selbstfindung aus der Einverleibung der Welt. In: Lettre International 34, 21–25.

Welsch, W. (1991): Subjektsein heute – Überlegungen zur Transformation des Subjekts. In: Deutsche Zeitschrift für Philosophie 39/4, 347–365.

Welsch, W. (1992): Transkulturalität – Lebensformen nach der Auflösung der Kulturen. In: Information Philosophie 2, 5–20.

Welsch, W. (1995): Vernunft. Die zeitgenössische Vernunftkritik und das Konzept der transversalen Vernunft. Frankfurt a.M.

Welsch, W. (2011): Transkulturalität – neue und alte Gemeinsamkeiten. In: Welsch, W. (2011): Immer nur der Mensch? – Entwürfe zu einer anderen Anthropologie. Berlin, S. 294–322.

Whitman, W. (1985): Leaves of Grass [„Song of Myself", 1855]. New York.

Wimmer, F (1990): Interkulturelle Philosophie. Geschichte und Theorie, Bd. 1. Wien.

Zuckmayer, C., (1978): Des Teufels General. In: Zuckmayer, C.: Werkausgabe in zehn Bänden, Bd. 8. Frankfurt a.M., S. 93–231.

„Wir passten in keine Schablone…": Zur Transkulturalität interkultureller Literaturwissenschaft und umgekehrt

2

Withold Bonner

2.1 Einleitung

In ihrer mir lieb gewordenen essayistischen Erzählung *An der Spree* beschreibt die deutsch-japanische Autorin Yoko Tawada den Schreitenden Drachen vom Ischtar-Tor im Berliner Pergamonmuseum dergestalt, dass dieser zu einem Symbol dynamischer, Grenzen überschreitender und Grenzen hinterfragender hybrider kultureller Identität wird:

> An der Spree lebte ein beschuppter Drache des Ischtar-Tors. Ich besuchte ihn jedes Mal, wenn ich in Berlin war. Er hatte die Augen eines Fisches und den Leib einer Katze. Die vorderen Beine erinnerten mich an einen Löwen, während die hinteren eindeutig die eines Adlers waren. Ein Horn und zwei krumme Ohren ragten aus dem Kopf. Seine Zunge war dreifach gespalten, er war also mehrsprachig. Von hier aus ist sein Geburtsort nicht weit entfernt. So war er zu Fuß aus dem Nahen Osten nach Berlin gekommen und wurde „schreitender Drache" genannt. (Tawada 2007: 15)

Auffällig an dem von Tawada aufgerufenen Bild ist, dass dieses in einem Punkt von seinem Vor-Bild auf den glasierten Kacheln des Ischtar-Tors abweicht. Während die Zunge dort einfach gespalten ist, heißt es bei Tawada, die Zunge sei dreifach gespalten, der Drache also mehrsprachig. Die Abweichung des sprachlichen Bildes von seinem Vor-Bild ist signifikant, denn das sprachliche Bild verweist damit auf etwas anderes als eine problematische binäre Ordnung, wo das Andere lediglich die Negation des Eigenen repräsentiert und somit zur fortwährenden Grenzziehung zwischen eindeutig voneinander unterscheidbaren Kulturen dient.

W. Bonner (✉)
Fachbereich Deutsche Sprache und Kultur, Universität Tampere,
Tampereen yliopisto, Finnland
E-Mail: Withold.Bonner@uta.fi

© Springer-Verlag GmbH Deutschland, ein Teil von Springer Nature 2020   19
H. W. Giessen und C. Rink (Hrsg.), *Migration, Diversität und kulturelle Identitäten*,
https://doi.org/10.1007/978-3-476-04372-6_2

Im Folgenden soll zunächst der Frage nachgegangen werden, ob das von Yoko Tawada gezeichnete Bild eher dem Theoriedesign der Inter- oder dem der Transkulturalität entspricht und weiterhin, ob eine derartige Unterscheidung überhaupt einen Sinn macht. Die Beantwortung dieser Frage setzt zunächst eine Antwort auf die vorgängige Frage voraus, ob die von Welsch stets aufs Neue vorgetragene Kritik (vgl. hierzu u. a. Welsch 1995; Welsch 2000; Welsch 2010) zutrifft, der zufolge das Konzept der Interkulturalität im Gegensatz zu dem von ihm propagierten der Transkulturalität nach wie vor an einem veralteten Kugelmodell von als national definierten Kulturen festhalte, das mit einem internen Homogenitäts- und einem externen Abgrenzungsgebot Hand in Hand gehe. Bei der Diskussion entsprechender Theorieansätze beschränke ich mich hinsichtlich des Begriffs der Interkulturalität auf Beiträge aus dem Umfeld der interkulturellen Germanistik und lasse z. B. den Bereich des interkulturellen Kommunikationstrainings außer Acht, das lange Zeit mit Konzepten wie denen von Hofstede (siehe hierzu z. B. Hofstede 1984). operierte, die eher liebgewonnene nationale Stereotype pflegten anstatt diese kritisch zu hinterfragen. Als Literatur- und Kulturwissenschaftler müssen wir uns ferner fragen, wie das literarische bzw. kulturelle Feld definiert und begrenzt werden soll, auf das mit den Begriffen der Trans- bzw. Interkulturalität Bezug genommen wird. Was sind schließlich die Perspektiven und Annäherungsweisen, die die trans- bzw. interkulturelle Germanistik auf dieses Feld eröffnet? Doch zunächst zur ersten Frage.

2.2   Zur Problematik der gegenseitigen Abgrenzung inter- bzw. transkultureller Theorieansätze

Wann immer neue Konzepte auftreten, wie in den 1980er Jahren das der Interkulturalität, setzen sich diese von etwas Vorgängigem ab. In diesem Fall richtete sich das Konzept der Interkulturalität vorrangig gegen einen hegemonialen kulturellen Universalismus und damit gegen den Normanspruch der deutschen Inlandsgermanistik als einer kulturell invarianten Wissenschaft, die von den jeweils unterschiedlichen kulturellen Voraussetzungen abstrahiert, auf die die Rezeption z. B. deutschsprachiger Literatur in verschiedenen kulturellen Kontexten trifft (vgl. hierzu u. a. Thum 1985: 330; Wierlacher 2000: 271; Wierlacher 2003a: 4 f.). Der einem so verstandenen Universalismus entgegengestellte Kulturrelativismus in Gestalt der interkulturellen Germanistik hob sich von Ersterem zunächst dadurch positiv ab, dass er die Rolle einzelner, auch ‚peripherer' Kulturen aufzuwerten trachtete. Gleichzeitig tendierte er dazu, sehr pointiert die Grenzen zwischen einzelnen, vorrangig als national verstandenen Kulturen bzw. zwischen dem Fremden und dem Eigenen hervorzuheben (vgl. Iljassova-Morger 2009: 39).

Es ist weniger die ungebrochene Tradition eines Konzepts, das an einem Kugelmodell von als national definierten Kulturen festhält, als vielmehr die kritische Reaktion auf die damals vorherrschenden universalistischen Konzepte, was insbesondere frühe Positionierungen der interkulturellen Germanistik – wenn auch keineswegs widerspruchsfrei – in die Nähe derartiger Kugelmodell rückte.

So heißt es z. B. in der Gründungserklärung der GiG, der Gesellschaft für interkulturelle Germanistik, aus dem Jahre 1985, diese lehre kulturelle Unterschiede
zu respektieren und ihre Erkenntnisse zum besseren Verstehen der eigenen und der
fremden Kultur zu nutzen (vgl. Wierlacher 1994: 40). Wie sehr Kulturen seinerzeit als in sich homogen und klar voneinander abgrenzbar verstanden wurden, geht
nur zu deutlich aus einem Grundsatzartikel von Bernd Thum unter der Überschrift
„Auf dem Wege zu einer interkulturellen Germanistik" hervor, wo der Verfasser
die Möglichkeiten der Rezeption deutschsprachiger Literatur aus unterschiedlichen nationalen Blickwinkeln diskutiert:

Der gesamte Umkreis und die Vielfalt menschlicher Herkunftswelten wird
so zu einem Potenzial kultureller und literarischer Sinnerschließung. Goethes Weltliteraturbegriff von einem Land des ‚Orients‘ aus analysiert; Fontanes
Beschreibung der preußisch-deutschen Gesellschaft zwischen Feudalismus und
Industrialisierung von einem ‚Schwellenland‘ Südostasiens aus gedeutet; Meis-
ter Eckarts religiöses Ingenium aus der Sicht afrikanisch-islamischer Kultur – all
dies bedeutet eine Fülle neuen Literatur- und Kulturverständnisses […]. (Thum
1985: 332 f., Esselborn verweist auf einen weltweit angelegten Praxisvergleich
der Lektüre der Novelle *Pankraz der Schmoller* von Gottfried Keller, wobei der
Versuch unternommen wurde, die Grundannahme der interkulturellen Germanistik
von einer kulturspezifisch verschiedenen Rezeption deutschsprachiger Literatur zu
belegen bzw. zu überprüfen. Wie Esselborn feststellt, ergaben die diversen Lektü-
ren deutliche Unterschiede in der Rezeption, die aber häufig eher schichten- und
geschlechtsspezifisch als durch die jeweilige Nationalkultur bedingt zu sein schienen; vgl. Esselborn 2012: 163).

Doch selbst in relativ frühen Beiträgen aus dem Kreis der interkulturellen Germanistik ist der Befund keineswegs widerspruchsfrei, was die Sinnhaftigkeit kla-
rer Grenzziehungen zwischen dem Eigenen und dem Fremden betrifft. Dies zeigt
sich insbesondere an der Diskussion um die Bedeutung des Formativs „inter"
im Begriff der Interkulturalität. Während Welsch als Bedeutung eine eindeutig
trennende Semantik zwischen zweifelsfrei voneinander unterscheidbaren nationalen Kulturen unterstellt, liegt den Beiträgen von Wierlacher, dem Gründungs-
präsidenten der GiG, ein weit komplexeres Verständnis zugrunde. Ihm zufolge
löst die interkulturelle Germanistik „das Formativ *inter* aus seiner alltäglichen
Trivialbedeutung bloßer Globalität und nutzt es in seiner ursprünglichen Wortbedeutung des *zwischen* (unter Verweis auf Gadamer, der das ‚Zwischen‘ als den
wahren Ort der Hermeneutik bezeichnet hatte, sieht es Wierlacher auch als den
wahren Ort aller Interkulturalität: „Gemeint ist eine Beziehungssituation, die in
keiner der beiden Ausgangskulturen aufgeht, also eine ‚third culture‘, deren Theorie Fred Casmir angeregt hat", Wierlacher 2000: 278), der *Wechselseitigkeit* und
des *zusammen*" (Wierlacher 2000: 265; Hervorh. im Original; an anderer Stelle
schreibt Wierlacher, die Theoriearbeit der interkulturellen Germanistik habe „das
Formativ *inter* im Sinne seiner ursprünglichen Wortbedeutung als *zwischen, rezi-
prok* und *miteinander* gefestigt", Wierlacher 2003a: 22). Wie er betont, steht im
kategorialen Mittelpunkt der interkulturellen Germanistik nicht die Entgegen-
stellung der Kulturen, sondern die Interdependenz des Eigenen und Fremden

(vgl. Wierlacher 2003a: 17). Auch mache die Differenzkategorie Ausland-Inland
in einer vernetzten Welt wenig Sinn. Eine derartige Differenzkategorie überlagere
die Besonderheiten und Vielfalt der involvierten Kulturen und bleibe einer ein-
sinnigen Blickrichtung sowie einem bipolaren Interesse verhaftet, das dem groben
binären Denkschema des Innen und Außen folge (vgl. ebd.: 31). Dabei hebt er den
hybriden Charakter von Kulturen hervor, der entstehe, „weil Kulturen keine von
einander völlig isolierte und sich abschottende Gebilde sind, sondern sich überlappen und überkreuzen und ihre Identität immer auch der kreativen Rolle Fremder im Kulturwandel verdanken" (Wierlacher 2003b: 260). Wo ein Drittes ins Spiel
komme, so schließt Wierlacher seine Überlegungen ab, da beginne alles Abstand-
nehmen von binärem Denken und selbstbezogenem Messen (vgl. Wierlacher 2000:
284), wobei er mit diesem Hinweis dem eingangs zitierten Bild von Yoko Tawada
erstaunlich nahe kommt. Gleichzeitig bestehen Veröffentlichungen dieser Zeit aus
dem Kreis der Gesellschaft für Interkulturelle Germanistik, diesmal in Gestalt von
Norbert Mecklenburg, auf der Notwendigkeit der Grenzziehung, wobei allerdings
die Möglichkeit einer eindeutigen Grenzziehung infrage gestellt wird:

> Es gibt verschiedene Kulturen, somit Kulturunterschiede, ganz gleich, wie man diese
> näher bestimmt. Dies sind überwiegend keine absoluten, sondern relative Unterschiede.
> Es gibt Beziehungen, Kontakte, Kommunikation und Gemeinsamkeiten zwischen Kultu-
> ren. (Mecklenburg 2008: 14)

Wie Mecklenburg fortfährt, erforderten diese Grundannahmen eine kritische
Distanz sowohl gegenüber einem romantisch-holistischen Verständnis von Kulturen als geschlossenen Ganzheiten wie gegenüber einem postmodern-de-
konstruktivistischen Verständnis, das die Pluralität und Heterogenität von Kulturen
in einem grenzenlosen Kontinuum von Transkulturalität aufgelöst sehe (vgl.
Mecklenburg 2008: 14).

Eine genauere Betrachtung vergleichsweise früher Texte aus dem Kreis der
interkulturellen Germanistik ergibt so ein weit widersprüchlicheres und differen-
zierteres Bild als das, was Welsch so gerne mit dickem Pinselstrich als angeblich eindeutige konzeptionelle Grundposition derselben vorträgt. Was bereits für
diese Phase nur teilweise zutrifft, verliert endgültig seine Berechtigung, legt man
aktuellere Positionen der interkulturellen Germanistik zugrunde. Hier tritt noch
deutlicher hervor, dass das von Welsch unterstellte Kugelmodell klar abgrenz-
barer Kulturen zumindest für den gegenwärtigen Interkulturalitätsdiskurs nur sehr
bedingt zutrifft. So beruht für Heimböckel und Weinberg (2014: 124) das von
ihnen vorgeschlagene Projekt der Interkulturalität als liminales Phänomen auf
einer Überschreitung von Grenzen ebenso wie auf der Reflexion und dem Außer-
Kraft-Setzen von vorausgesetzten Grenzziehungen. Ebenfalls auf den Seiten der
ZiG, der Zeitschrift für interkulturelle Germanistik, fordert Anil Bhatti (2015: 131)
angesichts der von Überschneidungen und Vermischungen geprägten indischen
Kulturen in Abgrenzung von einer dichotomisierenden Hermeneutik des Verhältnisses zwischen dem Eigenen und dem Fremden die Pflege einer hermeneutischen
Abstinenz und eine Schärfung des Blicks auf Ähnlichkeiten. Bei Leggewie und

Zifonun (2010: 15) wiederum heißt es in ihrem programmatischen Beitrag unter der Überschrift *Was ist Interkulturalität?*, man sei sich heute bewusst, „dass Kulturen in Kämpfen entstehen, ohne klare Grenzen sind und in Inklusions- und Exklusionsprozessen konstituiert werden." Unter der Überschrift *Begegnungen in Transiträumen/Transitorische Begegnungen* befasste sich schließlich die Tagung der GiG im Jahre 2014 am Mary Immaculate College der Universität Limerick, die von mir mit organisiert wurde, mit der Relevanz eines Konzepts von Transiträumen und damit des Übergangs, des Transitorischen, der Transformation, des Hybriden bzw. der Bewegung.

Vor diesem Hintergrund kann der Ansicht von Langenohl, Poole und Weinberg nur zugestimmt werden, die im Hinblick auf die Debatte um Inter- oder Transkulturalität zu folgender Feststellung gelangen:

> Im Grunde wissen alle an der Diskussion Beteiligten, welch komplexe Formen des kulturellen Austauschs zu denken sind. Von daher sind weniger die Diagnosen Welschs unangemessen, als vielmehr die von ihm so massiv vorgetragene These, all das lasse sich im Rahmen der ‚Interkulturalität' nicht denken. (Langenohl, Poole und Weinberg 2015: 17)

Als zunehmend problematisch erweisen sich damit alle Versuche, Inter- und Transkulturalität mit Hilfe wechselnder Kriterien voneinander abzugrenzen.

Wenn Heimböckel und Weinberg (2014: 125) Welsch zum Vorwurf machen, er ziehe einen fragwürdigen Zeithorizont in seine Argumentation ein und führe die Vernetzung und Hybridisierung ausschließlich auf das Phänomen der Globalisierung zurück, und ihm die zeitlich nicht indizierte Bestimmung Jean-Luc Nancys entgegenhalten, der zufolge jede Kultur in sich ‚multikulturell' sei, so handelt es sich auch hier eher um ein Schattengefecht. Zwar tendiert Welsch dazu, sich in erster Linie auf aktuelle Entwicklungen in zeitgenössischen Kulturen zu beziehen (vgl. Welsch 2000: 337), doch ist er sich gleichzeitig – allerdings keineswegs immer und damit auf seine Weise ähnlich widersprüchlich wie Konzeptionen der Interkulturalität – der Tatsache bewusst, dass es sich bei der Vermischung, dem Ineinanderübergehen von Kulturen keineswegs erst um ein Resultat der Globalisierung handelt: „Transkulturalität ist historisch keineswegs völlig neu. Geschichtlich scheint sie eher die Regel gewesen zu sein." (Welsch 2010: 8; Allerdings fährt Welsch wie folgt fort: „Auch wenn ein genauer Blick lehrt, dass historisch seit langem Transkulturalität und nicht Reinheit die Regel war, so ist doch das *Ausmaß* der Transkulturalität in den letzten Jahren stark angestiegen." (Welsch 2010: 9; Hervorh. im Original).

Einen anderen, wenn auch nicht weniger untauglichen Versuch, Inter- und Transkulturalität voneinander zu unterscheiden, unternehmen Blumentrath u. a., wenn sie meinen, der Begriff der Transkulturalität beschreibe „ein von einem Ensemble neuerer Theorieansätze instruiertes Forschungs- und Analysekonzept" (Blumentrath u. a. 2007: 54), während die Gründungstexte der interkulturellen Germanistik einen betont institutions- und disziplinbezogenen Anspruch aufwiesen (vgl. ebd.; In der Tat gehen die Anfänge der interkulturellen Germanistik auf ein curriculares Konzept zurück, demzufolge einerseits in der Auslandsgermanistik den dortigen Studierenden die Kulturen und Literaturen der deutschsprachigen Länder auf andere Weise nahegebracht werden müssten, als dies in der Inlandsgermanistik der Fall ist. Gleichzeitig sollte der Tatsache Rechnung getragen werden, dass an deutschen Universitäten eine wachsende Zahl ausländischer Studierender eingeschrieben war. Dies führte seit den 1980er Jahren zur Einrichtung von Lehrstühlen und Studiengängen für Interkulturelle Germanistik an deutschen Universitäten, angefangen mit Bayreuth 1987 und gefolgt von Freiburg, Mannheim, Hamburg, Dresden und Mainz-Germersheim). Auch wenn in den frühen Texten der interkulturellen Germanistik ein derartiger Anspruch aufzufinden ist, so geht es auch hier letztlich immer wieder um Forschungs- und Analysekonzepte. Vergleicht man z. B. die eingangs der von Michael Hofmann (2006) verfassten Einführung in die *Interkulturelle Literaturwissenschaft* vorgestellten Theorien mit denen in dem von Blumentrath u. a. (2007) verfassten *Transkulturalität. Türkisch-deutsche Konstellationen in Literatur und Film,* so wird man unschwer feststellen, dass in beiden Büchern mit Alterität, Orientalismus, Hybridität, Dritter Raum und Differenz bzw. différance weitgehend auf dieselben Theorieansätze Bezug genommen wird.

Schließlich scheint Welsch in seiner Kritik an den Konzeptionen von Interkulturalität und deren angeblich zu scharfen Grenzziehungen zumeist und gegen besseres Wissen zu übersehen, dass er selbst stets von zeitgenössischen Kulturen im Plural spricht (vgl. hierzu Welsch 2000: 341: „Ist es nicht sogar widersprüchlich, dass das Transkulturalitätskonzept, während es einerseits auf das Verschwinden der traditionellen Einzelkulturen hinweist, andererseits gleichwohl fortfährt, von ‚Kulturen' zu sprechen, ja in gewissem Sinn sogar das Fortdauern solcher Kulturen vorauszusetzen – denn wo sollten die transkulturellen Kombinierer, wenn es solche Kulturen nicht weiterhin gäbe, die Komponenten ihrer Mischungen hernehmen?" Wer das tut, ist aber letztlich trotz aller damit verbundenen Schwierigkeiten gezwungen, Grenzen zwischen eben diesen Kulturen einzuziehen. Oder, mit den Worten von Heimböckel und Weinberg (2014: 139): „Wer nur Grenzen kennt, wird bald an Grenzen der Beschreibung stoßen; wer nur Hybrides voraussetzt, wird bald nichts mehr präzise beschreiben können und muss zur Präzisierung seiner Beschreibungen Grenzen einfügen.").

Als Zwischenfazit lässt sich Folgendes festhalten: Von ihrem Theoriedesign her haben sich die Konzeptualisierungen von Inter- und Transkulturalität in den letzten Jahren zusehends angenähert, wobei die tatsächlichen Differenzen nie derart fundamental waren wie von Welsch unterstellt. Es hat sich gezeigt, dass das eingangs dieses Beitrags angeführte Bild aus der Feder Yoko Tawadas gleichermaßen mittels des Theoriedesigns der Inter- wie dem der Transkulturalität erfasst werden kann. Da ‚Interkulturalität' in erheblichem Maße institutionell abgesichert ist, und zwar durch Lehrstühle, die Gesellschaft für Interkulturelle Germanistik und deren Zeitschrift ZiG, werden beide Begriffe weiterhin – und dabei zunehmend synonym – Verwendung finden. (Auf die häufig synonyme Verwendung von Trans- und Interkulturalität verweist auch Welsch, wenn auch mit eindeutig kritischer Zielsetzung, vgl. Welsch 2010: 7. Auch erwähnt die häufig synonyme Verwendung der Begriffe Trans- bzw. Interkulturalität. Kaum nachvollziehbar ist allerdings die Behauptung, vieles spreche dafür, „I. [Interkulturalität] in Abgrenzung von Monokulturalität einerseits und Postkulturalität andererseits als Oberbegriff für Multi- und Transkulturalität zu konzipieren", Nünning 2008: 326). So kann z. B. der bereits mehrfach zitierte Manfred Weinberg, aktives Mitglied der Gesellschaft für interkulturelle Germanistik, als Mitherausgeber eines Buches mit dem Titel *Transkulturalität: Klassische Texte* fungieren. Es kann festgehalten werden, dass angesichts eines Trends zu einer zunehmend synonymen Verwendung der Begriffe Trans- und Interkulturalität Unterschiede bestenfalls in dem Sinne ausgemacht werden können, dass Vertreter eines Konzepts der Transkulturalität vorwiegend auf Prozesse der Vermischung, Vernetzung und Hybridisierung abstellen, während Verteidiger des Begriffs der Interkulturalität bei allem Wissen um derartige Prozesse der Vermischung auch daran erinnern, dass das Überschreiten von Grenzen stets deren Existenz voraussetzt. Wird letztere Position besonders dezidiert formuliert, dann kann anstelle einer weitgehend synonymen Verwendung allerdings an der Vorstellung einer eindeutigen Grenze zwischen Inter- und Transkulturalität festgehalten werden. Für Mecklenburg (2008: 93) z. B. bezieht sich der Ausdruck ‚interkulturell' auf etwas, was es zwischen zwei oder mehreren Kulturen gibt. Der Ausdruck ‚transkulturell' dagegen bezeichne etwas, was kulturübergreifend vorkommt, d. h. was entweder über alle einzelnen Kulturen hinausgeht oder was über eine bestimmte Kultur hinausgeht.

2.3   Leerstelle im Konzept der Transkulturalität

Im Folgenden möchte ich aus einer anderen Perspektive noch einmal auf die Konzeptualisierung von Transkulturalität bei Welsch zurückkommen: Aufgrund ihrer Betonung von Prozessen der Hybridisierung, vor allem aber aufgrund des ihr eingeschriebenen pädagogischen Impetus (Wie sich zeigen wird, stellt die pädagogische Ausrichtung eher Verbindungen zum Konzept der Interkulturalität her, als dass sie Trennungslinien zwischen Trans- und Interkulturalität aufzeigen würde), nämlich der Bildung einer Weltinnengesellschaft und einer friedlichen Weltgesellschaft zuzuarbeiten (Welsch 2010: 14), ist diese nur sehr bedingt in der Lage, aktuelle Prozesse erneuter Grenzziehung, von Abgrenzung nach außen und Homogenisierungsbestrebungen nach innen aufzunehmen, wie wir sie gerade angesichts der massiven Fluchtbewegungen nach und in Europa in Gestalt des Erstarkens rechtspopulistischer Parteien bzw. Bewegungen mit deren Sehnsucht nach einem homogenen Nationalstaat erleben, sei es in Europa oder in den USA. Auf die hier benannten Gefahren geht Welsch nur sehr am Rande ein, wenn er – die Feststellung sofort wieder und angesichts des Erfolgs der Front National in Frankreich sicherlich zu Unrecht relativierend – Folgendes konstatiert: „Der Einheits- und Ganzheitsdruck, der abendländisches Denken durchzieht, ist eminent; in deutschen Gemütern ist er besonders stark – romanische werden von ihm schon weniger heimgesucht." (Welsch 2003: 196).

Hier sei auf Stuart Hall (1999) und seine Konzeptualisierung kultureller Identität verwiesen, die trotz der Fokussierung auf die These, moderne Kulturen seien dezentriert, zerstreut und fragmentiert, die nach wie vor nicht zu unterschätzende Bedeutung nationaler Identifikationen hervorhebt. In demselben Zeitraum, wo Globalisierung und globale Migrationsströme zu zunehmenden Vernetzungen, Hybridisierungen und dem Infragestellen von bestehenden Grenzen führen, sieht Hall Tendenzen zu fortgesetzten erneuten Grenzziehungen. Für ihn gehört die Vorstellung der Existenz einer homogenen nationalen Kultur nach wie vor zu den Hauptquellen kultureller Identität. Dabei wird von Hall eine nationale Kultur nicht als etwas Vorgegebenes, Essentielles verstanden, sondern als Diskurs, als etwas historisch Produziertes, als „eine Weise, Bedeutungen zu konstruieren, die sowohl unsere Handlungen als auch unsere Auffassungen von uns selbst beeinflußt und organisiert" (Hall 1999: 416). Konstruktionen nationaler Identitäten entstehen dabei nicht von innen her bei den Mitgliedern einer Nation, sondern werden von außen an diese herangetragen, indem Bedeutungen der Nation konstruiert werden, mit denen sich deren Mitglieder identifizieren können und sollen. Diese sind in den Geschichten enthalten, die über die jeweilige Nation erzählt werden. Oder, um noch einmal Benedict Anderson (1991) zu bemühen: Nationale Identitäten sind „vorgestellte Gemeinschaften". Der Diskurs der Nationalkultur manifestiert sich dabei in einer Erzählung der Nation, die in der Literatur, in den Medien und der Alltagskultur immer wieder vorgetragen wird (Hall 1999: 416), wobei der Diskurs danach strebt, Differenzen als Einheit oder Identität darzustellen (ebd.: 422). Betont werden dabei Ursprünge, Kontinuität, Tradition und Zeitlosigkeit (ebd.: 417). Es werden Traditionen konstruiert, die für die nationale Identität so wichtigen Gründungsmythen entstehen (vgl. zu den deutschen Gründungsmythen z. B. Münkler (2009)). Schließlich liegt dem Diskurs der Nationalkultur häufig die Idee eines ,reinen', ,ursprünglichen' Volkes zugrunde, was gegenwärtig überall in Europa und auch in den USA am Beispiel rechtspopulistischer Parteien und Bewegungen studiert werden kann, ob es sich dabei – wie in Deutschland – um die AfD handelt oder, wie in dem Land, in dem ich lebe, um die „Perussuomalaiset", die *wahren* bzw. *echten* Finnen.

Das Verhältnis von Globalisierung und globalen Migrationsbewegungen einerseits und den Diskursen nationaler Kulturen andererseits bleibt dabei widersprüchlich. Zum einen hat die Globalisierung den Effekt, die um Zentrierung und geschlossene Identitäten bemühten Vorstellungen nationaler Kulturen zu bekämpfen, zu fragmentisieren und zu zerstreuen. Zum anderen löst sie als Gegenbewegung Abwehrreaktionen sowohl in sich ethnisch definierenden Gruppen der Mehrheitsbevölkerung in den Einwanderungsländern – die sich nur widerwillig als solche verstehen – als auch in den Gemeinschaften der Einwanderer aus. Während erstere Vorstellungen wie denen einer deutschen Leitkultur anhängen, kann es bei Letzteren zu Konstruktionen von Gegenidentitäten kommen wie der Reïdentifizierung mit einer vorgeblich homogenen Herkunftskultur oder dem Wiederaufleben archaischer kultureller Kodizes unter dem Deckmantel religiöser Orthodoxie, so vor allem in Teilen muslimischer Gemeinschaften.

2.4   Zum Gegenstand inter- bzw. transkultureller Literaturwissenschaft

Vor dem Hintergrund einer widersprüchlichen Entwicklung von einerseits zunehmender Vermischung, Vernetzung und Hybridisierung, von andererseits erneuter Abgrenzung nach außen und Homogenisierungsbemühungen nach innen stellt sich die Frage, wie das nicht nur literarische Feld eingegrenzt werden soll, mit dem sich eine inter- bzw. transkulturell orientierte Literatur- und Kulturwissenschaft auseinanderzusetzen hätte. Und wie sollte schließlich das Besondere einer inter- bzw. transkulturellen Perspektive auf diese Texte (unter Texten werden hier im Sinne einer weiten Auffassung nicht nur literarische Erzeugnisse, sondern auch z. B. Filme und Bilder ebenso wie weitere Produkte der Populärkultur verstanden) verstanden werden? Dies sind die Fragen, die mir heute weit wichtiger erscheinen als die zunehmend obsolete nach den Unterschieden zwischen einer interkulturellen oder transkulturellen Perspektive.

An dem hier in Frage stehenden literarischen Feld, das im Lauf der Zeit mit den unterschiedlichsten Namen belegt wurde (meine sicherlich nicht vollständige Bestandsaufnahme zur Bezeichnung inter- bzw. transkultureller literarischer Texte weist die folgenden Begriffe auf, die gleichzeitig die im Laufe der Jahrzehnte wechselnden Perspektiven auf dieses Phänomen beleuchten: Gastarbeiterliteratur, Literatur der Betroffenheit, deutsche Literatur von außen, Migrantenliteratur, Emigrantenliteratur, Literatur in der Fremde, Literatur von innen, Brückenliteratur, eine nicht nur deutsche Literatur, Chamissoliteratur, Literatur in der multikulturellen Gesellschaft, Literatur nationaler Minderheiten, Rand-Literatur in Deutschland, multinationale deutsche Literatur, interkulturelle Literatur, transkulturelle Literatur und schließlich: neue deutsche Literatur), fällt zunächst folgendes Paradoxon auf: Diejenigen, die sich an der Festlegung der Grenzen dieses Feldes beteiligen, lassen nur ungern die Biographie der Autoren als entscheidendes Argument gelten, da es sich dabei um ein außerliterarisches Kriterium handele. Gleichzeitig ist unschwer zu beobachten, dass die zu analysierenden Texte häufig genug gerade aufgrund der Biographie ihrer Autoren ausgewählt werden. Als symptomatisch für diesen Tatbestand mag eine Formulierung von Norbert Mecklenburg gelten, dem bei seinem Definitionsversuch interkultureller Literatur eine merkwürdige Verschiebung unterläuft, wenn er schreibt, als interkulturelle Literaturen ließen sich bestimmte Autorengruppen bezeichnen (Mecklenburg 2008: 32). Auffällig ist ferner bei derartigen Grenzziehungen, wie sie sich aus den im Zentrum des Interesses stehenden Texten ergeben, dass der Fokus weitgehend auf Autoren liegt, deren Biographien bzw. Texte durch die jüngsten Migrationsbewegungen seit Anfang der 1960er Jahre bestimmt sind. Übersehen wird dabei leicht der gesamte Bereich der Exilliteratur, aber auch der der älteren Literatur oder der einer Literatur von Autoren wie Günter Grass, Johannes Bobrowski, Christa Wolf oder Franz Fühmann, um nur einige zu nennen, deren Texte Vermischungen und Vernetzungen, Grenzüberschreitungen und erneute Grenzziehungen behandeln anhand von Regionen, die heute zu Polen, zu Russland, den baltischen Ländern oder der tschechischen Republik gehören und wo, so Bobrowski in *Levins Mühle,* die Deutschen „Kaminski, Tomaschewski und Kossakowski und die Polen Lebrecht und Germann" hießen (Bobrowski 1987/1998: 168). Gleichzeitig ist die Biographie dieser Autoren durch den Systemwechsel vom nationalsozialistischen Deutschland zum marktwirtschaftlich demokratischen der Bundesrepublik oder dem staatssozialistischen der DDR geprägt, was sich mit dem Begriff des ‚Systemmigranten' nach Katrin Sorko (2007) fassen lässt (ganz in diesem Sinne charakterisiert Salman Rushdie die Biographie von Günter Grass wie folgt:

> I am suggesting that we can see this process as an act of migration, from an old self into a new one. That the end of World War Two was for Grass, as it was for Germany, as tough and disrupting a frontier to cross as anyone can imagine. And if we call Grass a migrant of this type, we quickly discover that the triple dislocation classically suffered by migrants has indeed been in operation in the case of migrant Grass, the man who migrated across history. (Rushdie 1991: 279)

Auffallend ist schließlich, dass Definitionsversuche des literarischen Feldes von pädagogischen Zielsetzungen geprägt sind und daher häufig präskriptiv ausfallen. So heißt es bei Michael Hofmann (2006: 196) in Bezug auf die interkulturelle Konstellation der deutsch-türkischen Literatur, es gehe dieser „zuerst und dezidiert um die Überwindung klischeehafter Bilder des Deutschen wie des Türkischen". Der normativen Bestimmung des Gegenstandsbereichs entspricht eine weitgehend pädagogisch-didaktische Ausrichtung, die sich mit der inter- ebenso wie mit der transkulturellen Literaturwissenschaft verbindet, womit sich eine weitere Parallele zwischen beiden Ansätzen herstellt. So stellt Mecklenburg (2008: 19) fest, Kunst sei generell besonders geeignet, dem Leser die Erfahrungswelt ferner und fremder Kulturen näher zu bringen. Deutlich treten die pädagogischen – und normativen – Intentionen auch bei Welsch hervor, wenn er schreibt: „Die Empfehlung lautet, diese Perspektive der Transkulturalität einmal zu erproben – wie eine Brille, die einem neue Dinge und vertraute Dinge anders zu sehen erlaubt." (Welsch 2000: 350) Letztlich fordert Welsch hier dazu auf sich überraschen zu lassen und zu staunen. Damit kommt er aber den Zielen der von Heimböckel und Weinberg wie folgt vorgestellten „Interkulturalität als Projekt" zumindest in diesem Punkt staunenswert nahe, auch wenn sich Letztere im Gegensatz zu Welsch eher auf den wissenschaftlichen Beobachter beziehen.

> Im Rahmen von Interkulturalität spielt das Staunen als eine „Weise bewußtwerdenden Nichtwissens" […] heuristisch eher eine marginale Rolle – zu Unrecht, wie wir meinen. Denn es löst den Beobachter aus den Fesseln seiner Kulturbedingtheit und ermöglicht einen auf absolute Wertmaßstäbe verzichtenden Kulturvergleich, indem es nicht nur „die Selbstverständlichkeit eigener kultureller Erfahrungen durchbricht" […], sondern auch interkulturelle Grundlagenkategorien wie das Eigene und das Fremde selbst in Frage stellt. (Heimböckel und Weinberg 2014: 121)

In Abgrenzung von einer präskriptiven würde ich von einer deskriptiven Herangehensweise ausgehen und möchte in Anlehnung an Mecklenburg – wenn auch in etwas modifizierter Weise – dafür plädieren, für die Bestimmung des Gegenstands einer inter- bzw. transkulturellen Literatur- und Kulturwissenschaft inhaltliche, formale und auch kontextuelle Aspekte heranzuziehen. Zu ersterem Aspekt würden Artikulationen von Grenzüberschreitungen, Kulturbegegnungen und Kulturkonflikten ebenso gehören wie Erfahrungen, die entsprechende Grenzen infrage stellen und stattdessen Vermischungen, Hybridisierungen, Überschneidungen und Ähnlichkeiten aufklingen lassen. Formale Aspekte beträfen demgegenüber Phänomene wie Gattungsadaptionen, sprachliche Vielstimmigkeit oder Intertextualität. Kontextuelle Aspekte meinen schließlich die Lebensumstände und Produktionsbedingungen der Autoren, deren Einbettung in historisch-soziale Diskurse sowie die jeweilige Rezeption ihrer Texte (vgl. Mecklenburg 2003: 434). Dabei trägt der kontextuelle Aspekt der Tatsache Rechnung, dass – wenn auch meist unausgesprochen – bei der Auswahl der erfassten Texte dem biographischen Hintergrund der Autoren nach wie vor eine wichtige Rolle zukommt.

Zu strikte und normative Eingrenzungsversuche in Verbindung mit pädagogischen Zielsetzungen sind problematisch, weil sie dazu tendieren, den Blick auf verschiedene Phänomene zu verstellen. Sähe man von den Lebensumständen und Produktionsbedingungen der Autoren ab, so fiele z. B. ein Teil des Werks von Selim Özdoğan aus dem literarischen Feld inter- bzw. transkultureller Literatur heraus, da in einigen Texten dieses Autors weder sein eigener Migrationshintergrund noch der seiner Protagonisten in irgendeiner Weise in Erscheinung tritt, während derselbe Autor in seinen Romanen *Die Tochter des Schmieds* (2005) und *Heimweg 52* (2011) vom Oszillieren seiner Protagonistin zwischen der Türkei und Deutschland erzählt. Damit wäre nicht mehr das Gesamtwerk eines Autors in all seiner Widersprüchlichkeit Gegenstand der Analyse. Es entfiele somit auch die Auseinandersetzung mit der nicht irrelevanten Erkenntnis, dass ein Autor mit Migrationshintergrund sich in seiner literarischen Produktion nicht unbedingt und stets mit eben dieser Geschichte auseinandersetzen muss.

Als ein weiteres Beispiel sei hier auf Irene Dische verwiesen, eine Autorin, die in New York als Tochter jüdischer Eltern geboren wurde, deren Großvater mütterlicherseits zum Katholizismus konvertiert war und die daher katholisch erzogen wurde, deren Muttersprache Deutsch ist, die aber mit Englisch in der Sprache schreibt, in der sie ihre Schulbildung erfahren hat, und deren Texte in deutscher Übersetzung zunächst auf dem deutschsprachigen Büchermarkt erscheinen, bevor sie mit Verzögerung auch für den anglo-amerikanischen Markt verlegt werden. Nicht zuletzt aufgrund von Lebensumständen und Produktionsbedingungen erscheint Dische als Grenzgängerin *par excellence* und stellt damit eine Herausforderung für alle Einordnungsversuche in angeblich klar abgrenzbare nationale Kulturen bzw. nationale Literaturen dar (Es ist bezeichnend, dass eine derartige Existenz im Liminalen von manchen Literaturwissenschaftlern umgehend wieder auf eine klare Zuordnung zu einer Nationalliteratur reduziert werden muss. So wird Dische von Robert Lawson (2007: 37) charakterisiert als „an American born author considered here, as in other studies, as a German Jewish writer").

Weiterhin ist keineswegs gesagt, dass es Texten im Umfeld z. B. deutsch-türkischer Literatur zuerst und dezidiert um die Überwindung klischeehafter Bilder geht. Eine erhebliche Zahl von Texten aus eben diesem Bereich feiert mitnichten vorbehaltslos Hybridität, Zwischen- und Dritte Räume, sondern führt aus den verschiedensten Gründen nach wie vor bestimmte Phänomene in einer monokausalen Baum-Wurzel-Denkweise auf angeblich homogene nationale Identitäten einer „vorgestellten Gemeinschaft" zurück (Für Deleuze und Guattari ist im Gegensatz zum Rhizom eine binäre Logik die geistige Realität des Wurzelbaums (vgl. Deleuze/Guattari 1977: 8)). Die Bilder, die nicht wenige Texte deutsch-türkischer Provenienz von „den Türken" und „den Deutschen" zeichnen, fallen im Rahmen eines binären Systems weitgehend voneinander abgegrenzter und einander ausschließender Identitäten nach wie vor auf altbekannte Stereotype zurück. (Hier seien als Beispiele solche Titel genannt wie *Ich träume deutsch … und wache türkisch auf. Eine Kindheit in zwei Welten* von Nilgün Taşman (2008), *Candlelight Döner. Geschichten über meine deutsch-türkische Familie* von Asli Sevindim (2005) oder *Einmal Hans mit scharfer Soße. Leben in zwei Welten* von Hatice Akyün (2007).) Aber sind nicht auch gerade das Phänomene, die einer Untersuchung wert sind? Hier ist Mecklenburg beizupflichten, wenn er schreibt, die Erhebung des Hybriden zur obersten Norm verwische die sozialen und politischen Aspekte von Migration und Hybridität, das Syndrom von Ausbeutung, Herrschaft, Entfremdung und Identitätsverlust (vgl. Mecklenburg 2003: 436; dasselbe Thema wird von Antweiler wie folgt ironisch variiert: „Anders als die Helden des modischen Theorieschrifttums ist es eben immer noch nicht so [sic], dass die typische Erdenbuergerin von einer kreolischen Mutter und einem migrantischen Vater in einem Flugzeug gezeugt und auf einem Flughafen geboren wird, um ihr Leben dann als transnationale Stadtnomadin in Megacities zu verbringen." (Antweiler 2007) Den Hinweis auf Antweiler verdanke ich Iljassova-Morger (2009: 177)). So erinnern in *Honour,* dem auf Englisch verfassten Roman der türkischen Autorin Elif Shafak, einen der Protagonisten des Romans Einwanderer der ersten Generation an Meerestiere, wie er sie einst als Kind in Beirut gesehen hatte, als diese nach einem Sturm an den Strand gespült worden waren.

> It had shocked him to see these peculiar organisms so helplessly out of place. Over the years, as he worked in numerous Western cities and observed the lives of the first generation of immigrants, he would recall this scene. They, too, were cut off from their natural environment. In their new setting, they breathed uneasily, vulnerably, waiting for the ocean to take them back or the beach to swallow their discomfort, help them belong. Elias understood this emotion, for he had always thought of himself as a man who lived on the shores of other cultures. Yet in one fundamental way he differed from them. He could survive anywhere, having no attachment to any particular piece of land. (Shafak 2013: 289)

In seiner Überzeugung, dass folgende Generationen weitgehend widerspruchsfrei verstärkt transkulturelle Formen der Kommunikation und Interaktion ausbilden würden, stützt sich Welsch auf Beispiele von sozial Privilegierten, die weitgehend problemlos von derartigen Grenzüberschreitungen profitieren. So erwähnt er eine amerikanische Sportlerin, die den russischen Balletttänzer Michail Baryschnikow als ihr Vorbild nennt, wobei dieser keine Frau, aber auch kein Schwarzer, kein Amerikaner und auch kein Leichtathlet sei (vgl. Welsch 2000: 345).

Ein weiteres Problem pädagogischer und normativer Ansätze liegt darin, dass sich im Fokus der wissenschaftlichen Analyse leicht solche Texte finden, in denen die pädagogischen Ziele ihre Bestätigung finden, was zu problematischen Zirkelschlüssen führen kann. Dies lässt sich beispielhaft an der Befassung mit *Selam Berlin* (2003) und insbesondere *Cafe Cyprus* (2008) ablesen, den beiden Romanen von Yadé Kara (siehe zur Kritik an Kara ausführlicher Bonner 2011). In letzterem Roman will einer der Protagonisten in London ein *Coffeehouse the third place* gründen. Hasan Kazan wiederum, der Ich-Erzähler des Romans, findet sich selbst und seine Freunde mit ihren „multiplen Identitäten" (Kara 2008: 167) unglaublich hybrid: „Wir passten in keine Schablone und waren eigentlich etwas ganz Neues, so ein Gemisch wie uns hatte es nie zuvor auf europäischem Boden gegeben" (ebd.: 317).

Wir haben es mit einer Autorin zu tun, die die einschlägigen kulturwissenschaftlichen Theorien bzw. Begriffe wie Hybridität und ‚Third Space' kennt und diese eher schlecht als recht in ihre Romane einfließen lässt, woraufhin aus den Reihen der inter- bzw. transkulturellen Literaturwissenschaft die Kompatibilität der Romane mit eben diesen Theorien konstatiert wird. Eine deutliche Gefahr im Zusammenhang mit der Überbetonung einer pädagogischen Ausrichtung trans- oder interkultureller Literaturwissenschaft besteht insbesondere in der potenziellen Ausblendung der Frage nach der Literarizität der zu untersuchenden Texte, was dazu führen kann, dass diese lediglich als Illustrationen bestimmter Theorien rezipiert werden.

2.5   Zum Schluss

Abschließend sei festgehalten, dass das Ziel dieses Beitrags nicht in erster Linie darin bestand, Fragen zu beantworten, sondern zunächst einmal Fragen zu stellen, dabei bestimmte Positionen infrage zu stellen und zu zeigen, wie schwer es ist zu angemessenen Antworten zu finden. Allerdings halte ich aus den oben angeführten Gründen den Streit um Inter- bzw. Transkulturalität für überholt und letztlich unproduktiv. Weiterhin würde ich ein neutrales, nicht präskriptives und gleichzeitig möglichst umfassendes Verständnis des Gegenstandsbereichs inter- bzw. transkultureller Literatur- und Kulturwissenschaft befürworten. Ferner erachte ich es für wichtig, dass sich diese von einer allzu pädagogischen Ausrichtung löst und sich in ihren Fragestellungen möglichst offen hält.

Mit Heimböckel und Weinberg (2014: 121) möchte ich schließlich dafür plädieren, dass wir als Wissenschaftler darum bemüht sein sollten, uns aus bestimmten festen begrifflichen und definitorischen Vorgaben zu lösen und das Prozesshafte inter- bzw. transkultureller Literaturwissenschaft in den Vordergrund zu rücken und in diesem Sinne dann doch das Staunen als eine „Weise bewußtwerdenden Nichtwissens" aus seiner marginalen Rolle zu entlassen.

Literatur

Akyün, Hatice (2007): Einmal Hans mit scharfer Soße. Leben in zwei Welten. München.

Anderson, Benedict (1991): Imagined Communities: Reflections on the Origin and Spread of Nationalism. London.

Antweiler, Christoph (2007): Mehr Fokus auf die Gemeinsamkeiten der Menschen! Interview am 26.05.2007. http://www.antropologi.info/blog/ethnologie/2007/mehr _fokus_auf_die_ gemeinsamkeiten_der_m. (22.11.2016).

Bhatti, Anil (2015): Heterogenität, Homogenität, Ähnlichkeit. In: Zeitschrift für interkulturelle Germanistik 1, 119–133.

Blumentrath, Hendrik/Bodenburg, Julia/Hillman, Roger/Wagner-Egelhaaf, Martina (2007): Transkulturalität. Türkisch-deutsche Konstellationen in Literatur und Film. Münster.

Bobrowski, Johannes (1998): Levins Mühle. In: Bobrowski, Johannes (Hg.): Gesammelte Werke. Stuttgart: DVA, Bd. 3, 7–222 (Original: 1987).

Bonner, Withold (2011): Cafe Cyprus, Mitropa, Volksbühne. Von statischen und dynamischen Räumen bei Yadé Kara und Emine Sevgi Özdamar. In: Hess-Lüttich, Ernest W. B./ Kuruyazıcı, Nilüfer/Ozil, Şeyda/Karakuş, Mahmut (Hg.): Metropolen als Ort der Begegnung und Isolation. Interkulturelle Perspektiven auf den urbanen Raum als Sujet in Literatur und Film. Frankfurt a.M., 257–272.

Deleuze, Gilles/Guattari, Félix (1977): Rhizom. Berlin.

Esselborn, Karl (2012): Von der ‚Hermeneutik der Fremde' zur interkulturellen/transnationalen Germanistik/Literaturwissenschaft. In: Hess-Lüttich, Ernest W. B./Kuruyazıcı, Nilüfer/Ozil, Şeyda/Karakuş, Mahmut (Hg.): Metropolen als Ort der Begegnung und Isolation. Interkulturelle Perspektiven auf den urbanen Raum als Sujet in Literatur und Film. Frankfurt a.M., 159–178.

Hall, Stuart (1999): Kulturelle Identität und Globalisierung. In: Hörning, Karl H./Winter, Rainer (Hg.): Widerspenstige Kulturen. Cultural Studies als Herausforderung. Frankfurt a.M., 393–441.

Heimböckel, Dieter/Weinberg, Manfred (2014): Interkulturalität als Projekt. In: Zeitschrift für interkulturelle Germanistik 2, 119–144.

Hofmann, Michael (2006): Interkulturelle Literaturwissenschaft. Eine Einführung. Paderborn.

Hofstede, Geert (1984): Culture's Consequences: International Differences in Work-related Values. Newbury Park (Cal.).

Iljassova-Morger, Olga (2009): Von der interkulturellen zur transkulturellen Hermeneutik. Duisburg.

Kara, Yadé (2003): Selam Berlin. Zürich.

Kara, Yadé (2008): Cafe Cyprus. Roman. Zürich.

Langenohl, Andreas/Poole, Ralph/Weinberg, Manfred (Hg.) (2015): Vorwort. In: Langenohl, Andreas/Poole, Ralph/Weinberg, Manfred (Hg.): Transkulturalität. Klassische Texte. Bielefeld, 10–18.

Lawson, Robert (2007): Carnivalism in Postwar Austrian- and German-Jewish Literature – Edgar Hilsenrath, Irene Dische, and Doron Rabinovici. In: Seminar 43:1, 37–48.

Leggewie, Claus/Zifonum, Dariuž (2010): Was heißt Interkulturalität? In: Zeitschrift für interkulturelle Germanistik 1, 11–31.

Mecklenburg, Norbert (2003): Interkulturelle Literaturwissenschaft. In: Wierlacher, Alois/Bogner, Andrea (Hg.) (2003): Handbuch interkulturelle Germanistik. Stuttgart/Weimar, 433–439.

Mecklenburg, Norbert (2008): Das Mädchen aus der Fremde. Germanistik als interkulturelle Literaturwissenschaft. München.

Münkler, Herfried (2009): Die Deutschen und ihre Mythen. Berlin.

Nünning, Ansgar (Hg.) (2008): Metzler Lexikon Literatur- und Kulturtheorie. Ansätze – Personen – Grundbegriffe. 4., aktual. und erw. Aufl. Stuttgart.

Özdoğan, Selim (2005): Die Tochter des Schmieds. Roman. Berlin.

Rushdie, Salman (1991): Imaginary Homelands. Essays and Criticism 1981–1991. London.

Sevindim, Asli (2005): Candlelight Döner. Geschichten über meine deutsch-türkische Familie. Berlin.

Shafak, Elif (2013): Honour. Roman. London.

Sorko, Katrin (2007): Die Literatur der Systemmigration. Diskurs und Form. München.

Taşman, Nilgün (2008): Ich träume deutsch … und wache türkisch auf. Eine Kindheit in zwei Welten. Freiburg im Breisgau.

Tawada, Yoko (2007): An der Spree. In: Tawada, Yoko: Sprachpolizei und Spielpolyglotte. Tübingen, 11–23.

Thum, Bernhard (1985): Auf dem Weg zu einer interkulturellen Germanistik. In. Wierlacher, Alois (Hg.): Jahrbuch Deutsch als Fremdsprache 11. München, 329–341.

Welsch, Wolfgang (1995): Transkulturalität. http://www.forum-interkultur.net/uploads/tx_textdb/28.pdf. (22.11.2016).

Welsch, Wolfgang (2000): Transkulturalität. Zwischen Globalisierung und Partikularisierung. In: Jahrbuch Deutsch als Fremdsprache 26, 327–351.

Welsch, Wolfgang (2003): Identität im Übergang. Philosophische Überlegungen zur aktuellen Affinität von Kunst, Psychiatrie und Gesellschaft. In: Ders.: Ästhetisches Denken. Stuttgart, 168–200.

Welsch, Wolfgang (2010): Was ist eigentlich Transkulturalität? http://www2.uni-jena.de/welsch/papers/W_Welsch_Was_ist_Transkulturalit%C3%A4t.pdf. (22.11.2016).

Wierlacher, Alois (1994): Zur Entwicklungsgeschichte und Systematik interkultureller Germanistik (1984–1994). Einige Antworten auf die Frage: Was heißt „interkulturelle Germanistik"? In: Jahrbuch Deutsch als Fremdsprache 20. München, 37–56.

Wierlacher, Alois (2000): Interkulturalität. Zur Konzeptualisierung eines Rahmenbegriffs interkultureller Kommunikation aus der Sicht Interkultureller Germanistik. In: Jahrbuch Deutsch als Fremdsprache, Bd. 26. München, 263–287.

Wierlacher, Alois (2003a): Interkulturelle Germanistik. Zu ihrer Theorie und Geschichte. Mit einer Forschungsbibliographie. In: Wierlacher, Alois/Bogner, Andrea (Hg.): Handbuch interkulturelle Germanistik. Stuttgart/Weimar, 1–34.

Wierlacher, Alois (2003b): Interkulturalität. In: Wierlacher, Alois/Bogner, Andrea (Hg.): Handbuch interkulturelle Germanistik. Stuttgart/Weimar, 257–264.

Teil II
Sozial- und kulturwissenschaftliche Beiträge

Interkulturelle Komplementarität in Organisationen

3

Bezugsrahmen, Fallbeispiele und begünstigende Faktoren

Christoph Barmeyer

> *Wir alle sind Alchimisten mit der Fähigkeit, Zustände zu verbessern*
>
> (Mylène Farmer 2015)

3.1 Einführung

Interkulturelle Kommunikation und ihre Auswirkungen beschäftigen seit vielen Jahrzehnten Praxis und Forschung des interkulturellen Managements, das sich mit kulturellen Besonderheiten beschäftigt, die u. a. in Arbeitssituationen manifest werden und aufgrund divergierender Werteorientierungen sowie Bedeutungs- und Interpretationsschemata von Akteuren häufig zu Irritationen und Missverständnissen führen. Darauf basierend hat die Thematisierung von Problemen in der interkulturellen Forschung einen großen Anteil. Neutrale oder gar positive Aspekte von Interkulturalität werden dagegen selten behandelt. Allerdings erleben Akteure durch den interkulturellen Austausch nicht nur Konflikte, sondern auch Bereicherung.

Aus diesem Grund bildet das bisher in der interkulturellen Forschung wenig thematisierte Konzept der Komplementarität den theoretischen Bezugsrahmen dieses interdisziplinären Beitrags, der auf Ideen und Konzepte unterschiedlicher Wissenschaften zurückgreift. Ausgehend von einem dynamischen Kulturverständnis beschäftigt sich interkulturelle Komplementarität damit, wie sich kulturelle Unterschiede durch ihre Kombination ergänzen. Dies wird an neu ausgehandelten Arbeitspraktiken auf Basis empirischer Fallstudien in Organisationen illustriert.

C. Barmeyer (✉)
Interkulturelle Kommunikation, Universität Passau, Passau, Deutschland
E-Mail: Christoph.Barmeyer@uni-passau.de

© Springer-Verlag GmbH Deutschland, ein Teil von Springer Nature 2020
H. W. Giessen und C. Rink (Hrsg.), *Migration, Diversität und kulturelle Identitäten*,
https://doi.org/10.1007/978-3-476-04372-6_3

Zentrales Ziel des Beitrags ist es zu zeigen, dass Interkulturalität nicht nur als Defizit und Problem wahrgenommen wird, sondern auch als sich ergänzende Bereicherung. Der Beitrag versteht sich somit als Impuls für eine konstruktive Sichtweise und Erforschung interkultureller Phänomene in Arbeitskontexten.

3.2 Organisationen als zentrales Aktionsfeld der Interkulturalität

Organisationen können als soziale Systeme verstanden werden, in denen Menschen, die über spezifische Ressourcen und Kompetenzen verfügen, durch planmäßiges Zusammenwirken bestimmte vereinbarte Ziele erreichen. Im deutschsprachigen Raum hat die Soziologin Renate Mayntz die Organisationsforschung stark geprägt und Organisationen als „soziale Gebilde" definiert, „die einen angebbaren Mitgliederkreis und interne Rollendifferenzierung aufweisen". Ebenso sind Organisationen in Hinblick auf die Verwirklichung von Zwecken und Zielen „zumindest der Intention nach rational gestaltet" (Mayntz 1963: 36). Für diesen Beitrag mit Fokus auf Interkulturalität ist besonders interessant, dass Organisationen vor allem zentrale Orte zwischenmenschlichen Handelns sind, die alle Menschen und Lebensbereiche auf verschiedene Weise betreffen:

> Wir leben in einer Organisationsgesellschaft. Die meisten von uns sind in einer Organisation auf die Welt gekommen, und die meisten von uns werden in einer sterben. Zwischen diesen Ereignissen haben wir sehr viel mit Organisationen zu tun. In Organisationen werden wir erzogen und ausgebildet. Fast alle Produkte und Dienstleistungen, die wir erwerben, stammen von Organisationen. Organisationen sind unausweichlich. Organisationen bestimmen weitgehend, welche Leistungen uns zur Verfügung stehen, und sie legen auch fest, zu welchen Bedingungen wir diese Leistungen in Anspruch nehmen können. Dies hat sowohl ganz konkrete, unmittelbare Konsequenzen für unser persönliches Verhalten als auch weitreichende gesamtgesellschaftliche Implikationen. (Kieser/Walgenbach 2010: 24 f.)

Verschiedene Sozialwissenschaften beschäftigen sich mit Organisationen, vor allem die Soziologie, die Psychologie, die Ethnologie und natürlich die Betriebswirtschaftslehre. Insbesondere die Soziologie – in der Tradition von Max Weber (1922), James March und Herbert Simon (1958); Talcott Parsons (1960); Renate Mayntz (1963) und Niklas Luhmann (1964) – betrachtet bis heute die Organisation als einen genuinen Gegenstand ihres Faches (Chanlat 1990; Crozier/Friedberg 1979; Kühl 2011). Organisationen werden aus soziologischer Perspektive mit charakteristischen Attributen belegt, die einem institutionellen Bezugsrahmen entsprechen (March/Simon 1958; Mayntz 1963):

- Ziel und Zweckorientierung: Organisationen verfolgen in der Regel mehrere, manchmal widersprüchliche Ziele wie Rentabilität, Marktführerschaft usw.
- Geregelte Arbeitsteilung: Organisationen setzen sich aus mehreren Personen zusammen, die bestimmte Rollen, Aufgaben und Aktivitäten zu erfüllen haben,

welche gesteuert werden müssen, etwa durch Regeln, Strukturen (Hierarchien) und Prozesse.

- Beständige Grenzen: Organisationen weisen auch durch ihre identifizierbaren Mitarbeiter und Gruppen definierte Grenzen und Besonderheiten auf, die sie vom Umfeld unterscheiden und die für eine relative Stabilität sorgen.

Soziologie und interkulturelle Forschung haben gemeinsam, dass sie ihre Untersuchungsgegenstände als System bezeichnen: Organisationen und Kulturen sind als soziale Systeme zu verstehen, die durch viele Elemente in wechselseitiger Beziehung stehen und ein Ganzes bilden. Ihre jeweilige Besonderheit ergibt sich durch die Art von Elementen, Anordnungsmustern und Beziehungen (Luhmann 1964; Mayntz 1963). Innerhalb eines Systems kann die Veränderung eines Bestandteils auf die anderen einwirken. Nach Mayntz (1963) zeichnen sich soziale Systeme darüber hinaus dadurch aus, dass sie Integration und Geschlossenheit aufweisen: Wechselseitige Beziehungen mit dem Umfeld sind existent, jedoch gibt es auch eine Grenze, die das System vom Umfeld trennt. Organisationen sind jedoch nicht nur „strategisch-rationale, wertschöpfungsorientierte, hierarchische Arbeitssysteme" (Stein 2014: 51), sondern auch von ihren Mitgliedern sozial konstruierte Wirklichkeiten (Berger/Luckmann 1966), die durch zwischenmenschliche, kulturelle und organische Aspekte geprägt sind. Bereits March und Simon (1958) verstanden Organisationen nicht nur als funktionale bürokratische maschinengleiche Systeme, sondern als eine Kombination von sozialen Rollen und Verhaltensweisen mit dazugehörigen Haltungen, Wahrnehmungen, Werten, Erfahrungen und Zielen. In diesem kognitiven und emotionalen sozialen System entstehen aufgrund der Auswahl von Handlungsalternativen Konflikte und Dysfunktionen. Somit weisen Organisationen und ihre Akteure eine eingeschränkte Rationalität auf (Simon 1959) und sind anfällig für Ideologien, Differenzen, Konflikte, bilden aber auch eigene Identitäten heraus, die wiederum konstruktive Aspekte der Organisation wie Vertrauen, Partizipation und Fairness herausbilden können und bestenfalls zu Synergien führen (Stein 2014).

Das Konzept Organisation betrifft nicht nur Unternehmen, sondern auch andere soziale Systeme wie Krankenhäuser, Behörden, Schulen und Hochschulen sowie internationale Organisationen. Traditionell steht jedoch in der interkulturellen Managementforschung das Unternehmen als erwerbswirtschaftliche Organisation im Vordergrund (Smith/Peterson/Thomas 2008). Dies begründet sich darin, dass bisher die meisten empirischen Arbeiten zur Interkulturalität in Unternehmenskontexten entstanden sind; diese haben sich früher und intensiver internationalisiert als öffentliche Organisationen. Zunehmend finden sich aber auch Forschungen zur Interkulturalität in Behörden, wie etwa Polizei, Bundeswehr und auch in nicht staatlichen Organisationen (NGOs) (Leenen/Grosch/Groß/Scheitza 2015).

Interaktionen in Organisationen, also Kommunikations- und Arbeitsprozesse verschiedenster Art, sind zunehmend *interkulturell* aufgrund von Internationalisierungsprozessen und zunehmender Multikulturalität. Interkulturalität ist ein gegebener Faktor im Alltag, der so selbstverständlich ist, dass nur wenig

Bewusstsein bei den Akteuren vorliegt. Dies betrifft nicht nur die Interaktion im Außenverhältnis mit ausländischen Partnern wie Kunden und Zulieferern, sondern auch die Interaktion im Innenverhältnis mit anderskulturellen Kollegen sowie Mitarbeitern von Tochtergesellschaften im Ausland. Kulturelle Unterschiedlichkeit von Organisationen und Interkulturalität in Arbeitskontexten sind trotz globaler Harmonisierungs- und Standardisierungsprozesse in gesellschaftlichen und wirtschaftlichen Bereichen immer noch gegeben (Chanlat/Davel/Dupuis 2013; D'Iribarne 2009; Inglehart/Welzel 2005).

3.3   Interkulturalität: Von Konflikten zu Komplementarität

Sowohl in der Forschung als auch in der Praxis herrscht bisher eine ausgeprägte Problemorientierung bezüglich interkultureller Interaktionen vor (Barmeyer/Franklin 2016; Barmeyer/Davoine 2016). Interkulturalität, die durch kulturelle Unterschiedlichkeit und damit einhergehende divergierende Bedeutungs- und Interpretationsspielräume der Akteure gezeichnet ist, wird in Arbeitssituationen aufgrund divergierender Erwartungen, Normen und Interpretationsweisen der Handelnden oft als irritierend und konflikthaft beschrieben.

So thematisieren es zahlreiche *Critical Incidents,* die in Organisationen viel Energie, Zeit und Geld beanspruchen (Moosmüller 2000). *Problematische* Interkulturalität kann dazu führen, dass angestrebte Ziele aufgrund von Missverständnissen nicht erreicht werden (Barmeyer 2000; Thomas 2013a). Zweifellos sind interkulturelle Begegnungen häufig von Missverständnissen und Konflikten begleitet. Die Ausprägung konflikthafter Situationen, die erforscht werden, entspricht vielleicht der Wirklichkeit, allerdings sind diese im Vergleich zu synergetischen Situationen verhältnismäßig überrepräsentiert. Bezeichnenderweise werden neutrale und positive Effekte interkultureller Interaktionen nur selten wahrgenommen. Dies zeigt auch ein Literaturüberblick von Stahl und Tung (2015) anhand einer Inhaltsanalyse von 244 Artikeln der angesehenen wissenschaftlichen Zeitschrift *Journal of International Business Studies (JIBS).* Die Forscher stellen eine Betonung problematischer und negativer Aspekte von Interkulturalität und eine Vernachlässigung positiver Aspekte fest: „[…] we know much less about the positive dynamics and outcomes associated with cultural differences than we know about the problems, obstacles, and conflicts caused by them." (Stahl/Tung 2015: 393).

Bei ihrer Inhaltsanalyse unterteilen sie die Artikel, die einen Bezug zu Kultur und Interkulturalität aufweisen, in drei Kategorien: Theoretische Artikel, empirische Artikel mit theoretischen Annahmen, sowie empirische Artikel mit empirischen Ergebnissen, in denen kulturelle Unterschiedlichkeit wiederum eine negative, neutral/ausgewogene oder positive Rolle spielt. Ergänzend unternehmen sie eine qualitative Inhaltsanalyse bei 400 Artikeln aus 18 Jahren der einschlägigen Zeitschrift *Cross Cultural Management: An International Journal (CCM),* die sich vor allem mit interkulturellem Management beschäftigt. Positive beziehungsweise

Tab. 3.1 Ergebnisse der Inhaltsanalyse für theoretische und empirische Artikel in CCM (Stahl/ Tung 2015: 397, Übersetzung des Autors)

Effekte kultureller Unterschiedlichkeit	Theoretische Artikel (%)	Empirische Artikel mit theoretischen Annahmen (%)	Empirische Artikel mit empirischen Ergebnissen (%)
Negativ	50	42	10
Neutral/ausgewogen	48	58	90
Positiv	2	0	0

Tab. 3.2 Interkultureller Konflikt versus interkulturelle Komplementarität

	Interkultureller Konflikt	Interkulturelle Komplementarität
Annahme	Kulturunterschiede als Hindernis	Kulturunterschiede als Ergänzung
Ziel	Verstehende Analyse	Konstruktive Gestaltung
Focus	Thematisierung von Problemen	Generierung von Lösungen

konstruktive Effekte interkulturellen Managements sind auch hier wenig oder – bei empirischen Beiträgen – überhaupt nicht anzutreffen (Tab. 3.1). Allerdings bemerken Stahl und Tung (2015: 405) im Zeitverlauf, dass neutrale Effekte in den Forschungsergebnissen gegenüber negativen Effekten überwiegen.

Der Ansatz, Missverständnisse über interkulturelle Interaktionssituationen, sogenannte *Critical Incidents,* zu erfassen, ist hilfreich, weil er überhaupt erst ermöglicht, Interkulturalität – und dahinterliegende divergierende bedeutungstragende und handlungsleitende Wertesysteme – besser zu verstehen und somit kulturelle Erklärungen für unverstandenes Verhalten zu finden (Barmeyer/Franklin 2016). Jedoch ist dies nur ein erster Schritt der verstehenden Analyse. Dieser Schritt ist vor allem für die Praxis nötig, um Haltungsänderungen und Verstehensprozesse auszulösen und zu entwickeln. Jedoch ist eine Weiterentwicklung sowohl für die theoretische Reflektion, als auch für die praktische Anwendung notwendig. Deshalb sollte in einem zweiten Schritt die konstruktive Gestaltung mit Kulturunterschieden im Vordergrund stehen. Wie lassen sich diese Schritte kombinieren und ergänzen und positiv für die Akteure und die Organisation nutzen? Tab. 3.2 stellt die beiden divergierenden Sichtweisen gegenüber.

3.4 Interkulturelle Komplementarität durch gegenseitige Aushandlung

Die Kulturanthropologen Kluckhohn und Strodtbeck verstehen in ihrem grundlegenden Werk *Variations in Value Orientations* (1961) Kultur als Art und Weise der Problemlösung, das heißt Akteure in sozialen Systemen finden spezifische Wege zur Zielerreichung. Die Forscher formulieren diesbezüglich folgende Annahmen:

First it is assumed that *there is a limited number of common human problems for which all peoples at all times must find some solution.* [...] The second assumption is that w*hile there is variability in solutions of all the problems, it is neither limitless nor random but is definitely variable within a range of possible solutions.* The third assumption [...] is that *all alternatives of all solutions are present in all societies at all times but are differentially preferred.* Every society has, in addition to its dominant profile of value orientations, numerous *variant or substitute profiles.* Moreover it is postulated that in both the dominant and the variant profiles there is almost always a *rank ordering* of the preferences of the value-orientation alternatives. (Kluckhohn/Strodtbeck 1961: 10)

Lösungen können sich z. B. in Strategien, Regeln, Strukturen oder Methoden niederschlagen, die sich als erfolgreich zur Zielerreichung bewährt haben. Sie werden dann mit besonderer Häufigkeit und Ausprägung von allen Mitgliedern eines gesellschaftlichen Systems wiederholt und damit institutionalisiert. Veränderungen und Entwicklungen sozialer kultureller Systeme dagegen ergeben sich, wenn bestimmte Lösungsmuster nicht mehr geeignet sind, bestehende Herausforderungen oder Probleme zu meistern oder wenn durch äußere Einflüsse – auch die interkulturelle Begegnung – Systemveränderungen stattfinden.

Der hegelschen Dialektik mit These-Antithese-Synthese (Barmeyer 2001) oder dem asiatischen Taoismus mit Yin und Yang-Prinzipien (Fang 2012) folgend, wird Kultur und Interkulturalität als zirkulär und dynamisch verstanden (Hampden-Turner 2000). Für ein dynamisches Verständnis von Interkulturalität sind z. B. die Forschungen des Kulturanthropologen Franz Boas (1858–1942) interessant. Er wies darauf hin, dass Kulturen komplexe soziale Systeme sind, in denen sowohl relativ stabile als auch dynamische Elemente und Muster koexistieren, Wachstum erfahren und sich entwickeln (Boas 1949; Benedict 1943: 61). So verändern sich z. B. Gesellschaften durch Migration oder Organisationen durch hinzukommende anderskulturelle Mitarbeiter. Durch dieses Zusammentreffen entsteht Interkulturalität: Bisherige Selbstverständlichkeiten werden hinterfragt und idealerweise neue wirksame Lösungen in gegenseitigen interkulturellen Anpassungs- und Aushandlungsprozessen gefunden.

Somit ist eine zentrale Annahme dieses Beitrags, Interkulturalität als dialektischen Prozess zu begreifen, der sich zwischen Unterschieden bewegt und gleichzeitig ein Entwicklungsprozess von Individuen und Kollektiven ist. Interkulturalität ist also ein reziproker dialogischer, wenn möglich *symmetrischer,* Kommunikations- und Kooperationsprozess (der Aushandlung), bei dem wechselseitige Anpassungs- und Lernprozesse stattfinden, die zur Zielerreichung beitragen.

In Forschung und Praxis existieren verschiedene konzeptionelle Bezugsrahmen und Ansätze zur interkulturellen Anpassung und Aushandlung, die jedoch empirisch bisher nur wenig erforscht sind. Sie alle haben gemeinsam, dass sie von existierenden Kulturunterschieden ausgehen, die oft Gegensätze darstellen, welche jedoch in zwischenmenschlichen Interaktionsprozessen nicht starr voneinander abgegrenzt bleiben, sondern zu neuen dynamischen, kulturellen, hybriden Formen führen. Idealerweise ergeben sich „neue" Drittkulturen (Casmir 1999), deren Elemente sich teilweise ergänzen, also komplementär sind, oder sogar synergetisch zusammenwirken.

Die verschiedenen Konzepte der interkulturellen Organisations- und Managementforschung, bei denen anderskulturelle Interaktionspartner gegenseitige Adaptationsprozesse vornehmen, tragen Bezeichnungen wie Interkultur, Drittkultur, ausgehandelte Kultur, Dilemma-Theorie, aber auch interkulturelle Komplementarität und Synergie (Tab. 3.3).

In diesem Beitrag wird vor allem auf das Konzept der interkulturellen Komplementarität eingegangen, die durch gegenseitige Anpassungs- und Aushandlungsprozesse entsteht. Dabei wird bewusst ein interdisziplinärer und ganzheitlicher Ansatz verfolgt, der sich nicht nur an die Sozialwissenschaften anlehnt, sondern auch an Physik, Religion und Kunst.

Interkulturelle Komplementarität (lat. *plenus* und *complere, complementum* „Erfüllung", „Ergänzung", „Vervollständigung") bezeichnet spezifische – scheinbar widersprüchliche –, sich gegenseitig ergänzende Eigenschaften von Menschen oder Gruppen, die unterschiedliche kulturelle Orientierungs- und Wertesysteme verinnerlicht haben, also ethnorelativistisch denken, fühlen und handeln (Bennett 1993). Diese Eigenschaften sind z. B. Denkmuster oder Verhaltensweisen, die auf Werten beruhen und bestimmte Qualitäten aufweisen. Interkulturelle Komplementarität entsteht, wenn diese so zusammenwirken, dass sie sich ergänzen (Barmeyer 1996). Komplementarität weist nach Crouch (2010) folgende Merkmale auf:

- Sie basiert auf Gegensätzen und Unterschieden, die durch Kombination einzelner Elemente bzw. Komponenten kompensiert werden, d. h. die einzelnen Elemente benötigen einander, um zu bestehen.
- Sie weist Gemeinsamkeiten und Ähnlichkeiten auf: Systemelemente beeinflussen sich gegenseitig und verstärken bestimmte Effekte.
- Sie führt zu Systemstabilität durch das Wechselspiel von Gegensätzen (1) und Gemeinsamkeiten (2).

Das Konzept der Komplementarität hat sich erst aus den Naturwissenschaften, insbesondere der Physik entwickelt, dann Einzug in die Kultur- und Sozialwissenschaften gefunden (Otte 1990). Komplementarität ist vor allem durch Goethes (1810) Farbenlehre und die Komplementärfarben bekannt. Goethes Farbenlehre basiert auf dem elementaren, polaren Gegensatz von Hell und Dunkel. Farben sind Grenzphänomene zwischen Licht und Finsternis. So befindet sich Gelb an der Grenze zum Hellen („zunächst am Licht") und Blau an der Grenze zum Dunkeln („zunächst an der Finsternis"). Im Farbenkreis liegen Komplementärfarben gegenüber und werden deshalb auch als *Gegenfarben* bezeichnet.

Komplementärfarben heben sich in der Mischung gegenseitig auf, sie löschen sich also gegenseitig aus oder verstärken sich. Auf dieser Idee basiert auch Komplementarität in der interkulturellen Organisations- und Managementforschung: spezifische Elemente und Eigenschaften können sich durch Kombination verstärken.

Tab. 3.3 Dynamische Konzepte konstruktiver Interkulturalität

Begriff	Konzept
Interkultur Bolten (1995) Maletzky (2014) Müller-Jacquier (2000)	„Interkulturen werden permanent neu erzeugt, und zwar im Sinne eines „Dritten", einer Zwischen-Welt C, die weder der Lebenswelt A noch der Lebenswelt B vollkommen entspricht. Weil es sich um ein Handlungsfeld, um einen Prozess handelt, ist eine Interkultur also gerade nicht statisch als Synthese von A und B im Sinne eines 50:50 oder anderswie gewichteten Verhältnisses zu denken. Vielmehr kann in dieser Begegnung im Sinne eines klassischen Lerneffekts eine vollständig neue Qualität, eine Synergie, entstehen, die für sich weder A noch B erzielt hätten". (Bolten 2001b: 18)
Drittkultur Casmir (1999)	„Using the concept of a third-culture, that is, the construction of a mutually beneficial interactive environment in which individuals from two different cultures can function in a way beneficial to all involved, represents my attempt to evolve a communication-centered paradigm. The focus of my third-culture building is not on short-term interactions, but instead it was developed to assist us in a better understanding of the long-term building processes which are at the root of any cultural construction". (Casmir 1999: 92)
Ausgehandelte Kultur Brannen/Salk (2000) Barmeyer/Davoine (2015)	„'Negotiate' is used as a verb to encourage us to think of organizational phenomena as individual actors navigating through their work experience and orienting themselves to their work settings. Focusing on culture as a negotiation includes examining the cognitions and actions of organizational members particularly in situations of conflict, because it is in such situations that assumptions get inspected. ‚Negotiation' is identified in the construction and reconstruction of divergent meanings and actions by individual organizational actors". (Brannen 1998: 12)
Dilemma-Theorie Hampden-Turner (2000)	„Culture is a pattern by which a group habitually mediates between value differences, such as rules and exceptions, technology and people, conflict and consensus, etc. Cultures can learn to reconcile such values at ever-higher levels of attainment, so that better rules are created from the study of numerous exceptions. From such reconciliation come health, wealth, and wisdom. But cultures in which one value polarity dominates and militates against another will be stressful and stagnate". (Trompenaars/Hampden-Turner 2004: 22 f.)
Interkulturelle Komplementarität Barmeyer (1996) Barmeyer/Franklin (2016)	„Cultural complementarity describes a state in which particular and seemingly contradictory, but in themselves equally valuable, value-based characteristics (such as attitudes, norms, behavioural patterns, practices) of individuals from different groups complement each other to form a whole [..]. Intercultural complementarity employed consciously as a management approach, aims to combine these differences so that they lead to complementary (rather than contrasting and potentially conflictual) actions and behaviours". (Barmeyer/Franklin 2016: 200)
Interkulturelle Synergie Adler (1980) Stumpf (1999). Thomas (2013a))	„Zusammenfügen kulturell unterschiedlich geprägter Elemente wie Orientierungsmuster, Werte, Normen, Verhaltensweisen usw. in einer Art und Weise, dass sich eine die Summation dieser Elemente übersteigendes neues Gefüge ergibt. Das Gesamtresultat ist dann qualitativ hochwertiger als jedes Einzelelement oder die Summe der Elemente". (Thomas 2013a): 467)

Komplementäres Denken bedeutet also, dass man zwei, drei oder mehrere Seiten eines Phänomens […] untersuchen und beschreiben kann […], dass die einzelnen Ergebnisse und Aussagen gleichzeitig wahr sind und man ein exaktes Ergebnis nur hat, wenn man beide oder alle beteiligten Seiten ins richtige Verhältnis setzt – man denke etwa an die Komplementärfarben, die nur dann ein klares Weiß ergeben, wenn sie richtig gemischt sind. (Schirrmacher 2005: 3)

Passend zur Symbolik der Komplementärfarben dient als Illustration interkultureller Komplementarität der kreative Schaffensprozess und das Ergebnis zweier berühmter Künstler, Franz Marc (1880–1916) und August Macke (1887–1914), die im Jahr 1912 in Bonn ein gemeinsames, vier Meter hohes Gemälde malten, das bezeichnenderweise den Titel „Paradies" trägt. Der komplementäre Schaffensprozess wird wie folgt beschrieben (Wilkes 2014: 286):

Zusammen mit seinem Freund Franz Marc steht er vergnügt in seinem Atelier, vor der noch weißen Kalkwand. Mit einem Zimmermannsbleistift übertragen sie eine Skizze in groben Zügen auf den Putz. Dann greifen sie zu den Wandfarben und beginnen ihr Werk. Beide haben sie sich lange Kittel übergezogen, in denen sie aussehen wie Metzgergesellen. Macke ist für Adam und Eva zuständig, Marc für die Tiere. Bald tummeln sich kecke Affen in den Zweigen, ein Reh verdreht seinen schlanken Hals, um ein saftiges Blatt zu erwischen, mächtig stapft ein Wasserbüffel durch einen Fluss, beäugt von einem Fuchs, der sich im Gebüsch versteckt. Adam steht hoch am linken Bildrand, reckt seine kräftigen Arme zu den Zweigen, zum Himmel empor. Der Schwung seines Körpers bildet mit der Gegenbewegung des Baumes ein hohes Tor, ein lichtes Gewölbe, wie der Spitzbogen einer gotischen Kathedrale. Im Zentrum des Bildes aber sitzt Eva, hell, fast transparent geht sie auf in der sie umgebenden Natur. Eins ist sie mit ihr, eins mit sich selbst. Keine Schlange, kein Apfel lockt sie. Der schöne Garten ist ihr genug.

Paradiese, als Sehnsüchte und zukunftsfrohe Utopien, sind ein zentrales Thema des Lebens und der Kunst (Harris 1996). Auch für die beiden Maler sind sie ein Lebensthema in der Zeit des Ersten Weltkrieges als Hoffnung für das 20. Jahrhundert: August Macke sucht die künstlerische Rückeroberung paradiesischer Gefilde und verknüpft sie manchmal mit Orientalisch-Exotischem; Franc Marc stellt das Wesen der Tiere in ihrem ursprünglichen Zustand dar. Beide Künstler sind auf der Suche nach dem verlorenen Paradies, nach Harmonie und Einklang des Menschen mit seiner Umwelt, nach Rückkehr zum Ursprünglichen und Reinen. Durch ihre Darstellung eines zoologischen Gartens als eine Art modernen Garten Eden zeigen die Malerfreunde Marc und Macke ihre thematische und geistige Verbundenheit, die wie eine symbiotische Einheit wirkt (Düchting 2012). In ihrem Schaffensprozess wirken die beiden Künstler komplementär zusammen: Sie weisen spezifische künstlerische Fähigkeiten auf, sind für unterschiedliche Bildelemente zuständig und verbinden durch gegenseitige dialogische Aushandlung Ideen, Techniken und Darstellungen in einem gemeinsamen Werk.

Zur Konkretisierung von Komplementarität visualisiert Abb. 3.1, die als Entwicklungsmodell einen Prozess der Zielerreichung darstellt, etwa in einem Projekt oder einer Organisation. ‚Leistung und Produktivität' stellen das Ziel dar, das wiederum auf verschiedenen – teils gegensätzlichen – Wegen erreicht werden kann: durch ‚Planung und Organisation' oder ganz anders, durch ‚Improvisation

Abb. 3.1 Komplementarität
von Gegensätzen am Beispiel
Planung und Improvisation

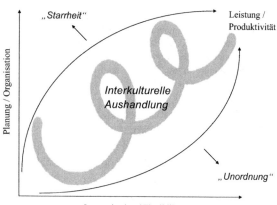

und Flexibilität'. Dabei kann jede Lösungsmöglichkeit zielführend sein und Stärken und Schwächen aufweisen. Eine übertriebene Stärke wird jedoch zur Schwäche: Zu viel Improvisation und Flexibilität führen zu ungeordneten Prozessen, schlimmstenfalls in ‚Unordnung'. Zu ausgeprägte ‚Planung und Organisation' wiederum führt zu ‚Starrheit' und lässt wenig Spielraum für nötige Anpassungen.

Interkulturelle Komplementarität fokussiert auf Stärken und auf die bewusste Kombination von Unterschieden, die sich gleichberechtigt ergänzen. In diesem Beispiel bedeutet interkulturelle Komplementarität, dass in einem – oft temporären – Prozess situationsadäquat die jeweiligen Stärken kombiniert werden, wie es die aufsteigende Spirale zeigt. In bestimmten Prozessphasen eines Projektes nimmt Improvisation einen hohen Stellenwert ein (Ideengewinnung und Konzeption), Planung dagegen in anderen Phasen (Koordination und Ausführung). Zu Beginn eines Projekts kann ein hohes Maß an Improvisation viele und unerwartete Ideen und Lösungen generieren, in einer anderen Phase dagegen ist Planung für Struktur und Ordnung wichtig. Besondere Bedeutung hat der interkulturelle Raum zwischen den Unterschieden, der von den beteiligten Akteuren durch Anpassung aktiv gestaltet werden kann. Hierfür wird interkulturelle Kompetenz benötigt, also Bewusstsein und Reflektion über kulturelle Relativität und darüber, was die spezifischen Kompetenzen des Gegenübers und die eigenen, sind.

Auf der Basis von ausgehandelten Gemeinsamkeiten (Werten, Artefakten, Praktiken) können Unterschiede integriert werden. Je ähnlicher die Basis an Gemeinsamkeiten, desto eher ist Aushandlung möglich. Je größer die Unterschiedlichkeit, desto schwieriger ist die Aushandlung, aber umso größer das mögliche Innovationspotenzial (Adler 2008).

3.5   Fallstudien zu interkultureller Komplementarität

Im folgenden Abschnitt wird anhand von Fallbeispielen – unterschiedliche internationale Organisationen, zu denen der Verfasser geforscht hat – exemplarisch interkulturelle Komplementarität illustriert. Dabei tritt die problematische

Interkulturalität, wie sie traditionell in der Forschung behandelt wird, in den Hintergrund. Bewusst steht eine konstruktive Haltung und Sicht im Fokus.

Bei den ausgewählten internationalen Organisationen handelt es sich um sehr unterschiedliche, zum Teil um gewinnorientierte privatrechtliche, aber auch um öffentliche und künstlerische Systeme, die gemeinsam haben, dass sie erfolgreich bestimmte Ziele – aufgrund der Kombination kultureller Unterschiedlichkeit – erreichen.

3.5.1 *Arte* – europäisches völkerverständigendes Fernsehen

Der europäische Fernsehkanal ARTE wird häufig als Paradebeispiel und Laboratorium von Interkulturalität für den erfolgreichen Umgang mit Kulturunterschieden herangezogen (Barmeyer/Öttl 2011). Vertreter vor allem zweier Kulturen, Frankreich und Deutschland, arbeiten täglich intensiv an einem Ort zusammen, um ein niveauvolles, interessantes und europäisch ausgerichtetes Fernsehprogramm zu senden, das Menschen aus unterschiedlichen Gesellschaften in unterschiedlichen Sprachen gleichsam ansprechen soll (Schlie 2011). Ein wichtiges Ziel von ARTE ist die Völkerverständigung durch die Verbreitung von Wissen über Kulturen und Gesellschaften.

In täglichen interkulturellen Aushandlungsprozessen – etwa bei formellen oder informellen Zusammentreffen – entscheiden Akteure dieser Organisationen, welches Fernsehprogramm produziert und gesendet wird. Dabei kommt es zu einer Vermischung deutscher und französischer Arbeitspraktiken und der Entwicklung und Institutionalisierung einer ARTE-typischen Interkultur mit eigenem Wortschatz, eigenen Arbeitspraktiken und eigener Organisationskultur (Barmeyer/Davoine 2014). Wichtiges Element ist eine deutsch-französische Parität in Entscheidungsgremien und vielen Funktionsbereichen und Abteilungen, um asymmetrische Interessen und Machtdominanzen auszugleichen, die dem übergeordneten Ziel der Organisation schaden könnten. So werden Leitungsfunktionen jeweils von Franzosen und Deutschen besetzt: Wenn die Präsidentin von ARTE französisch ist, ist der Vizepräsident deutsch; wird die Verwaltung von einem Deutschen geführt, ist es ein Franzose, der für das Programm verantwortlich ist. Der Ausgleich ist ein komplementaritäts-begünstigender Faktor, der hilft, unterschiedliche Ideen und Herangehensweisen zu berücksichtigen und zu integrieren.

Der Erfolg von ARTE liegt in der Ausstrahlung eines qualitativen interessanten Fernsehprogramms, das eine europäische Ausrichtung hat, sowie in der Produktion von gehaltvollen preisgekrönten Dokumentar- und Spielfilmen.

3.5.2 *Alleo* – grenzüberschreitende Hochgeschwindigkeitszüge

Alleo ist ein deutsch-französisches Joint-Venture der Deutschen Bahn und der französischen *Société Nationale de Chemins de Fer Français* (SNCF), das grenzüberschreitende Hochgeschwindigkeitszüge, ICE und TGV, betreibt. Wie auch bei ARTE, aber auf andere Weise, steht die Idee der grenzüberschreitenden europäischen Verbindung im Vordergrund. Hier ist es jedoch nicht der Vertrieb von Informationen, sondern der Betrieb von Zügen, der Menschen durch Beförderung verbindet und ihnen Kommunikation und Kooperation ermöglicht. Wie bei ARTE müssen ständig Kompromisse oder Lösungen gefunden werden, um nationale Systemunterschiede wie gesetzliche Bestimmungen, technische Merkmale sowie Kommunikations- und Reisegewohnheiten zu überbrücken, beziehungsweise zu verbinden. Neue Produkte und Dienstleistungen, die den Ansprüchen von Kunden aus beiden Ländern gerecht werden, entwickeln sich durch gemeinsame interkulturelle Aushandlungsprozesse (Barmeyer/Davoine 2015). Hierzu hat *Alleo*, noch stringenter als bei ARTE, deutsch-französische Tandems in allen Leitungs- und Funktionsbereichen etabliert. Diese deutsch-französischen Tandems setzen sich aus je einem Mitarbeiter der Muttergesellschaft zusammen, also DB oder SNCF. Zum einen greifen sie auf ihr landes- und unternehmensspezifisches Wissen und ihre sozialen Netzwerke innerhalb ihrer Muttergesellschaft zurück, zum anderen sind sie in ständigem Dialog und Austausch, um neue kreative Lösungen für einen reibungslosen grenzüberschreitenden Bahnverkehr zu finden. Dabei helfen Sprach- und Kulturkenntnisse. Der jeweils anderskulturelle Partner dient als Wissens- und Ratschlaggeber, was bei Lösungsfindungen hilft. Diese deutsch-französischen Tandems sind zentraler Ausgangspunkt für interkulturelle Lern- und Entwicklungsprozesse, die sich positiv auf die gesamte Organisation, ja sogar auf die großen Muttergesellschaften DB und SNCF, auswirken.

Ein zentraler Erfolg von *Alleo* sind zahlreiche technische Innovationen sowie ein mehrsprachiger kundenorientierter Service an Bord der Züge und eine Steigerung der Reisendenzahlen.

3.5.3 *Airbus* – europäische Luft- und Raumfahrt

Hervorgegangen aus der jahrzehntelangen europäischen Kooperation im Luft- und Raumfahrtsektor, insbesondere der Länder Deutschland, Frankreich, England und später Spanien, stellt der Konzern Airbus, der von 2000–2014 den Namen EADS trug, ein Beispiel für interkulturelle Komplementarität dar. Ähnlich wie ARTE und *Alleo* ist auch Airbus ein politisches europäisches Projekt, das von staatlicher Seite unterstützt wird, weil militärische Luft- und Raumfahrtaktivitäten als strategisch wichtig eingestuft werden. In der Geschichte der Zusammenarbeit ist auf deutscher Seite in erster Linie der betriebswirtschaftliche Erfolg wichtig gewesen; auf französischer Seite dagegen die strategische Positionierung und Ausrichtung. So wirken Kostensensibilität (Deutschland) und Umsetzung von Visionen (Frankreich) zusammen.

Die interkulturelle Zusammenarbeit ist intensiv: Ingenieure aus Frankreich, Deutschland und teilweise auch aus England und Spanien entwickeln und produzieren an verschiedenen Standorten Hightech-Produkte für Kunden verschiedenster Länder, die spezifische Anforderungen haben, etwa Passagierflugzeuge für nationale Fluggesellschaften. Das Zusammenbringen unterschiedlicher Ideen und Kompetenzen sowie gemeinsame Lösungsfindung sind Erfolgsfaktoren von Airbus. Ein konkretes Beispiel für diese Komplementarität ist der Flugzeugbau, etwa beim Airbus A321, da die Verantwortungs- und Produktionsbereiche entsprechend der jeweiligen Interessen und Kompetenzen verteilt worden sind: Die französische Seite ist für kostenintensive, aber strategisch wichtige Flugzeugteile zuständig, nämlich für das Cockpit, den Rumpf und den Flügelkasten und wird damit dem französischen Wunsch nach strategischer Einflussnahme gerecht. Die deutsche Seite kann mit der Produktion von Rumpfteilen und sanitären Anlagen dem betriebswirtschaftlichen Anspruch entsprechen, schnell positive Skaleneffekte zu verwirklichen (Barmeyer/Mayrhofer 2008).

Lange Zeit, vor allem als Airbus noch EADS hieß, wurden alle großen Unternehmens- und Funktionsbereiche samt der Unternehmensleitung von binationalen Tandems – also zwei Führungskräften aus unterschiedlichen Kulturen – geführt. Diese strukturelle Ausgeglichenheit, die natürlich immer einen höheren Koordinations-, Kosten- und Zeitaufwand bedeutet, wurde jedoch im Jahre 2014 abgeschafft (Barmeyer/Mayrhofer 2014).

Der Erfolg von Airbus ist die Entwicklung leistungsfähiger Luft- und Raumfahrtprodukte, z. B.: Passagierflugzeuge; allen voran das größte Passagierflugzeug der Welt, der A380, der Airbus eine – wenn auch immer wieder wechselnde – Marktführerschaft mit dem amerikanischen Konkurrenten Boeing möglich macht.

3.5.4 *Cirque du Soleil* – akrobatisch-künstlerische Unterhaltung

Das Musterbeispiel einer multikulturellen – nicht nur bikulturellen – Organisation ist der *Cirque du Soleil* mit Sitz in Montréal, bei dem Menschen aus über 40 Ländern in mehr als 25 Sprachen miteinander kommunizieren und zusammenarbeiten (Barmeyer 2006). Als künstlerisch-akrobatischer Zirkus bringt er Bild, Musik, Bewegung und Mensch in eine ästhetisch ansprechende Symbiose und motiviert mehrere Hundert Artisten, die komplementär agieren, täglich zu Höchstleistungen:

> Das Fundament des Cirque du Soleil sind seine Wertvorstellungen [...]. Im Mittelpunkt aller Anstrengungen steht beim Cirque du Soleil die Kreativität, die grenzenlose Möglichkeiten gewährleistet. Deshalb ist die kreative Aufgabe bei jeder neuen Geschäftsmöglichkeit von größter Bedeutung, sei es für eine Show oder irgendeine andere kreative Aktivität. [...]. Der internationale Hauptsitz in Montreal versteht sich als internationale Ideenschmiede, in der die weltbesten kreativen Köpfe, Handwerker, Experten aus verschiedenen Bereichen und Artisten gemeinsam an neuen Projekten arbeiten. (Cirque du Soleil 2010)

Eine hohe Diversität, sowohl professionell als auch kulturell durch Sprachkurse in Englisch und Französisch und interkulturelle Unterstützung durch Übersetzer, ist ebenso Teil der Organisationskultur wie Offenheit und Toleranz gegenüber unkonventionellen Ideen und Herangehensweisen.

Der Erfolg des *Cirque du Soleil* ist es, den traditionellen, etwas vergangenheits-
orientierten, ja anachronistisch wirkenden klassischen Zirkus so zu modernisie-
ren, dass er ein großes und breites Publikum fasziniert und begeistert, wie es die
zahlreichen weltweiten Aufführungen zeigen. Gleichzeitig ist der *Cirque du Soleil*
Modell für eine neue Art von akrobatisch-künstlerischem Zirkus, der zur Grün-
dung von neuen Zirkusgesellschaften geführt hat oder von etablierten teilweise
imitiert wird.

3.5.5 *West Eastern Divan Orchestra* – verbindende Musik

Ein weiteres Fallbeispiel stellt das von dem argentinisch-israelischen Dirigenten Daniel Barenboim und dem amerikanisch-palästinensischen Literaturwissenschaftler Edward Said ins Leben gerufene *West Eastern-Divan Orchestra* dar,
dessen Name an Goethes Gedichtband *West-östlicher Divan* (1819) angelehnt ist.
Weltruhm erlangte das Orchester nicht nur aufgrund seiner Konzert-Aufführungen
an symbolischen Orten wie in Ramallah (Palästina) und seiner Audio-Aufnahmen,
sondern vor allem aufgrund seines spezifischen, symbolischen, interkulturellen
Charakters: Es setzt sich vorwiegend aus israelischen und arabischen Musikern
zusammen, die Konzerte in Europa, den USA und sogar in arabischen Ländern
geben.

Auch in dieser Organisation gibt es ein Ziel, nämlich dass Musik völkerver-
bindend wirken kann: „Musik räumt dem Individuum das Recht und die Ver-
pflichtung ein, sich vollständig auszudrücken, während es seinem Nachbarn
zuhört. Auf Grundlage dieser Auffassung von Gleichheit, Zusammenarbeit und
Gerechtigkeit für alle verkörpert das Orchester eine Alternative zur aktuellen Situation im Nahen Osten" (West Eastern Divan Orchestra 2019).

Den Initiatoren Barenboim und Said ging es nicht primär um ein politisches
Projekt (Barenboim/Said 2002), sondern sie vertraten vielmehr die Auffassung,
dass Bildung und vor allem musikalische Ausbildung für junge Musiker aus Israel
und arabischen Ländern, die sich traditionell feindlich gegenüberstehen, zum
Kennenlernen, Wissensaustausch und gegenseitigem interkulturellen Verständnis
beitragen kann – und damit zum Frieden.

Als Raum gemeinsamen Übens und interkulturellen Lernens finden jährlich
im Sommer im spanischen Sevilla – als Ort zwischen Okzident und Orient –
Workshops statt, bei denen Orchesterproben durch Lesungen und Diskussionen
ergänzt werden. Während dieser Zeit lernen junge Musiker, Vorurteile zu überwinden und friedliche Interkulturalität zu erfahren, auch weil sie mehrere Wochen
als Musiker zusammen leben, diskutieren und für ein gemeinsames Ziel, die
Konzertaufführung, arbeiten. Dabei sind die Musiker ständig an interkulturellen
Aushandlungsprozessen beteiligt, die den kreativen Umgang mit Praktiken und
Normen des gemeinsamen Musizierens betreffen, aber auch unterschwellig existierende Themen von Macht, Religion und Politik. Dies hat Auswirkungen auf –
nationale – Identitäten und deren Bewusstwerden oder Infragestellung (Riiser
2010: 22).

Auch das West Eastern Divan Orchestra hatte ursprünglich eine Doppelspitze, die sich durch Kombination ihrer Kompetenzen ergänzte: den jüdischen Dirigenten Daniel Barenboim und den arabischen Wissenschaftler Edward Said.

Der Erfolg des West Eastern Divan Orchesters liegt darin, ein angesehenes Orchester mit Weltruhm zu sein, in dem Menschen unterschiedlichster kultureller Zugehörigkeit gemeinsam friedvoll musizieren und anspruchsvolle Musikstücke zur Aufführung bringen.

3.5.6   *Renault-Nissan* – ein internationaler Automobilhersteller

Der französisch-japanische Automobilhersteller ist eine Allianz von Renault und Nissan mit zwei Unternehmenssitzen in Frankreich und in Japan. Renault-Nissan, ebenso wie Airbus eine privatrechtliche Organisation, zeigt besonders, wie strategische, strukturelle und prozessuale Faktoren dazu führen, dass interkulturelle Komplementarität erreicht wird. Anders als in vielen anderen internationalen Fusionen ist es gelungen, die unterschiedlichen Kernkompetenzen der beteiligten Unternehmen bewusst zusammenzuführen und zu nutzen (Barmeyer/Mayrhofer 2016).

Durch eine bewusste Kombination von Berufs-, Bereichs- Organisations- und Nationalkulturen der beiden Unternehmen ist eine gegenseitige Bereicherung möglich. Der Vorstandsvorsitzende Carlos Ghosn, der die Allianz gestaltete, bekundet dementsprechend in einem Interview, wie bestimmte Kompetenzen der jeweiligen Partner wahrgenommen und valorisiert wurden, um voneinander zu lernen:

> We all know that the Japanese culture is very strong in engineering, very strong in manufacturing, very weak in communication, and very weak in finance. The Renault culture generally is very strong in some of the places where the Nissan culture is weak – for example, in finance, in telling the company narrative, and in artistic and emotionally evocative advertising and marketing. That's why I think the Renault-Nissan Alliance works so well – because the cultures are different, yet complementary. (Stahl/Brannen 2013: 496)

In vielen Aspekten sind Renault und Nissan komplementär, etwa durch die unterschiedliche Markt- und Produktorientierung, die kulturelle Vielfalt der Mitarbeiter, insbesondere was Führungspositionen betrifft. Dabei ist die Machtverteilung zwischen Renault und Nissan sowie zwischen Frankreich und Japan relativ ausgeglichen, was sich auch in der Organisationsstruktur der Renault-Nissan Allianz zeigt.

Eine besondere Rolle haben Projekte, in denen die verschiedenen Kulturen zusammengebracht werden. So können interkulturelle und funktionsübergreifende Arbeitsgruppen (*Cross-Cultural* und *Cross-Functional*-Teams) gebildet werden, die die Verwendung komplementärer Ressourcen und Kompetenzen sowie Lernprozesse erleichtern (Barmeyer/Mayrhofer 2014).

Eine zentrale Bedeutung für das komplementäre Management bei Renault-Nissan wird dem bikulturellen Vorstandsvorsitzenden Carlos Ghosn zugeschrieben (Stahl/Brannen 2013). Ghosn ist libanesischer Abstammung, ging in Brasilien auf eine jesuitisch-französische Schule und studierte an zwei prestigeträchtigen französischen *Grandes Ecoles* Ingenieurwissenschaften. Er wurde von unterschiedlichen kulturellen und beruflichen Sozialisationskontexten geprägt und weist demzufolge ein vielfältiges interkulturelles Handlungsrepertoire auf. Bevor er den Posten des Vorstandsvorsitzenden von Nissan (2001), dann von Renault (2005) übernahm, arbeitete er für Michelin.

Der Erfolg von Renault Nissan liegt darin, dass es weltweit gelungen ist, die Produktion und den Verkauf von attraktiven Autos zu steigern und eine fast durchgehend positive Entwicklung der Aktienkurse zu erreichen. Renault-Nissan gehört zu den drei größten Automobilherstellern der Welt.

3.5.7 *Freie Interkulturelle Waldorfschule* – interkulturelle Entwicklung und Erziehung

Interkulturelle Komplementarität findet sich nicht nur in „klassischen" Organisationen, sondern kann schon in Organisationen, die Sozialisations- und Bildungsfunktionen einnehmen, entwickelt werden, wie in Kindergärten und Vorschulen, Schulen und Hochschulen (Barmeyer 2004). In diesen Organisationen interagieren Lehrende und Lernende und handeln implizit Interkulturalität aus (Bolten 2001a). Dabei könnte es Aufgabe einer zukunftsorientierten interkulturellen Komplementarität sein, die verschiedenen Orientierungssysteme von Lernenden differenziert zu berücksichtigen und damit zu bewirken, dass interkulturelle Kommunikation und Kooperation konstruktiv gestaltet wird. Ein besonders außergewöhnliches Fallbeispiel ist die Freie Interkulturelle Waldorfschule in Mannheim; eine Gesamtschule, die die Waldorfpädagogik mit Interkulturalität kombiniert (Brater/Hemmer-Schanze/Schmelzer l. 2007):

> Eine unserer Aufgaben als Interkulturelle Waldorfschule ist es, in der Entwicklung junger Menschen die Kräfte zum interkulturellen Dialog zu fördern. Wir ermutigen unsere Schülerinnen und Schüler, das Fremde als das Andere schätzen zu lernen, dem zu begegnen für das eigene Werden fruchtbar und hilfreich ist. (Interkulturelle Waldorfschule 2019)

Wie auch beim *Cirque du Soleil* findet sich eine intensive Multikulturalität in dieser Organisation: An der Freien Interkulturellen Waldorfschule werden knapp 300 Lernende aus 35 Nationen in 12 Klassen von Lehrern aus 14 Nationen unterrichtet. Die Mission der Schule weist explizit auf interkulturelle Komplementarität hin:

> Um Vielfalt als Stärke und Kraft zu erleben und diese Vielfalt verwirklichen zu können. In einer Welt, in der das Verbindende hinter den Unterschieden und das Allgemein-Menschliche erkannt und verstanden wird und zugleich die Vielfalt als Reichtum ergriffen werden kann und aufhört, sich als Besonderheit abzukapseln, einzuengen und sich gegenseitig zu bekämpfen. (Interkulturelle Waldorfschule 2019)

Die interkulturelle Integration und interkulturelle Aushandlung gelingt auf der Basis der seit 100 Jahren existierenden Waldorfpädagogik des Anthroposophen Rudolf Steiner (1861–1925), in der die freie Entfaltung des Individuums im Vordergrund steht und nicht der Leistungswettbewerb. Da die schulische Leistung nicht durch ein Notensystem evaluiert wird, findet unter den Schülern ein besonders kooperatives Miteinander statt; auch das Wiederholen einer Schulklasse („Sitzenbleiben") ist nicht möglich.

Neben der interkulturellen Grundeinstellung ist Interkulturalität zum einen strukturell, durch die gemischtkulturelle Lehrer- und Schülerzusammensetzung gegeben, zum anderen wird sie bewusst prozessual im Unterricht thematisiert und als Chance für interkulturelles Lernen genutzt. Der überkonfessionelle Lehrplan ermöglicht eine Integration kultureller Themen in vielen Fächern. Somit werden Toleranz, Ethnorelativismus und interkulturelle Kompetenzen gefördert. Insbesondere in einem speziellen Unterrichtsfach der 1. und 2. Klasse, das sich ‚Begegnungssprache' nennt, stehen Themen wie Eigen- und Fremdsprachen im Mittelpunkt. So können zum Beispiel Sprachen wie Türkisch, Polnisch, Spanisch, Kroatisch oder Russisch gelernt werden. Vertieft werden interkulturelle Aspekte im ‚Kulturunterricht' der 3. bis 8. Klasse. Dabei werden die Lernenden mit unterschiedlichen Kulturen und Ländern vertraut gemacht, mit ihren Praktiken und Artefakten, die dann gemeinsam interkulturell ausgehandelt werden. Die Schüler begegnen unbekannten Wirklichkeiten und lernen so das zunächst Unbekannte kennen und schätzen. Lehrende tragen hier eine gesellschaftliche Verantwortung bei der wertfreien Akzeptanz von Interkulturalität: Ihre Auswirkungen betreffen die spätere Haltung und Handlungsweise gegenüber anderskulturellen Menschen und können auf ein konfliktfreieres und friedvolleres multikulturelles Zusammenleben vorbereiten.

Der Erfolg der interkulturellen Waldorfschule zeigt sich in ihrem nun zehnjährigen Bestehen, in der Ausbildung von Jugendlichen und deren gesellschaftliche Integration, der breiten Akzeptanz bei verschiedenen Bevölkerungsgruppen, auch in Politik und Unternehmen, der Kooperation mit zahlreichen Institutionen und schließlich den – auch internationalen – Auszeichnungen, wie von der UNESCO.

3.5.8 Zwischenfazit

Zusammenfassend illustrieren die Fallbeispiele sehr unterschiedlicher Organisationen, dass kulturelle Unterschiedlichkeit zu neuen, sich ergänzenden, kreativen Lösungen führen und dass interkulturelle Komplementarität existiert und konstruktiv auf soziale Systeme wirken kann. Wohl wissend, dass auch in diesen Organisationen klassische interkulturelle Missverständnisse existieren, die zu Irritationen und Konflikten führen, wird in diesem Beitrag bewusst auf konstruktive und positive Aspekte der Interkulturalität fokussiert. Dies ist intendiert, um Impulse zu geben für eine weitere theoretische Fundierung und empirische Überprüfung.

Trotz der großen Heterogenität (privat-öffentlich, wirtschaftlich-künstlerisch, groß-klein, bikulturell-multikulturell usw.) der herangezogenen internationalen Organisationen finden sich bestimmte Gemeinsamkeiten, die für interkulturelle Komplementarität förderlich sind: Eine wichtige Gemeinsamkeit dieser internationalen Organisationen ist, ganz im Sinne konstruktiver Interkulturalität (Barmeyer/Franklin 2016), dass es ihnen gelungen ist, kulturelle Unterschiedlichkeit auf kreative Weise so zu kombinieren, dass sie in ihrer Tätigkeit, mit ihren Produkten und Dienstleistungen, erfolgreich sind (Stein 2010).

Interessant und sicherlich wichtig für den Erfolg ist, dass alle Akteure der genannten Organisationen interkulturell vorbereitet und begleitet werden. Kulturelle Unterschiedlichkeit mit ihren vielen Herausforderungen wird also bewusst thematisiert, um bei den beteiligten Akteuren eine ethnorelativistische Haltung (Bennett 1993) zu fördern, die die Basis bildet für ein konstruktives Miteinander und die bewusste Kombination von Stärken. Dies wurde gefördert durch unterschiedliche interkulturelle Personalentwicklungsmaßnahmen wie interkulturelle Workshops zu bestimmten Themen, Großveranstaltungen und Individual-Coachings.

3.6   Faktoren, die interkulturelle Komplementarität begünstigen

3.6.1   Einleitung

Auf der Basis der Fallstudienergebnisse zeigen sich verschiedene wiederkehrende Faktoren, die interkulturelle Komplementarität begünstigen, von denen drei hervorgehoben werden, da sie praktisch bei allen untersuchten Organisationen anzutreffen sind und im Einklang mit der Organisationsforschung stehen. Sie beziehen sich auf 1) interkulturell kompetente Akteure, 2) ausgeglichene Strukturen durch interkulturelle Tandems sowie 3) funktionierende Prozesse durch interkulturelle Vermittlung.

3.6.2   Akteure: Interkulturelle Kompetenz

Ein erster begünstigender Faktor interkultureller Komplementarität liegt in den *Akteuren* begründet, insbesondere ihren Ressourcen, also Fähigkeiten und Kompetenzen. Vor allem interkulturelle Kompetenz spielt eine große Rolle, die von Thomas (2013b) wie folgt definiert wird als

[…] Fähigkeit, kulturelle Bedingungen und Einflussfaktoren im Wahrnehmen, Urteilen, Empfinden und Handeln bei sich selbst und bei anderen Personen zu erfassen, zu respektieren, zu würdigen und produktiv zu nutzen im Sinne einer wechselseitigen Anpassung, von Toleranz gegenüber Inkompatibilitäten und einer Entwicklung hin zu synergieträchtigen Formen der Zusammenarbeit, des Zusammenlebens und handlungswirksamer

Orientierungsmuster in Bezug auf Weltinterpretation und Weltgestaltung. (Thomas 2013b: 143)

In Bezug auf das Thema dieses Beitrags im Sinne einer lösungsorientierten Haltung wird diese Definition durch drei weitere Merkmale ergänzt (Barmeyer 2012: 86):

1. Bewusstsein über die eigenkulturelle Prägung von Werten und Verhaltensweisen,
2. Wissen über Kontexte, Verständnis und Wertschätzung bezüglich Logiken und Eigenarten anderskultureller Systeme, sowie die
3. Fähigkeit, divergierende Sichtweisen und Standpunkte zu akzeptieren, zusammenzubringen und als komplementäre Synthese zu integrieren.

Diese ethnorelativistische Haltung, Kulturunterschiede zwar zu akzeptieren, aber nicht als wertend zu behandeln, ist der Ausgangspunkt interkultureller Kommunikation und Kooperation. Hinzu kommen Kenntnisse über eigene und andere kulturelle Bedeutungs- und Wissenssysteme ebenso wie die Fertigkeit, sich in verschiedenen Sprachen ausdrücken zu können. Interkulturelle Kompetenz ist jedoch keineswegs – wie es in der Forschung den Anschein hat – individuell, sondern kann sich erst durch Interaktion mit anderen Menschen im Kollektiv entfalten (Barmeyer/Davoine 2011).

3.6.3   Strukturen: Interkulturelle Tandems

Ein zweiter begünstigender Faktor interkultureller Komplementarität betrifft Strukturen, hier besonders interkulturelle Tandems: Wichtige Funktionen der Organisation sind doppelt besetzt, etwa jeweils von einem Franzosen und einem Deutschen. Diese Doppelspitze hat sich strategisch-strukturell auch in verschiedenen anderen interkulturellen Organisationen z. B. *Alleo*, Renault-Nissan, VW China – und über eine lange Zeit auch bei Airbus – bewährt (Barmeyer/Mayrhofer 2014). Diese Form der Zusammenarbeit ermöglicht erstens, ein Gleichgewicht von Interessen und Macht sicherzustellen (Chreim 2015), zweitens, verschiedene Perspektiven und Kompetenzen zusammenzubringen und drittens, eine Akzeptanz durch die jeweiligen anderskulturellen Mitarbeiter zu erlangen. Ebenso erlaubt es diese Konstellation, die jeweiligen (nationalen) sozialen Netzwerke zur Informationsgewinnung oder zur Entscheidungsvorbereitung zu nutzen. Doppelspitzen führen formal zu einer Gleichberechtigung beteiligter Bereiche, Gesellschaften, Länder usw. und helfen, Dominanzeffekte zu vermeiden.

Die Metapher des Tandems als Fahrrad für zwei Personen steht für kulturell unterschiedliche Personen(-gruppen), die gemeinsam eine Wegstrecke in der jeweils anderen Sprache und Kultur erfahren. Sie bewegen sich durch die gegenseitige Verstärkung ihrer Energie fort. Interkulturelle Tandems kombinieren durch ihre Zusammenarbeit Wissen aus verschiedenen Systemen, geben sich Ratschläge und können somit als Lerneinheit interkulturellen Lernens verstanden werden. Sie dienen dem interkulturellen Verstehen, denn Sinn und Bedeutung von Äußerungen und Arbeitsverhalten werden erklärt und in der interkulturellen Interaktion immer wieder neu ausgehandelt. Dabei übernehmen die Tandempartner in kontinuierlichem Wechsel die Rollen von Vermittelnden und Lernenden.

3.6.4   Prozesse: Interkulturelle Vermittlung

Ein dritter, interkulturelle Komplementarität begünstigender Faktor betrifft *Prozesse:* In den untersuchten internationalen Organisationen kommt Fach- und Führungskräften, die an Schnittstellen arbeiten, eine Schlüsselrolle zu. Schnittstellen sind zu verstehen als Einheiten unterschiedlicher Systeme, die zu Interdependenzen und wechselseitigem Abstimmungsbedarf führen. Diese Schnittstellen betreffen sowohl Kulturräume als auch Organisationseinheiten und -strukturen sowie Bereichs- und Berufskulturen (Sachseneder 2013; Sackmann/Phillips 2004). Yagi/Kleinberg (2011) bezeichnen die zentrale Funktion von Akteuren in Schnittstellenbereichen als *boundary spanning,* also die Vernetzung verschiedener Einheiten bzw. Grenzen *(boundaries).* Es geht vor allem um bereichsübergreifendes Denken und Handeln in Rollen als interkultureller Mittler, um integratives Agieren durch Austausch und Verständigung zwischen kulturellen Systemen zu ermöglichen (Barmeyer 2012). Diese Vermittlungsprozesse setzen Bekanntheit und Vertrautheit mit mehreren Systemen, ihren Sprachen, ihren innewohnenden kulturellen Bedeutungen, Regeln und Logiken voraus. Prozesse und Arbeitspraktiken der Organisation können sich durch die interkulturelle Vermittlung verbessern sowie auch durch alternative Lösungsfindungen.

3.7   Fazit und Ausblick: ein integrativer Orientierungsrahmen

Interkulturelle Komplementarität ist ein dynamischer (Entwicklungs-)Prozess, bei dem Spezifika, die kontrastiv als Unterschiede erfahrbar sind, sich gegenseitig beeinflussen, Impulse geben und sich ergänzen und bereichern (Barmeyer/Franklin 2016; Hampden-Turner 2000). Es geht also nicht um die Verneinung oder Minimalisierung kultureller Spezifika und Unterschiede, sondern um ihre Akzeptanz sowie ihre dynamische Kombination und Integration. Dies wurde am Beispiel der Fallstudien internationaler Organisationen gezeigt, die Organisationskulturen und Arbeitspraktiken in dialogischen Interaktionsprozessen anpassen, kombinieren und entwickeln. Fast scheint es so, dass – im Sinn des diesem Beitrags vorangestellten Zitats – die zusammentreffenden Faktoren eine Art Alchemie bilden, die von Akteuren erreicht werden kann. Diese sind ja in einer konstruktivistischen Auffassung Gestalter von Wirklichkeiten (Berger/Luckmann 1966). Wenn also wichtige, organisationsgestaltende Akteure wie Führungskräfte oder Berater eine lösungsorientierte komplementäre Perspektive einnehmen, werden interkulturelle Auszahlungsprozesse dementsprechend erfolgen. Hierbei kann interkulturelle Organisationsentwicklung hilfreich sein (Barmeyer/Bolten 2010; Barmeyer u. a. 2015).

Diesbezüglich gibt Steiner (1921, 1931) in seinen Betrachtungen zu sozialen Systemen, v. a. Gesellschaften und ihren Gegensätzen Empfehlungen, die teilweise auch für Organisationen zutreffen: Gesellschaften sollten so organisiert sein, dass sie den Möglichkeiten und Fähigkeiten ihrer Individuen entsprechen und diese unterstützen. Schließlich brauchen Gesellschaften freie und selbständige Individuen für ihre Entwicklung. Staat und Wirtschaft sollten nach Steiner so organisiert werden, dass sie den Interessen und Bedürfnissen des Individuums dienen.

> Das Leben beruht auf Gegensätzen und kann nur existieren, wenn Gegensätze da sind, die miteinander spielen. […] Also weise man hin auf die Gegensätze des Wirtschaftlichen, Rechtlich-Politischen und Geistig-Kulturellen, auf die Gegensätze der Dreigliederung. (Steiner 1931: 14)

Hierzu entwirft Steiner die Dreigliederung, die besagt, dass die drei gesellschaftlichen Lebensbereiche Geistesleben, Rechtsleben, Wirtschaftsleben auf jeweils unterschiedlichen gegensätzlichen Werten basieren, um positiv auf Menschen und Gesellschaft wirken zu können. Diese Werte sind der Französischen Revolution entlehnt: zur Entwicklung des Geisteslebens, also der Ausbildung und Kunst, bedarf es *Freiheit;* zum Funktionieren des Rechtslebens, also der Demokratie, bedarf es *Gleichheit* und für ein menschenwürdiges Wirtschaftsleben in und zwischen Unternehmen bedarf es *Brüderlichkeit* (Waage 2003).

Die Dreigliederung lässt sich mit dem Konzept der interkulturellen Komplementarität und den präsentierten begünstigenden Faktoren der Fallstudien verbinden, denn die Werte Freiheit, Brüderlichkeit und Gleichheit sind komplementär. Somit dient die Tab. 3.4 als Orientierungsrahmen zur Schaffung und Gestaltung interkultureller Komplementarität.

Ziel des Beitrags war es, am Beispiel interkultureller Organisationsforschung deutlich zu machen, dass Forschungen zu ausgehandelter interkultureller Komplementarität vielversprechend sind: Nicht nur lassen sich interessante Ergebnisse bezüglich kultureller Verschiedenheit und Lösungsfindung erwarten, sondern sie entsprechen auch Forderungen der aktuellen interkulturellen Managementforschung (Phillips/Sackmann 2015; Stahl/Tung 2015). Da die Lebenswelt zunehmend internationaler wird, ist interkulturelle Komplementarität ein ausbaufähiges integratives Konzept, das als Orientierung zahlreicher interkulturell wirkender Entwicklungs- und Integrationsmaßnahmen dienen kann: Interkulturelle Komplementarität berücksichtigt erstens existierende kulturelle Unterschiede und kontrastiert diese wertfrei, zweitens kombiniert sie diese durch ein dynamisches Prozess- und Entwicklungsverständnis von Interkulturalität und drittens ermöglicht sie die Schaffung konstruktiver Zusammenarbeit.

Somit stellt interkulturelle Komplementarität eine Form der Annäherung, Überschneidung und Vermischung von verschiedenkulturellen Praktiken durch

Tab. 3.4 Dreigliederung und begünstigende Faktoren interkultureller Komplementarität

Dreigliederung	Ausprägung in der Organisation	Begünstigender Faktor	Ergebnisse aus den Fallstudien
1. Freiheit	Akteure können initiativ ihre Werte, Ideen und Fähigkeiten einbringen und dementsprechend unabhängig und selbstverantwortlich handeln	1. Kompetente Akteure: Interkulturelle Kompetenz	Einnahme einer offenen, toleranten und ethnorelativistischen Haltung. Entwicklung einer angemessenen Handlungsfähigkeit durch kognitives und emotionales Kultur- und Systemverständnis
2. Gleichheit	Organisationen als soziale Systeme, die als Kollektive Zusammenhalt und Identität fördern, benötigen ausgeglichene Strukturen und Partizipation, die eine Balance von Interessen und Einfluss fördern	2. Ausgeglichene Strukturen: Interkulturelle Tandems	Ausgleich von Interessen-, Entscheidungs- und Machtasymmetrien durch den Einsatz von Doppelfunktionen. Gemeinsame Nutzung zentraler Ressourcen und Wissen durch Rückgriff auf jeweilige (nationale) soziale Netzwerke
3. Brüderlichkeit	Zusammenarbeit in Arbeitskontexten braucht eine respektvolle, achtsame und tolerante Haltung der Akteure, um zwischen Systemen zu vermitteln und soziale – interkulturelle – Aushandlung zu ermöglichen	3. Funktionierende Prozesse: Interkulturelle Vermittlung	Förderung von Information, Kommunikation und Kooperation durch Akteure, die bereichs-, sprach- und kulturübergreifend vermittelnd agieren. Verbesserung und Etablierung gemeinsam akzeptierter Prozesse und Arbeitspraktiken

interkulturelle Interaktion dar, die es ermöglicht, Unterschiede und Gegensätze, die Interkulturalität – sei es auf individueller oder kollektiver Ebene – mit sich bringt, konstruktiv und komplementär zu nutzen. Soziale Systeme wie Gesellschaften oder Organisationen werden in Zukunft noch stärker mit interkulturellen Herausforderungen konfrontiert; umso wichtiger wird für sie ein zielführender, ausgleichender und konstruktiver Umgang mit Interkulturalität sein.

Literatur

Adler, Nancy (1980): Cultural Synergy. The Management of Cross-Cultural Organizations. In: Burke, Warner W./Goodstein, Leonard D. (Hg.): Trends and Issues in Organizational Development: Current Theory and Practice. San Diego, 63–184.

Adler, Nancy (2008): International Dimensions of Organizational Behavior. Cincinnati.

Barenboim, Daniel/Said, Edward (2002): Parallels and paradoxes: Explorations in music and society. London.

Barmeyer, Christoph/Davoine, Eric (2016): Konstruktives interkulturelles Management – Von der Aushandlung zur Synergie. In: Interculture Journal 26/15, 97–115.

Barmeyer, Christoph/Franklin, Peter (Hg.) (2016): Intercultural management: A case-based approach to achieving Complementary and Synergy. London/New York.

Barmeyer, Christoph (2004): Der Einfluss vorschulischer Sozialisation auf interkulturelle Teamarbeit. Das Beispiel Frankreich – Deutschland. In: Bolten; Jürgen (Hg.): Interkulturelles Handeln in der Wirtschaft. Positionen, Perspektiven, Modelle. Sternenfels/Berlin, 39–158.

Barmeyer, Christoph (1996): Interkulturelle Qualifikationen im deutsch-französischen Management kleiner und mittelständischer Unternehmen. St. Ingbert.

Barmeyer, Christoph/Bolten, Jürgen (Hg.) (2010): Interkulturelle Personal- und Organisationsentwicklung. Sternenfels/Berlin.

Barmeyer, Christoph/Davoine, Eric (2015): Konstruktive Interkulturalität. Impulse für die Zusammenarbeit in internationalen Organisationen am Fallbeispiel Alleo. In: ZfO – Zeitschrift für Führung+Organisation 84/6, 430–437.

Barmeyer, Christoph (2001): Lernen mit Erfolg?! Der Einsatz der Lernstilanalyse in interkulturellen Trainings. In: Reineke, Rolf-Dieter/Fussinger, Christine (Hg.): Interkulturelles Management in Training und Beratung. Gabler/Wiesbaden, 2001, 243–261.

Barmeyer, Christoph (2006): Frankreich in Amerika? Zur kulturellen Ausnahmestellung von Québec. In: Wiecha, Eduard A. (Hg.): Amerika und wir. US-Kulturen – Neue europäische Ansichten. München, 157–170.

Barmeyer, Christoph/Davoine, Eric (2014): Interkulturelle Synergie als „ausgehandelte" Interkulturalität: Der deutsch-französische Fernsehsender ARTE. In: Moosmüller, Alois/Möller-Kiero, Jana (Hg.): Interkulturalität und kulturelle Diversität. Münster, 155–181.

Barmeyer, Christoph/Mayrhofer, Ulrike (2008): The contribution of intercultural management to the success of international mergers and acquisitions: An analysis of the EADS group. In: International Business Review 17, 28–38.

Barmeyer, Christoph/Mayrhofer, Ulrike (2014): How has the French cultural and institutional context shaped the organization of the Airbus Group? In: International Journal of Organizational Analysis 22/4, 440–462.

Barmeyer, Christoph/Mayrhofer, Ulrike (2016): Strategic Alliances and Intercultural Organizational Change: The Renault–Nissan Case. In: Barmeyer, Christoph/Franklin, Peter (Hg.): Intercultural management: A case-based approach to achieving Complementarity and Synergy. London, 303–317.

Barmeyer, Christoph (2012): Taschenlexikon Interkulturalität. Göttingen

Barmeyer, Christoph/Öttl, Sebastian (2011): Interkulturalisierung nationaler Mediensysteme? ARTE als Laboratorium für grenzüberschreitenden Medienwandel. In: Institut für interdisziplinäre Medienforschung (IfIM) (Hg.): Medien und Wandel. Berlin, 129–160.

Barmeyer, Christoph/Davoine, Eric (2011): Kontextualisierung interkultureller Kompetenz in einer deutsch-französischen Organisation: ARTE. In: Dreyer, Wilfried/Hößler, Ulrich (Hg.): Perspektiven interkultureller Kompetenz. Göttingen, 299–316.

Barmeyer, Christoph/Ghidelli, Edoardo/Haupt, Ulrike/Piber, Hannes (2015): Organisationsentwicklung im interkulturellen Raum. Ein Orientierungsmodell für Organisationsberater. In: OrganisationsEntwicklung. Zeitschrift für Unternehmensentwicklung und Change Management 4, 75–81.

Benedict, Ruth (1943): Franz Boas. In: Science 97/2507, 60–62.

Bennett, Milton J. (1993): Towards Ethnorelativism: A Developmental Model of Intercultural Sensitivity. In: Paige, R. Michael (Hg.): Education for the Intercultural Experience. Yarmouth, 21–71.

Berger, Peter/Luckmann, Thomas (1966): The Social Construction of Reality: A Treatise in the Sociology of Knowledge. London.

Boas, Franz (1949): Race, language, and culture. New York.

Bolten, Jürgen (1995): Grenzen der Internationalisierungsfähigkeit. Interkulturelles Handeln aus interaktionstheoretischer Perspektive. In: Bolten, Jürgen (Hg.): Cross Culture – Interkulturelles Handeln in der Wirtschaft. Sternenenfels/Berlin, 24–42.

Bolten, Jürgen (2001a): Thesen zum interkulturellen Lernen in der Schule. In: Bolten, Jürgen/ Schröter, Daniela (Hg.): Im Netzwerk interkulturellen Handelns. Theoretische und praktische Perspektiven der interkulturellen Kommunikationsforschung. Sternenfels/Berlin, 106–112.

Bolten, Jürgen (2001b): Interkulturelle Kompetenz. Erfurt.

Brater, Michael/Hemmer-Schanze, Christiane/Schmelzer, Albert (2007): Schule ist bunt. Eine interkulturelle Waldorfschule im sozialen Brennpunkt. Stuttgart.

Brannen, Mary Y. (1998): Negotiated Culture in Binational Contexts: A Model of Culture Change Based on a Japanese/American Organizational Experience. In: Anthropology of Work Review 18/2/3, 6–17.

Brannen, Mary Y./Salk, Jane (2000): Partnering across borders. Negotiating organizational culture in a German-Japanese joint venture. In: Human Relations 52/4, 451–487.

Casmir, Fred (1999): Foundations for the Study of Intercultural Communication based on a Third-Culture Building Model. In: International Journal of Intercultural Relations 23/1, 91–116.

Chanlat, Jean-François (1990): L'individu dans l'organisation Les dimensions oubliées. Ste Foy.

Chanlat, Jean-François/Davel, Eduardo/Dupuis, Jean-Pierre (Hg.) (2013): Cross-Cultural Management. Culture and Management Across the World. London.

Chreim, Samina (2015): The (non)distribution of leadership roles: Considering leadership practices and configurations. In: Human Relations 68/4, 517–543.

Cirque du Soleil (2010): http://www.cirquedusoleil.com/de/home.aspx#/de/home/about/details/creative-approach.aspx.

Crouch, Coli (2010): Complementarity. In: Morgan, Glenn/Campbell, John/Crouch, Colin/Pedersen, Ove Kaj/Whitley, Richard (Hg.): Comparative institutional analysis. Oxford, 117–137.

Crozier, Michel/Friedberg, Erhard (1979): Macht und Organisation. Die Zwänge kollektiven Handelns. Berlin.

D'Iribarne, Philippe (2009): National Cultures and Organisations in Search of a Theory. An Interpretative Approach. In: International Journal of Cross Cultural Management 9/3, 309–332.

Düchting, Hajo (2012): Die Natur muss in uns neu entstehen. In: August Macke. München, 29–30.

Fang, Tony (2012): Yin Yang: A New Perspective on Culture. In: Management and Organization Review (Special Issue: Indigenous Management Research in China), Bd. 8/1, 2012, 25–50.

Goethe, Johann Wolfgang (1819): West-Östlicher Divan. Stuttgart: Cotta.

Goethe, Johann W. v. (1810): Zur Farbenlehre. 2 Bde. Tübingen.

Hampden-Turner, Charles (2000): What we know about Cross-Cultural Management after Thirty Years. In: Donal, Lynch/Pilbeam, Adrian (Hg.): Heritage and progress. From the past to the future in intercultural understanding. Bath, 17–27.

Harris, Richard (1996): Paradise. A cultural guide. Singapore.

Inglehart, Ronald/Welzel, Christian (2005): Modernization, Cultural Change and Democracy. New Jersey.

Interkulturelle Waldorfschule (22.05.2019): http://interkulturelle-waldorfschule.de.

Kieser, Alfred/Walgenbach, Peter (2010): Organisation. Stuttgart.

Kluckhohn, Florence R./Strodtbeck, Fred L. (1961): Variations in Value Orientations. Westport/ Conn.

Kühl, Stefan (2011): Organisationen. Eine sehr kurze Einführung. Wiesbaden.

Leenen, Wolf R./Grosch, Harald/Groß, Andreas/Scheitza, Alexander (2015): Kulturelle Diversität in der öffentlichen Verwaltung. Konzeptionelle Grundsatzfragen, Strategien und praktische Lösungen am Beispiel der Polizei. Münster.

Luhmann, Niklas (1964): Funktionen und Folgen formaler Organisation. Berlin.

Maletzky, Martina (2014): Die Generierung von Interkultur – eine strukturationstheoretische Betrachtung. In: Moosmüller, Alois/Möller-Kiero, Jana (Hg.): Interkulturalität und kulturelle Diversität. Münster, 83–103.

March, James G./Simon, Herbert A. (1958): Organizations. New York.

Mayntz, Renate (1963): Soziologie der Organisation. Hamburg.

Moosmüller, Alois (2000): Arbeitsroutinen und Globalisierung. Alltagskonflikte in ausländischen Unternehmen in Japan. In: Götz, I./Wittel, A. (Hg.): Arbeitskulturen im Umbruch. Zur Ethnographie von Arbeit und Organisation. Münster, 89–105.

Müller-Jacquier, Bernd (2000): Linguistic Awareness of Cultures. Grundlagen eines Trainingsmoduls. In: Bolten, Jürgen (Hg.): Studien zur internationalen Unternehmenskommunikation. Leipzig, 20–49.

Otte, Michael (1990): Komplementarität. In: Sandkühler, Hans Jörg (Hg.): Europäische Enzyklopädie zu Philosophie und Wissenschaften, Bd. 2. Hamburg, 847–849.

Parsons, Talcott (1960): Structure and Process in Modern Society. Glencoe.

Phillips, Margret/Sackmann, Sonja (2015): Cross-cultural management Rising. In: Holden, Nigel/Michailova, Snejina/Tietze, Susanne (Hg.): The Routledge Companion to Cross-Cultural Management. Oxon, 8–18.

Riiser, Solveig (2010): National Identity and the West Eastern Divan Orchestra. In: Music and Arts in Action 2/2, 19–37.

Sachseneder, Christine (2013): Wege aus der Silo-Mentalität. Bereichskulturen und bereichsübergreifende Zusammenarbeit im Produktentstehungsprozess eines Automobilzulieferers. Eine Fallstudie. Passau.

Sackmann, Sonja A./Phillips, Margaret E. (2004): Contextual Influences of Culture Research. Shifting Assumptions for New Workplace Realities. In: International Journal of Cross-Cultural Management 4/3, 370–390.

Schirrmacher, Thomas (2005): Die Entdeckung der Komplementarität, ihre Übertragung auf die Theologie und ihre Bedeutung für das biblische Denken. In: Professorenforum-Journal 6/3, 3–11.

Schlie, Hans-Walter (2011): Interkulturelle Kommunikation in einer deutsch-französischen Organisation. Der Europäische Kulturkanal ARTE. In: Barmeyer, Christoph/Genkova, Petia/Scheffer, Jörg (Hg.): Interkulturelle Kommunikation und Kulturwissenschaft. Grundbegriffe, Wissenschaftsdisziplinen, Kulturräume. Passau, 429–441.

Simon, Herbert A. (1959): Theories of decision making in economics and behavioural science. In: American Economic Review 49/3, 253–283.

Smith, Peter B./Peterson, Mark F./Thomas, David C. (Hg.) (2008): The Handbook of Cross-Cultural Management Research. Los Angeles.

Stahl, Günter K./Brannen, Mary Y. (2013): Building Cross-Cultural Leadership Competence: An Interview With Carlos Ghosn. In: Academy of Management Learning und Education 12/3, 519–531.

Stahl, Günter K./Tung, Rosalie L. (2015): Towards a more balanced treatment of culture in international business studies: The need for positive cross-cultural scholarship. In: Journal of International Business Studies 46/6, 391–414.

Stein, Volker (2014): Integration in Organisationen. Revision intrasystemischer Instrumente und Entwicklung zentraler Theoreme. München.

Steiner, Rudolf (1921/1988): Wie wirkt man für den Impuls der Dreigliederung des sozialen Organismus? Dornach.

Steiner, Rudolf (1931/1965): Nationalökonomischer Kurs. Vorträge über das soziale Leben und die Dreigliederung des sozialen Organismus. Dornach.

Stumpf, Siegfried (1999): Wann man von Synergie in Gruppen sprechen kann: Eine Begriffsanalyse. In: Gruppendynamik. Stuttgart 30/2, 191–206.

Thomas, Alexander (2013a): Kulturvergleichende Psychologie. Eine Einführung. 18. Aufl. Göttingen.

Thomas, Alexander (2013b): Interkulturelle Kompetenz. Grundlagen, Probleme und Konzepte. In: Erwägen Wissen Ethik (EWE): Diskussionseinheit: Interkulturelle Kompetenz – Grundlagen, Probleme und Konzepte 14/1, 137–150.

Thomas, David C./Peterson, Mark F. (2015): Cross-Cultural Management. Essential concepts. Thousand Oaks.

Trompenaars, Fons/Hampden-Turner, Charle (2004): Managing people across cultures. Chichester.

Waage, Peter N.: (2003): Mensch. Markt. Macht. Dornach.

Weber, Max (1922): Wirtschaft und Gesellschaft. Tübingen.

West Eastern Divan Orchestra (22.05.2019): http://www.WestEastern-divan.org/d/das-orchester

Wilkes, Johannes (2014): August Macke. Ein Farbenroman. Bonn, 286–287.

Third Culture Building: Vom territorialen Paradigma zur Vereinbarungskultur

4

Jürgen Beneke

4.1 Einleitung

Dieser Beitrag ist vor dem Hintergrund langjähriger Praxis des Verfassers als Hochschullehrer sowie als Trainer und Consultant für internationale Unternehmenskommunikation entstanden. Er fokussiert vor allem die Zusammenarbeit innerhalb multikultureller Teams. Zunächst sollen einige Thesen den Rahmen für das Folgende bilden.

Erste These: Kulturelle Vielfalt wird von der Störgröße zum Vorteilsbringer. Auf mittlere und lange Sicht werden nur diejenigen Firmen und Organisationen auf den internationalen Märkten überleben, die kulturelle Vielfalt nicht nur als lästige Störgröße „zähneknirschend" ertragen, sondern diese proaktiv zu ihrem Vorteil zu nutzen verstehen.

> The intense global competition […] renders parochialism self-defeating. No nation can afford to act as if it is alone in the world (parochialism) or as if it is superior to other nations (ethnocentrism). (Adler 1997: 13)

Interkulturelle Kompetenz ist demnach eine Überlebensnotwendigkeit für alle Unternehmen, deren Binnenmarkt nicht so groß ist wie etwa der der USA.

Zweite These: Die meisten internationalen Joint Ventures scheitern. 60 bis 70 % aller internationalen Joint Ventures scheitern aus (inter-)kulturellen Gründen (unveröffentlichte Studie der Unternehmensberatung Kienbaum). Zwei Beispiele von vielen für Scheitern im ganz großen Maßstab: Die Fusionen von

---

Die Originalversion dieses Kapitels wurde revidiert. Ein Erratum ist verfügbar unter
https://doi.org/10.1007/978-3-476-04372-6_12

J. Beneke (✉)
Universität Hildesheim (i.R.), Dassow OT Barendorf, Deutschland
E-Mail: dr.juergen.beneke@googlemail.com

© Springer-Verlag GmbH Deutschland, ein Teil von Springer Nature 2020
korrigierte Publikation 2020
H. W. Giessen und C. Rink (Hrsg.), *Migration, Diversität und kulturelle Identitäten*,
https://doi.org/10.1007/978-3-476-04372-6_4

DaimlerChrysler und BMW-Rover wurden mit Milliardenverlusten beendet, sicher nicht nur, aber auch aus kulturellen und unternehmenskulturellen Gründen.

Dritte These: Kulturelle Vielfalt ist eine notwendige Bedingung für nachhaltigen Erfolg. Kulturelle Verschiedenheit – Diversität – ist eine notwendige Bedingung für nachhaltigen Erfolg auf den internationalen Märkten. Der erste Grund: kulturell gemischte Teams generieren mehr und unterschiedlichere Ideen zur Lösung von Problemen. Der zweite Grund: Bei wichtigen Entscheidungen, sei es über den Kauf von Gütern oder über eine Zusammenarbeit, ist die ‚kulturelle Nähe' des Partners – bei sonst gleichen Bedingungen – eine ausschlaggebende Größe. Kulturelle Nähe drückt sich vor allem in Form von interkultureller Kompetenz aus.

Vierte These: Diversität muss kompetent gemanagt werden. Diversität muss allerdings kompetent gemanagt werden – sie ist nicht automatisch Garant für Ideenreichtum und gute Ergebnisse; sie kann im Gegenteil eine Störgröße von erheblicher Wirkung sein. Nancy Adler z. B. konnte empirisch nachweisen, dass multi-kulturelle Teams einerseits sehr viel produktiver sein können als mono-kulturelle, andererseits aber auch sehr viel weniger produktiv – es kommt also ganz entscheidend auf ein kluges *Management der Diversität* an: „The ability to manage cross-cultural interaction, multinational teams, and global alliances becomes fundamental to overall business success." (Adler 1997: 9)

4.2   Ein Paradigmenwechsel in der internationalen wirtschaftlichen und technischen Zusammenarbeit

Im vorliegenden Beitrag geht es um in der Praxis erprobte Trainingskonzepte für die Entwicklung und die Leitung gemischt-kultureller Teams – und zwar unter den in jüngerer Zeit tiefgreifend veränderten Bedingungen der internationalen Zusammenarbeit. Darüber hinaus werden einige Konsequenzen für die Didaktik des Englischen als *lingua franca* angesprochen.

Dabei gilt es zunächst, die tiefgreifendenden Veränderungen in der internationalen wirtschaftlichen Zusammenarbeit zur Kenntnis zu nehmen und ihre Auswirkung auf das interkulturelle Training und die Didaktik von Fremdsprachen zu untersuchen. Die erste Veränderung betrifft die Art und Weise der Wirtschaftskontakte. In diesem Zusammenhang ist nichts weniger als ein Paradigmenwechsel zu konstatieren, dessen Auswirkungen auf das Training interkultureller Kompetenz noch nicht hinreichend berücksichtigt wurden.

Die zweite Veränderung betrifft vor allem, aber nicht nur, den Übergang von Englisch als Muttersprache (z. B. von Briten und US-Amerikanern) zu Englisch als lingua franca.

4.3   Vom Import-Export-Modell zur global-arbeitsteiligen Zusammenarbeit

Auch wenn immer noch gerne vom ‚Exportweltmeister' Deutschland oder China usw. gesprochen wird, ist doch in den letzten Jahrzehnten der klassische Export etwa von hochwertigen Industrieerzeugnissen (Fertigprodukten) stark zurückgegangen und in weiten Bereichen einer arbeitsteiligen Form der globalen Zusammenarbeit gewichen. Innerhalb des ‚klassischen' Import-Export-Modells wurden – bildlich gesprochen – Produkte in Kisten verpackt und an Käufer im Ausland verschifft. Diese bezahlten dafür mit Geld oder lieferten im Gegenzug Rohstoffe wie Baumwolle oder Rohöl. Die Abwicklung dieser Geschäfte und damit auch die damit einhergehenden Kommunikationsprozesse wurden von Spezialisten des Warenverkehrs als ‚Agenten' wahrgenommen, seit der Zeit der Hanse bis in die jüngste Vergangenheit.

Heute hingegen wird im Zeitalter von *global sourcing* jedes Einzelteil und jede einzelne Dienstleistung international ausgeschrieben, geordert und geliefert. Als Beispiel mag ein bekannter deutscher Hersteller von Leuchten dienen: Konstruiert, entwickelt und erprobt wird in Deutschland, gefertigt wird zurzeit in China, zunehmend jedoch auch in anderen asiatischen Ländern. Die dort hergestellten Produkte werden nach Deutschland verschifft und von dort wiederum in die Abnehmermärkte befördert. Dies löst vielfältige Kommunikationsflüsse aus, denn die Zusammenarbeit betrifft eben nicht mehr nur Einkauf und Marketing, sondern alle betrieblichen Ebenen und Managementfunktionen über Sprach- und Kulturgrenzen hinweg: Personalrekrutierung und -entwicklung, Führungsaufgaben an ausländischen Standorten, Qualitätssicherung, Aus- und Weiterbildung und vieles mehr, mit der Konsequenz, dass buchstäblich vom Pförtner über das Sekretariat bis zum Management alle Firmenangehörigen (fremd)sprachlich und interkulturell kompetent sein müssen.

Da die allgemein verwendete Sprache der internationalen wirtschaftlich-technischen Zusammenarbeit das Englische ist, betrifft dies auch die Didaktik von Englisch als Fremdsprache. Es geht eben nicht mehr um die ‚Zielsprache' Englisch als Sprache der Muttersprachler dieser Sprache, sondern um Englisch als Verständigungssprache, *oft sogar bei weitgehender Abwesenheit von Muttersprachlern dieser Sprache.* Nach vorsichtigen Schätzungen finden ca. 70 % aller auf Englisch geführten wirtschaftlichen Transaktionen ohne Beteiligung englischer Muttersprachler statt. Neben dem Konzept einer ‚Zielsprache' wird somit auch das Konzept einer ‚Zielkultur' obsolet und damit auch traditionelle Vorstellungen von ‚Landeskunde' und eben auch von interkultureller Kompetenz.

4.4   Jenseits des Territorialprinzips

Bis heute richten sich die Zielvorgaben von Firmen und Organisationen, wenn es um interkulturelles Training geht, nach dem *Territorialprinzip*. Eine Person soll als *Expatriate* für ihre Firma in ein fremdes Land entsandt werden, nach dem Motto „Müller geht für drei Jahre nach Japan". Es handelt sich also um eine relativ gut kalkulierbare und stabile Anforderung: Kenntnis der jeweiligen Kultur, möglichst auch Kenntnis der häufigsten Differenzen zwischen Herkunftskultur des Entsandten und der ‚fremden' Kultur, nach Möglichkeit auch wenigstens elementare Kenntnisse und Kompetenz in der jeweiligen Landessprache.

Die Empfehlungen für den Umgang mit den ‚Eingeborenen' des aufnehmenden Landes laufen im Wesentlichen auf das vertraute Muster hinaus, das ich als das

Territoriale Paradigma bezeichne: Es gelten grundsätzlich die Regeln der ‚Inhaber' des Territoriums, auf dem sich die Beteiligten befinden. Im angenommenen Fall „Entsendung nach Japan" sind die Inhaber des Territoriums die Japaner. Folglich gibt es zwei Rollen, die des ‚Besuchers' und die des ‚Besuchten', der zugleich Inhaber des Territoriums ist. In diesem Zusammenhang wird gerne eine englische Redewendung zitiert: *When in Rome, do as the Romans do* – aber wer sind die ‚Römer' in gemischt-kulturellen Konstellationen? Verhandlungen können in irgendeinem Hotel oder in den Räumen irgendeiner Firma irgendwo auf der Welt stattfinden, so dass sich die Frage, wer ‚Inhaber des Territoriums' ist, nicht stellt. Finden sie deswegen in einem kulturellen Niemandsland statt oder in einer *culture-free zone,* wie manchmal gesagt wird? Dies trifft jedoch keineswegs zu, denn die Teilnehmer derartiger Besprechungen bleiben ja ihren jeweiligen Kulturen verhaftet, da sie von ihnen nachhaltig geprägt wurden. Wer allerdings die Römer sind, wer ‚den Ton angibt', ist unklar. Dies soll eine kleine Anekdote aus der Trainingspraxis illustrieren. Zu Beginn einer solchen typischen internationalen Konstellation stand ein US-Amerikaner auf und sagte mit gewinnendem Lächeln: „OK, guys – let's all go first names. I'm John." Und er ergriff die Hand eines in der Nähe stehenden Inders und versuchte, diese zu schütteln. Der jedoch widersetzte sich dieser Vereinnahmung und sagte mit großer Entschiedenheit: „I'm sorry, but I strongly resent this suggestion. I want to show my respect for the person I talk to and I want to use his or her correct title. Forcing us to use first names to me is cultural imperialism." Der so des Kulturimperialismus Gescholtene zuckte zusammen. Er verstand die Welt nicht mehr, und die Besprechung begann mit einem Fehlstart.

Wenn man erfolgreich kommunizieren will, soll man also die Gepflogenheiten des Gastlandes befolgen. Und in der Tat entspricht dieses Modell auch der Intuition der meisten Menschen: Hier sind *wir* zuhause, hier sollen sich *die anderen* nach uns richten. Schaut man sich diese komplementär aufeinander bezogenen Rollenkonzepte einmal etwas genauer an, so erkannt man, dass sie eine Reihe von Annahmen enthalten, die als selbstverständlich gelten, dies aber nicht unbedingt sein müssen.

Die *erste Annahme* ist die, dass derartige Rollen, ‚Besucher' oder ‚Gast' und ‚Besuchter' oder ‚Gastgeber' universell sind und damit überall gleich und dass damit komplementäre Rollenerwartungen verbunden sind, die als Skript unser Verhalten innerhalb gewisser Spielräume steuern und so routinehafte Handlungsabläufe sicherstellen. Da z. B. einem Deutschen das Skript ‚jemanden besuchen' (wohlgemerkt in seiner, hier der deutschen, Kultur) bekannt ist, weiß er beispielsweise, ob er oder sie zu einer bestimmten Gelegenheit ein Geschenk mitbringen muss, was sich als Geschenk eignet, wann man es und wem man es überreicht, ob man es auspackt, wann es Zeit ist zu gehen usw.

Zweite Annahme: Diese Rollenerwartungen innerhalb des Territorialen Paradigmas (z. B. Besuchter – Besucher) gehen bei Deutschen mehrheitlich von einer zeitlich begrenzten Kontaktsituation aus; dies erkennt man u. a. daran, dass niemand unbegrenzt Gast sein kann, sondern nach einiger Zeit – der Volksmund sagt, nach etwa drei Tagen – sich entweder verabschieden oder seine Rolle neu definieren muss. Ein Koreaner hingegen, besonders wenn er zur (weitläufigen)

Familie gehört, kann die Länge seines Aufenthalts selber bestimmen, ebenso den Zeitpunkt seines Besuchs.

Dritte Annahme: Der Gastgeber ist einerseits zur zuvorkommenden Behandlung des Gastes verpflichtet, andererseits ist er jedoch auch in einer privilegierten Position. Er kann nämlich als Inhaber des Territoriums die Regeln der Kommunikation weitgehend bestimmen und Respekt für diese seine Regeln einfordern.

Vierte Annahme: Die Rollenkonzepte ‚Gast' und ‚Gastgeber' sind in den meisten Fällen pragmatisch motiviert, d. h. niemand ist ‚einfach nur so' zu Besuch, sondern beide Seiten verfolgen kommunikative Ziele, also etwa die Pflege der guten Beziehungen oder einen Geschäftsabschluss. Insbesondere gilt dieses pragmatische Postulat natürlich für Geschäftsleute oder Diplomaten, aber eben nicht nur für diese – jeder kommunizierende Mensch verfolgt Interessen.

Fünfte Annahme: Verbot der kulturellen Mimikry. Es ist keinesfalls einfach festzustellen, welche Regeln des Gastlandes mit welcher Konsequenz zu beachten sind. Ein ‚Zu viel' an Anpassung oder Übernahme wird von den ‚Gastgebern' häufig als Eindringen in den Intimbereich der eigenen Kultur gewertet, als unerwünschte kulturelle Mimikry. Um wieder beim Fall Japan zu bleiben: Von einem ‚Westler' wird nicht erwartet, dass er alle Feinheiten einer japanischen Verbeugung bei der Begrüßung beherrscht. So müsste der relative Hierarchieunterschied zwischen den Personen ‚exakt' im jeweiligen Neigungswinkel der Verbeugung gespiegelt werden – daher die Bedeutung der Visitenkarte oder anderer Indikatoren des hierarchischen Ranges der Person und das immer wieder zu beobachtende ‚Nachjustieren' des Neigungswinkels nach Durchlesen der Visitenkarte. Der intensive Blickkontakt zwischen beiden Personen dient dabei dazu, zu überprüfen, ob der ‚richtige' Winkel erreicht ist. Für einen Westler ist es ausreichend höflich, die Verbeugung in vereinfachter, angedeuteter Form zu vollziehen. Der ‚Gast' drückt damit aus: „Ich weiß, dass Ihre Form der Begrüßung eine *angemessene* Verbeugung ist. Bitte sehen Sie mir nach, dass ich nicht alle Feinheiten dieses Systems beherrsche".

Die Konsequenzen des gewissermaßen klassischen territorialen Paradigmas für die Vorbereitung auf den Aufenthalt in anderen Kulturräumen sind evident – man lehrt die Regeln der ‚aufnehmenden' Kultur und bereitet die Trainees auf eine als stabil angenommene Entsendungssituation vor, auf ihre Rolle als ‚Gast' im Gastland oder als Expatriate, wie es im Firmenjargon oft heißt. Aber neben diesen eindeutigen 1:1-Konstellationen treten immer häufiger völlig andere, nämlich gemischt-kulturelle Konstellationen auf, oft noch dazu in raschem Wechsel. So ist es heute nichts Ungewöhnliches, dass ein Team z. B. aus Japanern, Brasilianern, Deutschen und Niederländern besteht, die Englisch als *language of convenience* verwenden. Dieses so zusammengesetzte Team hat einen an das jeweilige Projekt gekoppelten ‚Lebenszyklus' – es existiert gerade so lange wie das Projekt, und seine Mitglieder finden sich kurze Zeit später in einer anderen Konstellation wieder oder sogar zeitgleich in einer anderen ‚Mischung', z. B. Deutsche mit Franzosen und Palästinensern oder Brasilianer mit Japanern und US-Amerikanern. Derartige wechselnde Konstellationen bezeichne ich als *fluid* (s. u.). Sie stellen weitgehend andere und durchaus auch höhere Anforderungen an die interkulturelle Kommunikationskompetenz als die klassische Entsendungssituation.

4.5   Unschärfe der Signale

Bereits in der relativ gut definierbaren Entsendungskonstellation tritt als typisches Phänomen die Unschärfe der Signale als Folge lexikalischer Interferenzen auf – englische Lexeme werden mit nicht-englischen Bedeutungen oder Konnotationen verwendet und stiften Verwirrung und oft auch Verstimmung; denn nicht selten werden Fehler auf der Ebene der Konnotation nicht mangelnder Kompetenz des Sprechers zugeschrieben, sondern als absichtlich wahrgenommen.

Dazu ein Beispiel: Ein US-Amerikaner, John Dorman, übernimmt die Niederlassung seiner amerikanischen Firma in Japan. Er stellt sich der Belegschaft als neuer Chef vor und hält eine für Amerikaner in einer solchen Situation typische Motivationsrede – einen *pep talk*. Er schließt mit dem Versprechen: „I promise to be fair to everyone of you." Die Japaner applaudieren höflich – nicht überschwänglich, sondern leise. Nach wenigen Wochen bemerkt Dorman, dass sich die Stimmung eingetrübt hat. Er fragt seinen japanischen Assistenten, der in den USA studiert hatte. Auf Drängen des Chefs, ihm die ungeschminkte Wahrheit zu sagen, ringt der Japaner sich zu folgender Aussage durch: „Dormansan, I'm very sorry, but you have greatly disappointed us. You have promised to be fair to us, but that was not the truth". Dorman ist entsetzt. Schließlich kommt die Ursache der Klimaverschlechterung ans Licht. Dorman hatte ein leistungsabhängiges Gehaltssystem – die typischen Zielvereinbarungen – eingeführt. Dies hatte zur Folge, dass jeder Abteilungsleiter gezwungen war, die Leistung seiner Mitarbeiter nach festgelegten Kriterien zu bewerten und den Betreffenden offen mitzuteilen. Als ‚fairer‘ Vorgesetzter wendet Dorman diese Kriterien konsequent an, und seine japanischen Führungskräfte der nachfolgenden Ebenen müssen ebenso verfahren. Für Amerikaner ist es das Recht und die Pflicht eines Vorgesetzten, die Leistung seiner Mitarbeiter zu beurteilen, und es ist klar und ausdrücklich gewollt, dass es zu Differenzierungen kommt – nach oben *(over-performance),* Gleichstand (wie vereinbart) oder nach unten *(under-performance).* Dies wiederum wirkt sich – und das ist eben ‚fair‘ – auch in der Bezahlung aus. Die Japaner hingegen erwarteten, dass jeweils auf einer Ebene alle Mitglieder einer Arbeitsgruppe exakt das Gleiche bekommen. Dieses Konzept hatten sie bei der Antrittsrede des neuen Chefs unter ‚fair‘ verstanden. Sie verwendeten also ein englisches Wort *(fair)* mit einer japanischen Bedeutung.

Solche sprachbedingten Irritationen treten durchaus auch bei relativ nahe verwandten Kulturen auf. Nach einer Fusion dreier Firmen, einer deutschen, einer französischen und einer englischen, findet ein erstes Treffen statt. Man beschließt, dass jede Seite bis zum nächsten Treffen ein ‚Konzept‘ für eine Marketingstrategie ausarbeitet und präsentiert. Das Klima ist zunächst kooperativ, die gemeinsame Sprache ist Englisch als Verkehrssprache. Die Deutschen hören das englische Wort *concept,* und sie verbinden intuitiv mit diesem englischen Wort das ihnen vertraute und formverwandte deutsche Wort Konzept und dessen Begriffsinhalt: ‚Konzept‘. Sie hören also eine englische Benennung und attribuieren einen deutschen Begriff. Ähnlich ergeht es den Franzosen: Sie hören das englische *concept* und attribuieren ein französisches Verständnis von *le concept.* Diese Fehlattributionen wirken sich extrem klimaverschlechternd aus. Was ist geschehen? Der deutsche Vertreter präsentiert auf der nächsten Sitzung ein gründlich recherchiertes und typischerweise sehr detailliertes Konzept – nach allgemeiner deutscher Überzeugung benötigt man dazu mindestens 30 bis 40 Folien. Dieses Konzept lässt keine Fragen offen. Denn man weiß ja – kaum etwas wiegt schwerer, als wenn man im Deutschen über jemanden sagt: Er hat kein Konzept. In Abb. 4.1 sind die relativ geringen Schnittmengen der unterschiedlichen nationalsprachlichen Begriffe von Konzept dargestellt:

Die auf französischer Seite ausgelösten Emotionen lassen sich so beschreiben:

- Die deutschen Panzer (diese Worte sind tatsächlich gefallen!) wollen wieder einmal alles überrollen
- Sie wollen uns alles vorschreiben
- Sie sind eben typische deutsche *têtes carrées* (sture Querköpfe)

Die Franzosen und abgeschwächt auch die Engländer erleben also die deutsche ‚Gründlichkeit‘ und die Detailliertheit als arrogant, machtbesessen und besserwisserisch („they have all the answers" ist eine typische Reaktion). Als die Franzosen an der Reihe sind, werfen sie ein paar phantasievolle Skizzen auf die Projektionswand – sie verstehen ihr wenig detailliertes französisches *le concept* eher als Einladung zur gemeinsamen Ideenfindung, was die Deutschen wiederum

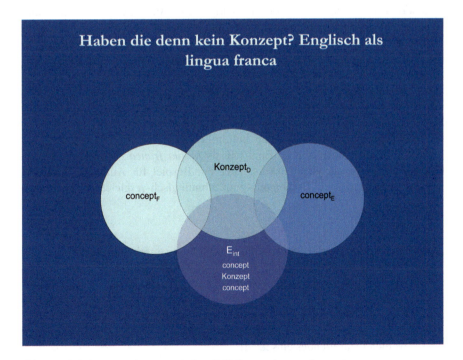

Abb. 4.1 Schnittmengen im semantischen Feld Konzept/concept/concept

empört; sie nämlich unterstellen den Franzosen, dass sie ihre ‚Hausaufgaben'
nicht gemacht haben: „Typisch, wir müssen wieder alles alleine machen." Binnen
kurzem ist das Arbeitsklima zerrüttet, und kaum einer der Beteiligten versteht die
Ursachen.

Jenseits der Lexematik treten auf der Ebene der Diskursregeln – beispielsweise
dem erlaubten Grad an Direktheit bei der Formulierung von Widerspruch – große
Irritationen auf. Auch hier ist Unschärfe der Signale zu konstatieren. Offen ist, ob
beispielsweise die Höflichkeitskonventionen des Englischen (welcher Varietät?)
anzusetzen sind. Intuitiv neigen auch *lingua franca*-Anwender des Englischen
dazu, die im Unterricht vermittelten Höflichkeitsnormen der verwendeten Sprache anzuwenden, was erkennbar unsinnig ist – ein Franzose hört ebenso wenig
auf Franzose zu sein, auch wenn er Englisch spricht wie ein Japaner Japaner
bleibt, und es ist keineswegs ausgemacht, dass ein Franzose an den gleichen –
englischen –Formulierungen Anstoß nimmt wie ein englischer oder amerikanischer Muttersprachler, der aus der gebildeten Mittelschicht stammt.

4.6   Von der Landes- und Kulturkunde Englands und der USA zum ethnologisch-vergleichenden Diskurs

Zum Thema ‚Landeskunde' ist zunächst anzumerken, dass es durchaus von Nutzen sein kann, wenn der Fremdsprachenanwender etwas über ein typisches ‚Landeskunde'-Thema wie die Boston Tea Party weiß: Auflehnung der Amerikaner
gegen die britische Kolonialpolitik 1773, als Vorläufer der *American Revolution*
1776; heute ist dieses Ereignis namensgebend für eine radikale Gruppierung der
amerikanischen Republikaner. Mindestens genauso wichtig, wenn nicht wichtiger, ist es jedoch, wenn die Interaktionspartner im Medium der Fremdsprache
diskursfähig im Hinblick auf *ihre eigene gesellschaftliche und politische Realität*
wären, sich also über Ähnlichkeiten und Differenzen etwa japanischer oder deutscher Realität in englischer Sprache vergleichend austauschen könnten.

Die Vergleichung politischer und kultureller Realitäten im Medium der verwendeten Fremdsprache – z. B. Englisch als *lingua franca* – bezeichne ich als
ethnologisch-vergleichenden Diskurs. Hier ein Bespiel für Aufgabenstellungen,
die diese Teilkompetenz ‚Befähigung zum ethnologisch-vergleichenden Diskurs'
einüben:

Der ethnologisch-vergleichende Diskurs: Produktives interkulturelles Verhalten
1. Sammeln Sie Sprichwörter aus Ihrer eigenen Kultur und beschreiben
    Sie die darin ausgedrückten Werte (Beispiel: Müßiggang ist aller Laster
    Anfang).
2. Erklären Sie, warum in Ihrer Kultur die Türen sowohl im privaten
    Bereich als auch in Büros meistens geschlossen (bzw. offen) gehalten
    werden (Zutreffendes einsetzen).

3. Erklären Sie, warum die Menschen in Ihrer Kultur sich bei Begrüßungen die Hand geben/nicht geben.
4. Erklären Sie die Standardelemente einer Einladung zum Kaffee (bzw. dem entsprechenden Gegenstück in Ihrer Kultur) sowie den damit verbundenen kulturellen Sinn.
5. Erklären Sie einem Besucher, wie ein „richtiger" Händedruck aussieht und wie ein „lascher", „zu weicher" Händedruck auf Sie wirkt.
6. Erklären Sie Ihrem Partner, wie es auf Sie wirkt, wenn jemand
   – mit den Fingern isst
   – nach US-amerikanischer Art mit Messer und Gabel umgeht
7. Erklären Sie einem amerikanischen Besucher, warum die Menschen in Deutschland nicht bei jeder Begegnung lächeln.
8. Erklären Sie einem Besucher, wie ein zurückhaltender Blickkontakt bzw. weitgehende Blickvermeidung auf Sie wirkt.
9. Erklären Sie einem Besucher, warum man in Deutschland auch völlig fremde Menschen auf die Einhaltung von Vorschriften hinweist („Hier dürfen Sie aber nicht parken!" „Um diese Uhrzeit dürfen Sie aber nicht Rasen mähen!")
10. Erklären Sie Ihrem spanischen Gastgeber, von dem Sie wissen, dass er ein begeisterter Anhänger des Stierkampfs ist, was Sie selber und die meisten Ihrer Landsleute vom Stierkampf halten.
11. Erklären Sie Ihrem französischen Gastgeber, dass Sie auf keinen Fall Froschschenkel essen, auch wenn sie noch so delikat seien.

Aufgaben:

• Wählen Sie jeweils eine Situation aus und diskutieren Sie diese mit Ihrem (ausländischen) Partner.
• Sammeln Sie weitere Beispiele.

4.7   Fluide Konstellationen: Konsequenzen für die interkulturelle Kommunikation

Fluid bedeutet, dass diese Teams oft nur auf kurze Zeit angelegt sind und dass ihre Mitglieder unter Umständen sogar gleichzeitig in mehreren, unterschiedlich zusammengesetzten Teams tätig sein müssen. Typischerweise werden solche Mischungsverhältnisse als Ergebnis von strategischen Allianzen, Übernahmen oder Fusionen gebildet. Zwei Beispiele sollen dies illustrieren. 1999 haben Renault und Nissan eine Allianz begründet, der sich 2010 in beschränktem Umfang auch Daimler angeschlossen hat. Hieraus ergeben sich höchst unterschiedliche Arten von Fremdsprachenbedarf – dominant Englisch als *lingua franca,* aber natürlich auch Japanisch, Französisch usw. Die beteiligten Kulturen sind dementsprechend ebenso vielfältig, – wobei klar ist, dass es an keiner Stelle um kulturelle Regeln des Englischen geht!

Ein weiteres Beispiel: Ein deutsches Traditionsunternehmen des Schiffsmaschinenbaus wird von einem großen amerikanischen Konzern aufgekauft. Das neue, in den USA ansässige Management ist kulturell amerikanisch geprägt, die Unternehmenssprache wie auch die Unternehmenskultur wird zunehmend in Richtung der amerikanischen ‚Mutter' verschoben. In dieser neuen, noch ungefestigten kulturellen Identität erwirbt diese Firma eine ebenso traditionsreiche schwedische Schiffsmaschinenbaufirma und geht in dieser neuen, deutsch-amerikanisch-schwedischen Identität nach China, um von dort aus in weiteren asiatischen Ländern zu produzieren und die dort hergestellten Produkte weltweit zu vermarkten. Der Komplexitätsgrad auf fremdsprachlicher und kultureller Ebene ist kaum noch zu steigern!

Sind demnach bereits in einer relativ überschaubaren *lingua franca*-Konstellation im Entsendemodus *(Expatriate)* erhebliche Unschärfen in den verwendeten Signalen erkennbar, so erhöht sich der Grad der Unschärfe noch einmal deutlich, wenn die fluiden Konstellationen betrachtet werden – und diese machen mit hoher Wahrscheinlichkeit inzwischen die Mehrzahl der internationalen und interkulturellen Kontakte aus.

Wir haben es also mit sprachlichen und kulturellen Unschärfen zu tun, und zusätzlich mit der mit der Frage der psychischen Disposition im Hinblick auf wechselnde Loyalitäten. Es gibt

- kurze bis mittelfristige Kontakte
- jeweils zeitlich begrenzte Dauer der Interaktion
- möglich ist rascher Wechsel der Zusammensetzung der beteiligten Akteure
- die Akteure verfolgen pragmatisch-opportunistische Zielsetzungen, nämlich die jeweils anstehende Aufgabe möglichst effizient zu lösen.

4.8 Wechselnde Loyalitäten als kulturelle Herausforderung

Die Einbindung in Strukturen wie bei der Renault-Nissan-Daimler-Allianz macht es zwingend erforderlich, innerhalb kürzester Zeit seine Loyalitätsbindungen neu zu sortieren: Auch wenn jemand im Augenblick als Franzose, Deutscher usw. in der aktuellen Arbeitsgruppe ‚Partner' eines Nissan-‚Kollegen' ist, muss er damit rechnen, sich mit einem Nissan-Mitarbeiter in einer anderen Konstellation in einer Konkurrenzsituation zu befinden: Wenn man den Raum wechselt, muss man unter Umständen seine Loyalität neu definieren. Die Befähigung zu derartigen kurzfristigen Anpassungen setzt eine opportunistische Grundhaltung voraus, die wenigstens zum Teil eine kulturelle Basis hat. Obwohl dazu bisher keine Forschungsergebnisse vorliegen, stelle ich hier die – vorläufige – Hypothese auf, dass etwa Franzosen oder US-Amerikaner eher eine solche opportunistische

Grundhaltung mitbringen als etwa Deutsche und dadurch mit kurzfristigen Wechseln der Konstellation weniger Probleme haben.

Metakulturelle Regeln für Fluide Konstellationen: Bei den genannten gemischt-kulturellen Teams stellt sich also, um im Bild zu bleiben, die Frage nach den Römern, wo es doch gar keine Römer gibt, nach deren Regeln man sich richten könnte. Es gibt keine dominant zu setzende Territorialkultur, sondern die offene Frage: Nach wessen Regeln spielen wir. Was ist zu tun? Auch in diesen Fällen greifen die Betroffenen gerne nach intuitiv plausiblen Lösungen. Die Verwendung von Englisch als *lingua franca* suggeriert, dass auch die kulturellen Regeln des britischen oder amerikanischen Englisch ohne weiteres Gültigkeit beanspruchen können, doch ist dies durchaus fraglich, etwa im Hinblick auf den erlaubten Grad an Direktheit oder den Gebrauch von Vornamen unter Fremden („Hi, I'm Bob" ist eben nicht für jeden Asiaten akzeptabel), ganz zu schweigen von der Dimension des Nonverbalen.

4.9   *Third Culture Building* als Lösung

Wenn nicht mehr die Regeln der ‚Römer' gelten, welche dann? Ein modelltheoretischer Ansatz ist der, dass sich die Beteiligten ihre Regeln jeweils selber geben, indem sie Vereinbarungen darüber treffen, wie sie miteinander umgehen wollen, wie sie Krisen bewältigen, wie strikt sie mit Zeitplänen umgehen, ob und wie sie Autoritäten, z. B. Vorgesetzte, in Frage stellen und vieles mehr.

Da in diesem Modell nicht mehr die Regeln *einer* Kultur gelten – auch nicht die des ‚Stammhauses' oder, intuitiv und ungefragt – die des Englischen – bezeichnen wir die jeweils ausgehandelten Regeln als *Vereinbarungskultur.* Dieses Modell ist zunächst plausibel und auch attraktiv, allerdings nicht einfach umzusetzen. Zunächst müssten alle wesentlichen kulturellen Prägungen den Beteiligten bekannt sein oder an die Oberfläche geholt werden können, einschließlich der in den Kulturen verankerten tiefsten Werte und Überzeugungen, die sich bekanntlich dem bewussten Zugriff weitgehend entziehen. Dazu benötigt man – wiederum modelltheoretisch gesprochen – Inventarisierungen, ähnlich den Persönlichkeitstest, die valide Ergebnisse liefern. Wenn man diese Inventarisierung mit vertretbarem Aufwand zustande gebracht hat, geht es in einem zweiten Schritt darum, die je unterschiedlich geprägten Teammitglieder zu einem optimalen kulturellen Mix zusammenzuführen, nach dem Prinzip ‚wer kann was am Besten', und zwar so, dass sich im Team vorhandene kulturelle Stärken (und natürlich auch individuelle) – z. B. Kreativität oder Spontaneität – verstärken und *eventuelle Schwächen* kompensiert werden. Die Fähigkeit, derartige Prozesse zu organisieren, bezeichnen wir als *metakulturelle Prozesskompetenz,* eben weil es um eine die Einzelkultur übersteigende ‚künstliche Metakultur' geht, die prozessartig zu realisieren ist.

Man erkennt sofort die Ähnlichkeit dieses Ansatzes mit dem *Konzept der Metakommunikation,* und genau da liegt auch das damit verbundene Problem des methodischen Ethnozentrismus.

4.10   Kulturbedingtheit des *Third Culture-Ansatzes*

Das Wesen der Metakommunikation besteht darin, dass die Beteiligten *über Kommunikation kommunizieren (können)* und in offener Weise Konflikte ansprechen und Regeln aushandeln, die für alle akzeptabel sind, nach dem Muster des bekannten ‚herrschaftsfreien Diskurses‘. Gerade dies macht sie jedoch zu einem zutiefst kulturspezifischem, nämlich ‚westlichen‘, wenn nicht sogar amerikanischen, Ansatz. In genau der gleichen Weise ist auch der hier skizzierte Ansatz zur Schaffung einer Metakultur ein fast unentrinnbar ethnozentrischer – entstammt er doch ebenfalls der ‚offenen‘ westlichen Kommunikationskultur, in der man Konflikte dadurch löst, dass man sie anspricht und klärt und nicht, wie z. B. vielfach in Asien, dadurch, dass man sie verschweigt. Wie die Dinge heute stehen, verfügen wir (noch?) nicht über Werkzeuge, die in unterschiedlichen Kommunikationskulturen gleichermaßen gute Ergebnisse liefern.

4.11   Werkzeuge zur Herstellung von *Third Culture*

Ein derartiges Werkzeug ist der Ansatz des ethnologisch-vergleichendes Diskurses (s. o.). Im Folgenden wird ein weiteres Werkzeug dargestellt, ein Planspiel, das als Werkzeug zur Herstellung einer *Third Culture* eingesetzt wird.

Planspiel: Die Standortentscheidung

In diesem Planspiel ist ein realitätsnahes Managementproblem zu lösen. Die Akteure gehören zu einer fiktiven Firma, die aus der Fusion dreier ursprünglicher Firmen mit ihren jeweiligen Geschäftskulturen hervorgegangen ist. Diese drei – zunächst monokulturellen – Ausgangskulturen A, B und C sind jeweils kulturell unterschiedlich geprägt, z. B. im Hinblick auf Zeitmanagement, Führungs- und Kommunikationsstil, non-verbale und andere Merkmale. Diese ‚synthetischen Kulturen‘ sind typischen, realitätsnahen kulturellen Orientierungen nachempfunden. Die drei Gruppen halten sich während ihres Problemlösungsverhaltens an ihre jeweiligen ‚Kulturen‘, mit den dazugehörigen sprachlichen, non-verbalen und sonstigen Merkmalen.

Die Arbeitssprache ist Englisch, und es wird eine *lingua franca*-Situation angenommen.

Inhaltlich geht es um die Entscheidung über einen Standort für eine eventuelle Betriebsverlagerung. Diese Entscheidung greift tief in das Leben der Beteiligten ein und ist somit von erheblicher Brisanz.

Die Simulation erfolgt in einer Abfolge von Phasen:

- Plenum: Einweisung in die Aufgabenstellung
- Plenum: Einweisung in die ‚Philosophie‘ des *Third Culture*-Konzepts *anhand des Beobachterleitfadens* (s. u.)
- Plenum: Einführung des Werkzeugs *Das Kulturelle Differenzial* (s. u.) zur Unterstützung des Reflexionsprozesses und der kulturellen Inventarisierung

- Aufteilung in drei etwa gleich große Gruppen, die jeweils unterschiedliche kulturelle Orientierungen aufweisen
- Gruppen A, B, C: Einüben der jeweiligen ‚Kultur‘, Bildung einer Gruppenidentität, z. B. durch Entwicklung eines ‚Gründungsmythos‘. Anregungen hierzu können sein: „Wir sind diejenigen, welche …“, „Unsere Werte und Überzeugungen sind…“
- Gruppen A, B, C: Jede Gruppe entwirft ein identitätsstiftendes Logo und einen Slogan.
- Gruppen A, B, C: Problemlösung in den monokulturellen Teams unter Beachtung ihrer kulturellen Regeln.
- Aufteilung in neue Einheiten durch ‚Entsendung‘ von Mitgliedern aus den drei Ausgangskulturen in ‚aufnehmende‘ Kulturen. Durch den Schlüssel der Mischung, der den Teilnehmern nicht bekannt gegeben wird, entstehen drei typische und realitätsnahe Mischungsverhältnisse. Die neuen, multi-kulturelle Arbeitsgruppen spiegeln typische Mehrheits- und damit auch Machtverhältnisse bei Fusionen oder Übernahmen:
  - *Typus Joint Venture:* ungefähr gleiche Verteilung von heritage (Im Jargon großer Unternehmen wird die jeweilige Ausgangsfirma bei Fusionen oder Übernahmen gerne als *heritgae X* bezeichnet, so etwa bei der Fusion von Exxon und Mobil zu Exxonmobil (1999)) A + heritage B
  - *Typus Mehrheit/Minderheit:* 90 % heritage B + 10 % heritage A
  - *Typus Diversität* (ungefähre Gleichverteilung): jeweils etwa ein Drittel heritage A, heritage B und heritage C

Durch die Formierung dieser neuen, nunmehr multi-kulturellen, Teams werden die jeweils für normal und selbstverständlich gehaltenen Grundannahmen über Werte, Verhalten und Normen in Frage gestellt. Die Teilnehmer erleben die Schwierigkeiten, die sich aus kulturellen Unterschieden ergeben. Zugleich besteht weiterhin der Druck, auch in der neuen, multi-kulturellen Gruppe zur Lösung des Problems (Standortentscheidung) zu gelangen.

Die Teilnehmer werden angehalten,

- erfolgreiche Zusammenarbeit auch über kulturelle Grenzen und Unterschiede hinweg zu organisieren
- in den neuen Teams Symbole der Kohäsion zu entwickeln
- gemeinsame Standards zu definieren
- Regeln für den eventuellen Konfliktfall zu vereinbaren
- erhöhte Redundanz in der Kommunikation zu praktizieren
- aktives Zuhören zu praktizieren
- einen „kooperativen" Kommunikationsstil einzuüben, bei dem jeder dem anderen dabei hilft, seine Kommunikationsziele *unter den Bedingungen eingeschränkter Sprachkompetenz* zu realisieren
- Problemlösung in multi-kulturellen Teams

Nach Bildung der drei neuen, multi-kulturellen Teams wird die Arbeit auf der Sachebene (Problemlösung) fortgesetzt. Dabei wird der Prozess der

Kommunikation von einem Beobachter protokolliert. Nach einer festgesetzten Zeit wird die Arbeit auf der Sachebene vom Spielleiter abgebrochen. Die Gruppen werden aufgefordert, den Verlauf der Kommunikation nach der Bildung der neuen Teams möglichst sprachlich und visuell darzustellen, in Form einer Prozessdokumentation. Dabei zeigt sich meist, dass sich die Sichtweisen der ‚Entsandten‘ und der ‚Aufnehmenden‘ in manchmal dramatischer Weise unterscheiden.

Auswertung im Plenum: Die drei gemischt-kulturellen Teams präsentieren ihre Prozessdokumentationen. Es folgt ein längeres Auswertungsgespräch, in dem Konsequenzen für die künftige Arbeit in multi-kulturellen Teams festgehalten werden.

Die Teilnehmer formulieren die wesentlichen Teilkompetenzen einer *multikulturellen Prozesskompetenz.*

Im Folgenden wird eine englische Version eines sehr detaillierten Beobachterleitfadens wiedergegeben. Da dieser Leitfaden die gesamte „Philosophie" des Trainingskonzepts *Third Culture* in impliziter Form enthält, wird er zur Grundlage der Einweisung (s. o.) gemacht.

Beobachter-Leitfaden *Third Culture* Building (englische Fassung)

Note: Observers are asked to take notes as the groups go along and to present their observations at regular intervals.

1. **Negotiation of roles, division of labour, assignment of responsibilities to *experts***
   Points to consider:
   – who takes the initiative?
   – how are team roles defined (if at all)?
   – are roles re-distributed during the course of the simulation?
   – if so, on what grounds?
2. **Relation between planning phase and execution phase**
   Points to consider:
   – is planning considered to be important?
   – is planning considered as a separate activity?
   – are decisions frequently revised or does the team stick to its original decisions?
3. **Preferred problem solving style**
   Points to consider:
   – do team members prefer a systematic approach, tackling the whole range of the problem in detail? (German style)
   – do team members prefer a trial and error approach, „getting the easy questions out oft he way first"? (Anglo-Saxon style)
4. **Moral principles and values**
   Points to consider:
   – is the team generally consciuous of its values and moral principles?
   – which principle takes precedence, creativity and originality or strict adherence to schedule?

- what is seen as important: good atmosphere, involvement of every team member, bottom line results and economic efficiency?

5. **Management of conflicts**
   Points to consider:
   - does the team engage in discussions about communication (meta-communication)?
   - does the team formulate *meta-communicative* rules?
   - are conflicts ignored or are they tackled at an early stage?
   - is there an early warning system?
   - does the team develop a systematic approach to conflicts or does it follow a haphazard manner?

6. **Emerging leadership patterns**
   Points to consider:
   - does the team have a clear concept of decision making style?
   - does the team accept the emergence of „natural leaders"?

7. **Emerging national/cultural differences and/or professional sub-cultures**
   Points to consider:
   - is there a tendency to form national or cultural alliances?
   - is there a tendency to form alliances between particular professional sub-cultures, e. g. engineering, legal or business professionals?

8. **Involvement of participants**
   Points to consider:
   - are attempts made to ensure the active involvement of every team member?
   - is every member given a fair chance to contribute?
   - do the most fluent speakers of English or the native speakers automatically dominate the process?

9. **The role of rhetorical language**
   Points to consider:
   - do team members try to impress the group by *flowery* rhetorical language at the expense of logical reasoning?

10. **The use of power**
    Point to consider:
    - do team members openly use their organizational power to influence decisions their way?

11. **Gender-specific communication style**
    Points to consider:
    - do significant differences in communication style occur?
    - do men or women form gender-specific alliances?

12. **The use of humour and the creation of a „relaxed atmosphere"**
    Points to consider:
    - is the use of humour considered to be appropriate or is it frowned upon?
    - do group-specific uses of humour jar on other groups (e. g. *bantering* or *pulling someone´s leg*)?
    - is the use of first names (Anglo-Saxon style) suggested and accepted by all team members?

13. **Control of emotions**
    Point to consider:
    - do members control their emotions a great deal or do they rather allow emotions to be perceived? Are there group- or culture-specific differences as far as emotions are concerned?

14. **Non-verbals aspects**
    Points to consider:
    - do members practice intensive bodily contact?
    - do members practice intensive eye-contact or eye-contact avoidance?
    - do members show a particular use of space (e. g. do they get *too close* to one another or *too wide apart* from one another?)
    - do members occasionally or frequently re-adjust their body distance or body contact?
    - do members show signs of being annoyed by others as far as non-verbal communication is concerned?

15. **The use of English (lingua franca function)**
    Points to consider:
    - are team members encouraged to practice a co-operative attitude towards less fluent speakers?
    - do team members dare to clarify language point or comprehension without fearing to be ridiculed or seen as an impediment in the process of „getting on with the job“?
    - do team members regularly use active listening techniques in order to secure comprehension?
    - do team members feel safe to repeatedly ask for language points?

16. **Differences in degrees of *verbal* politeness: directness versus indirectness**
    Points to consider:
    - do members (which?) practice a *direct* style, e. g. by addressing faults or mistakes without hesitation?
    - do team members (which?) prefer a face-saving, indirect style (circumlocution, avoidance of *bluntness*)?

Lernziele
- Die Gruppen erfahren in ausgeprägt interaktiver Weise etwas über den Einfluss von kulturellen Faktoren auf geschäftliche und soziale Kontakte
- Es ist nicht die englische, deutsche oder irgendeine andere Kultur dominant, sondern alle Teilnehmer haben den gleichen Abstand von der neuen, der vereinbarten Kultur, die ‚zwischen' den beteiligten Kulturen liegt.
- Es werden Regeln des Umgangs erarbeitet, die für die künftige Zusammenarbeit gelten sollen
- Dieses Regelinventar wird dokumentiert und plakativ sichtbar gemacht und festgehalten für spätere Verwendung

4.11.1 Transfer in den realen Arbeitsalltag

Die Teilnehmer reflektieren in ihren gemischt-kulturellen Arbeitsgruppen gemeinsam die Konsequenzen des Planspiels für ihre künftigen multi-kulturellen Arbeitsgruppen. Sie durchlaufen einen kleinen Team-Identifikations-Prozess, bei dem sie die Erkenntnisse aus dem Planspiel einfließen lassen sollen.

Die Gruppen geben sich:

- ein Logo/Symbol wer wir sind
- ein Motto
- 5–10 Spielregeln des Umgangs miteinander

Die Ergebnisse werden kurz im Plenum zusammengefasst und die Texte werden als ‚Vertrag‘ von den Gruppen mitgenommen und aufgehängt.

Menschen, die in fluiden Strukturen arbeiten, müssen in der Lage sein, aktiv Kommunikationsprozesse zu gestalten. Dabei müssen sie auf mehrere Faktoren Rücksicht nehmen, besonders auf diejenigen, die kulturellen Ursprungs sind, wie z. B. Kommunikationsregeln, Arbeitsstile und Werte.

Das für die vorliegenden Überlegungen relevante Konzept von ‚Kultur‘ beinhaltet Folgendes:

Die kulturellen Regeln betreffen vor allem das menschliche Verhalten. Verhalten wird im Wesentlichen von drei Faktorenbündeln gesteuert. Diese sind:

- Werte (values)
- Einstellungen (attitudes)
- Überzeugungen (beliefs)

In der Summe machen sie das aus, was wir im Kontext der interkulturellen Kontakte unter Kultur verstehen. ‚Kultur‘ ist die in einer Gesellschaft ‚überwiegende‘ oder ‚übliche‘ Art, die Dinge der Welt zu sehen und das eigene und fremde Verhalten zu steuern und zu beurteilen. Dieser ‚weite‘ Kulturbegriff ist damit klar abgesetzt von ‚klassischen‘ Kulturbegriff, mit dem in der Regel die herausragenden Hervorbringungen einer bestimmten Gesellschaft gemeint sind, also typischerweise Kunst, Literatur, Musik, Architektur usw. Nennen wir Letzteres ‚Hochkultur‘ und die verhaltenssteuernden Orientierungen ‚Alltagskultur‘. Um diese soll es im Folgenden vor allem gehen.

Diese Alltagskultur ist es, die eine bestimmte ‚Weltsicht‘ vermittelt und die dadurch, dass die Mitglieder einer kulturellen Gruppe in ihre jeweilige Kultur hinein ‚enkulturiert‘ werden, sowohl dem Einzelnen wie auch ganzen Gruppen Orientierungen für das jeweils angemessene Verhalten anbieten.

Dabei geht die Orientierungsleistung soweit, dass die jeweilige Kultur sogar die Wahrnehmung unserer Welt steuert; sie bietet uns ein Orientierungssystem zur Sinnkonstitution und hält standardisierte Verhaltensweisen sprachlicher und nicht-sprachlicher Art zur Bewältigung des Lebens in eben dieser Kultur bereit.

Die hier folgende Arbeitsdefinition von Kultur fokussiert vor allem die Steue-
rungsfunktion von Kultur und ihre Sinnangebote:

- Kultur stellt ihren Mitgliedern Verhaltensroutinen zur Bewältigung von ,empi-
  risch erwartbaren' Lebenssituationen zur Verfügung. Dabei wirken verbale,
  para-verbale (Als para-verbal werden akustisch wahrnehmbare Signale in der
  Kommunikation bezeichnet, die nicht als ,Wort' aufzufassen sind, etwa Stimm-
  melodie, Sprechtempo, Lautstärke, während der Begriff nonverbal Gestik,
  Mimik, Abstand im Raum und Ähnliches umfasst) und non-verbale Elemente
  in komplexer Weise zusammen, wie etwa in der ,angemessenen' Form einer
  Begrüßung. Wer was in welcher Weise sagt und welche begleitenden mimischen und/oder gestischen Handlungen zu vollziehen sind, ist Teil der kulturellen Kompetenz der Mitglieder der jeweiligen Kultur.
- Derartiges kulturelles Wissen wird in der kulturellen Sozialisation (Enkulturation) erlernt und kulturell tradiert.
- Kultur ist ein welterklärendes und handlungssteuerndes System von nicht hin-
  terfragten Selbstverständlichkeiten.
- Diese Selbstverständlichkeit von Kultur ist der Grund für ihren nahezu herme-
  tischen Charakter, und zwar sowohl aus der Binnensicht ihrer Teilhaber, die
  meist kaum etwas über ihre eigene Kultur wissen, als auch aus der Außenperspektive, da sich ,Kultur' kaum explizit zeigt, sondern sich meist nur indirekt
  und näherungsweise – wenn überhaupt – erschließen lässt.
- Handlungssteuernd sind vor allem Werte, Einstellungen und Überzeugungen.
- Über ihre Kultur vergewissern sich die Angehörigen einer (Kultur-)Gemein-
  schaft ihrer sozialen Identität.
- Im Prozess des Erwerbs und der Aufrechterhaltung dieser Identität werden die
  innerhalb der Gruppe wahrgenommenen Unterschiede zum Zweck der Gruppenkohäsion minimiert (,Wir-Gefühl', *In-Group* nach innen).
- Die Unterschiede nach außen, gegenüber ,Fremden', werden dagegen maxi-
  miert, die ,anderen' werden als *Out- Group,* klassifiziert. Auch dies dient der
  Kohäsion der eigenen Gruppe.
- Kulturelle Gruppen besitzen die Tendenz, ihre Identität vor allem antagonistisch zu definieren, im scharf akzentuierten Gegensatz von In-Group und Out-
  Group. Dabei spielen die tatsächlichen Unterschiede zwischen den Gruppen
  häufig eine untergeordnete Rolle, da es vor allem um die Bindewirkung nach
  innen geht.
- Nicht-antagonistische Selbstdefinitionen erscheinen grundsätzlich möglich,
  sind aber bisher empirisch kaum nachweisbar.

Weitere Annahmen über Kultur:

- Keine Kultur ist völlig homogen und ohne innere Widersprüche.
- Keine Kultur lässt sich erschöpfend (exhaustiv) erfassen und inventarisieren.
- Keine Kultur ist jemals statisch, sondern in ständiger Veränderung begriffen

Menschen, die eine Zeitlang zusammen arbeiten wollen oder müssen, sollten sich mit den kulturellen Hintergründen der jeweils anderen Beteiligten vertraut machen. Das bedeutet:

• eine professionelle Gestaltung der kulturellen Überlappungen, z. B. durch Aushandeln gemeinsamer Kommunikationsregeln und ‚Abkommen‘ über Arbeitsweisen oder eine Aufgabenteilung, die auf gemeinsam festgestellten Stärken und Schwächen basiert („Wer kann was am Besten?")
• ein behutsamer Umgang mit Selbst- und Fremdbildern und mehr oder weniger latenten Stereotypen
• die Fähigkeit des aktiven Zuhörens, um einander Rückmeldung über den Kommunikationsprozess geben zu können

Um dies zu erreichen, muss der übliche Katalog der Ziele für ein interkulturelles Training erweitert werden, und zwar um eine metakulturelle Dimension.

Die Summe der Regeln, die Teilnehmer einer Gruppe gemeinsam aufgestellt haben, kann als artifizielle Team- oder Konsens-Kultur bezeichnet werden. Dabei stehen die Gruppen im Mittelpunkt, die nur zeitlich befristet zusammen arbeiten. Die Mitglieder solcher Gruppen müssen ihre kulturelle Identität nicht aufgeben, sondern Teile davon eventuell vorübergehend zurücknehmen. Sie bleiben ‚sie selber‘ und können jederzeit ihre ‚authentische‘ kulturelle Identität reaktivieren. Die notwendigen mentalen Anpassungen hängen von dem jeweilig verfügbaren Repertoire an Rollen ab. Daraus werden auf der Basis von disponiblem Verhalten die jeweils zu befolgenden Verhaltensmuster abgeleitet.

Gruppenkohäsion muss, besonders in interkulturellen Teams, aktiv gefördert werden. Eine Möglichkeit ist es, starke Symbole zu finden, die aus den gemeinsamen Werten und Zielen abgeleitet werden.

4.11.2 Metakulturelle Prozesskompetenz

Mitglieder interkultureller Teams sollen in der Lage sein,

• über kulturell verursachte Unterschiede im Kommunikationsverhalten vergleichend reden zu können
• mit solchen kulturellen Unterschieden konstruktiv umgehen zu können
• kulturelle Differenzen nutzen, um Synergieeffekte zu erzielen.

Auf der sprachlichen Ebene müssen Teilnehmer

• kulturell determinierte Kommunikationsstile sowie die resultierenden Konflikte erkennen können
• über bestimmte Institutionen, soziale und politische Phänomene ihres Herkunftslandes angemessen Auskunft geben können.

Mitglieder interkultureller Gruppen sollten ihre eigene Kultur so sehen können, *wie andere sie sehen*. Dabei müssen Bewertungen und Stereotypen möglichst vermieden werden.

Wenn das alle Mitglieder tun, können die verschiedenen kulturellen Orientierungen der Interagierenden identifiziert werden. Anschließend kann ein kommunikativer Kompromiss ausgearbeitet werden.

4.12   Das Kulturelle Differenzial als Werkzeug

Trotz der zahlreichen Vorbehalte gegenüber dem Modell der Kulturdimensionen kann es hilfreich sein, den Trainees einen Überblick über die Bandbreite kultureller Orientierungen zu geben. Dies ist der Zweck des Kulturellen Differenzials. Es wurde vom Autor 2016 erstellt und wird hier als bisher unveröffentlichte Arbeitsversion erstmals publiziert. Es listet eine Vielzahl von Möglichkeiten auf, in denen sich kulturelle Gruppen unterscheiden können. Da diese unterschiedlichen Möglichkeiten, ‚die Welt zu sehen', den Beteiligten in aller Regel nicht bekannt sind, kann die folgende Liste als Anregung für Gruppen dienen, ihre eigenen kulturellen Orientierungen zu reflektieren. Der Einsatz dieses Werkzeugs erfolgt als Referat des Moderators. Die Teilnehmer wählen anschließend ca. 10 der dargestellten kulturellen Orientierungen (z. B. Zeitmanagement, Hierarchie, Direktheitsgrad usw.) aus und bestimmen, welche Position sie selber auf einem gedachten Polaritätsprofil einnehmen, also ob z. B. sie eher direkt kommunizieren und dieses für richtig und aufrichtig halten oder ob sie einen andeutenden, gesichtswahrenden Stil bevorzugen. Auch hier greift natürlich der Vorbehalt, dass es sich um eine ‚westliche' Methode handelt. Hier ein Auszug aus dem Kulturellen Differenzial.

Zusammenstellung der Kulturdimensionen im Überblick

1. Natur und Welt: Wie die Dinge sind
    1.1 Umwelt
    1.2 Die Natur des Menschen
2. Chronemik: Zeit und Planung
    2.1 Fokus: monochron- polychron
    2.2 Zeithorizont und Planungsvorlauf
3. Aktionsstil: Tun oder Sein
4. Kommunikationsstil: Hohe versus Niedrige Kontextorientierung *(Low Context versus High Context)*
5. Sprecherwechselorganisation *(turn taking)*
6. Lautstärke (lauter oder leiser als meine eigene)
7. Proxemik: Raumverhalten
8. Körperkontakt: Intensiver versus zurückhaltender Kontakt *(High versus Low Contact)*
9. Okulesik: Blickvermeidung versus Blickkontakt

10. Olfaktorik: Geruchswahrnehmungen in kultureller Variation
11. Austauschverhalten (Einladungen, Besuche, Geschenke) (Einladungen in den Privaten Raum versus Einladung im Öffentlichen Raum)
12. Machtdistanz (Hohe versus Niedrige Akzeptanz von Ungleichheit)
13. Individualismus versus Kollektivismus
14. Sachorientierung versus Beziehungsorientierung
15. *Locus of Control:* Individuum (ich bin ‚Herr der Lage‘) versus ‚andere Mächte außerhalb meiner Kontrolle sind mächtiger als ich‘
16. Wettbewerbsorientierung: Hohe Wettbewerbsorientierung versus Lebensqualität (*quality of life, male vs. female* nach Hofstede)
17. Rollenverteilung Mann – Frau:
    - Ausgeprägte Männliche Dominanz
    - ausgeprägte weibliche Dominanz
    - Gleichberechtigung
18. Schuldkulturen versus Schamkulturen
19. Strukturiertheitserwartung: Hoch versus niedrig
20. Sicherheitsdenken: Risikovermeidung versus Fatalismus
21. Förmlichkeit und Ritualisierung: Hohe Förmlichkeit versus Geringe Förmlichkeit
22. Universalismus versus Partikularismus
23. Affektkontrolle: Hohe Expressivität versus Zurückhaltung von Emotionen (niedrige Expressivität)
24. Geschlossene Gesellschaft (*Village Community*) versus offene Gesellschaft (*Settlement Community*)
25. Spezifische versus diffundierende Gesellschaft (*specific versus diffuse* nach Trompenaars)
26. Status: Erworbener Versus zugeschriebener Status (*achievement versus ascription*)
27. Gesichtswahrung (*Face*) Hoch versus niedrig
28. Konfliktlösungsstil: klärend, Konfrontativ versus Konfliktleugnung oder Konfliktvermeidung
29. Öffentlich zugängliche Person versus Privatheit (*Peach-Coconut*-Modell nach Kurt Lewin: Pragmatisch-funktionale Beziehung versus Freundschaft ‚für ein Leben‘)
30. Rational-szientifisches Weltmodell versus ‚vormodernes‘ magisches Weltmodell
31. Religion: Säkularisiert (Religion ist ‚Privatsache‘), Religion ist fundamentale Lebensorientierung, Atheismus, Naturreligion, Ahnenkult, Mischformen, ‚Hochreligion‘
32. Wertesystem: Pluralistische Wertekonkurrenz versus fundamentalistischer Traditionalismus
33. Regierungsform: Parlamentarische Demokratie versus Herrschaft von Clans, Eliten, charismatischen Führern, Traditionellen Herrschern
34. Patriotismus: Stark ausgeprägt (nationalistisch) versus gering ausgeprägt

4.13   Nachwort

Die Trainees reflektieren, welche der aufgeführten kulturellen Variationsmöglich-
keiten für sie relevant sind und wie sie mit unterschiedlichen Präferenzen anderer
Gruppen umgehen wollen.

Es geht hier also nicht mehr um das reine Erlernen von Daten und Fakten einer
‚Zielkultur‘. Vielmehr ist es ein exploratives Vorgehen, in dem der Kommunikationsprozess selbst aktiv gestaltet wird. Deshalb reden wir von einer ‚Prozesskompetenz‘ unter Einbeziehung kultureller Faktoren. Die erworbene metakulturelle
Prozesskompetenz wird anschließend in das ‚normale‘, sachorientierte Arbeitsverhalten übernommen, in dem keine einzelne ‚Kultur‘ dominant gesetzt und das
volle Potenzial kultureller Diversität ausgeschöpft werden kann.

Literatur

Adler, Nancy (1997/³2002): International Dimensions of Organizational Behavior. Cinninati.
Anderson, Benedict (2005): Die Erfindung der Nation. Frankfurt a.m./New York.
Beley, Getinet (1993): Toward a paradigm shift for international and intercultural communica-
     tion: New research directions. In: Communication Yearbook, Bd. 16. Beverly Hills, 295–306.
Bell, Arthur H. (1992): Business communication: Toward 2000. Cincinnati.
Berry, John (1989): Psychology of Acculturation. In: Brislin, R. (Hg.): Applied Cross-Cultural
     Psychology. London, 232–253.
Bolten, Jürgen (1999): Intercultural business communication: An interactive approach. In. Lovitt,
     C. R./Goswami, D. (Hg.): Exploring the rhetoric of international professional communica-
     tion. New York, 139–156.
Casmir, Fred (1993): Third Culture Building: A Paradigm Shift for International and Intercultural
     Communication. In: Communication Yearbook 16. Beverly Hills, 407–424.
Casmir, Fred (1999): Foundation for the study of intercultural communication based on a
     third-culture building model. In: International Journal of Intercultural Relations 23/1, 91–116.
Gardner, R. C./Lambert, W. E. (1972): Attitudes and motivation in second language learning.
     Rowley.
Hobsbawm, Eric (1991): Nationen und Nationalismus. Mythos und Realität seit 1780. Frankfurt
     a.M./New York.
Hofstede, Geert (1980/Abridged Edition 1984): Culture`s Consequences. International Differen-
     ces in Work-Related Values. Beverly Hills/London.
Hroch, Miroslav (2005): Das Europa der Nationen. Die moderne Nationsbildung im europäi-
     schen Vergleich. Göttingen.
Kenan, Engin (2013): Nation-Building – Theoretische Betrachtung und Fallbeispiel Irak. Baden
     Baden.
Matoba, Kazuma (2002): Dialogue process as communication training for multicultural organiza-
     tions. In: Schiereck, D. (Hg.): Wittner Jahrbuch. Marburg.
Nonaka, Ikujiro/Hirotaka Takeuchi (1995): The Knowledge-Creating Company: How Japanese
     Companies Create the Dynamics of Innovation. New York.
Shuter, Robert (1993): On third-culture building. In: Communication Yearbook, Bd. 16. Beverly
     Hills, 429–436.
Weichlein, Siegfried (2006): Nationalbewegungen und Nationalismus in Europa. Ein For-
     schungsüberblick. In: Neue Politische Literatur 51/2–3, 265–351.

Interkulturalität neu denken: Strukturprozessuale Perspektiven

5

Jürgen Bolten

5.1 Einleitung

Die Frage, ob Interkulturalität neu zu denken sei, eröffnet Spielraum für möglicherweise sehr unterschiedliche Argumentationszusammenhänge: Bei einem ‚Nein' als Antwort würde man erwarten, dass entweder kein weiterer Diskussionsbedarf gesehen wird und/oder man am Bestehenden festhalten sollte. Oder man gelangt zu der Ansicht, dass sich die Begrifflichkeit als solcherart unbrauchbar bzw. überholt erwiesen hat, dass eine weitere Verwendung grundsätzlich nicht mehr sinnvoll erscheint. Lautet die Antwort hingegen ‚Ja', fordert dies ebenfalls nach einer Begründung, ruft aber zudem auch unweigerlich die Frage nach dem ‚Wie' des ‚Neu Denkens' auf den Plan.

Der Beitrag prüft zunächst, ob und inwiefern ein ‚Nein' ausgeschlossen werden kann. Hierzu ist ein Blick auf aktuelle Thematisierungen des Begriffs (Abschn. 5.3) und auf seine Verwendungsgeschichte (Abschn. 5.2) hilfreich. Dabei wird deutlich, dass weder ein ‚Weiter so' noch eine Flucht in andere Begriffsfelder ratsam erscheinen. Vor diesem Hintergrund mündet der Beitrag in ein Plädoyer für ein ‚Neu Denken' des Interkulturalitätsbegriffs. Abschließend werden diesbezügliche Ideen für mögliche künftige Orientierungen eines strukturprozessualen Interkulturalitätsverständnisses skizziert (Abschn. 5.4).

J. Bolten (✉)
Interkulturelle Wirtschaftskommunikation, Universität Jena, Jena, Deutschland
E-Mail: juergen.bolten@uni-jena.de

© Springer-Verlag GmbH Deutschland, ein Teil von Springer Nature 2020
H. W. Giessen und C. Rink (Hrsg.), *Migration, Diversität und kulturelle Identitäten*,
https://doi.org/10.1007/978-3-476-04372-6_5

5.2 Status quo: Aktuelle Thematisierungen von „Interkulturalität"

Im Vergleich zu Begriffsverwendungen indizieren Begriffsthematisierungen immer ein Diskurs- oder zumindest Reflexionsinteresse: Bedeutungen haben sich verschoben, Definitionen erscheinen nicht (mehr) plausibel. Man thematisiert einen Begriff, wenn Zweifel hinsichtlich seines Verwendungszusammenhangs bestehen. Und genau dies scheint in Bezug auf das Begriffsfeld ‚interkulturell'/‚Interkulturalität' in den vergangenen zehn Jahren in besonders ausgeprägter Weise der Fall gewesen zu sein.

Rolf Elberfelds wissenschaftshistorische Bestandsaufnahme der „Forschungsperspektive ‚Interkulturalität'" (2008) zählt zu den umfassendsten dieser Thematisierungsarbeiten. Motiviert ist sie durch ein Unbehagen an Neologismen, die sich um die Wortmarke ‚interkulturell' herum etabliert und nicht nur begriffliche Unschärfe, sondern auch wenig zielführende semantische Kämpfe nach sich gezogen haben:

> Immer häufiger kommt es vor, dass die verschiedenen, bestimmten Schlagwörtern verpflichteten Schulen sich um Abgrenzung mehr bemühen als um Sachprobleme. Es scheint daher an der Zeit, die verschiedenen Diskurse und ihre jeweiligen Reflexionsbegriffe einer Analyse zu unterziehen, um auf diese Weise mit größerer Unabhängigkeit von Schlagwörtern auf die Sachprobleme zurückzukommen. (Elberfeld 2008: 10)

Im Ergebnis mündet Elberfelds begriffs- und diskursgeschichtliche Analyse in der Entscheidung „dem Wort ‚Interkulturalität' […] den Vorzug vor dem Wort ‚Transkulturalität' zu geben, das vor allem in der Adjektivform einen zu stark universalistischen Klang besitzt" (ebd., 25). Grundlegend für diese Entscheidung seien, so Elberfeld, die mit dem Präfix *inter-* verknüpften Perspektiven von ‚Wechselseitigkeit/Gegenseitigkeit' und ‚Vermittlung'. Auf diese Weise ließe sich „eine Wissensdynamik profilieren, die auf der einen Seite mit kulturellen Differenzen rechnet – auf welchen Ebene auch immer – und auf der anderen Seite die mögliche gemeinsame und vermittelnde Zusammenarbeit betont" (ebd., 26).

Die Intention, eine solche Wissensdynamik darstellen zu wollen, Wissenschaft und Wissensordnungen als Resultate globalgeschichtlicher Kommunikations- aber auch Machtprozesse zu verstehen, lässt sich mit einer Deutung von *inter-*, die im Sinne eines ‚Zwischen' auf einen *Vergleich* voneinander vermeintlich unabhängiger Gegenstandbereiche zielt, nicht vereinbaren. Sie lässt sich auch nicht vereinbaren mit einem Verständnis, das „moderne Wissenschaft", wie es seit Max Weber gerne getan wird, auf den „westlichen Kulturraum" (Münch 1990: 56) fixiert und es in seiner Gültigkeit absolut setzt. Gerade hier verbindet sich Elberfelds Plädoyer für ein dynamisch und interaktional fundiertes Interkulturalitätsverständnis mit der Absicht eines wissenschaftstheoretischen Paradigmenwechsels hin zu einem ganzheitlichen Verständnis von Wissenschaft: Ausgehend von asiatischen Wissensverständnissen könne, so Elberfeld, „die Theorie-Praxis-Unterscheidung neu bestimmt oder sogar gänzlich aufgelöst bzw. irrelevant werden,

mit der in Europa immer noch mit großer Selbstverständlichkeit ganze Wissens-
bereiche untereinander abgetrennt werden" (Elberfeld 2008: 8 f.).

Dieses für analytisches Denken charakteristische Abtrennen und Separieren
begünstigt die Spezifizierung und Ausdifferenzierung wissenschaftlichen Wissens,
verleitet aber auch dazu zu trennen, was faktisch nicht getrennt ist; Gegenstands-
bereiche dadurch als in sich stimmig bzw. widerspruchsfrei und ‚homogen' aus-
zugeben, dass man sie methodisch auf dem Wege des Vergleichs von ‚Anderem'
abgrenzt und solchermaßen ihre Identität schleift bzw. im Sinne des Herderschen
Kugelmodells ‚abrundet'. Ein hierauf aufbauendes *inter*kulturelles Verständnis orientiert sich an kulturvergleichenden oder kulturkontrastiven Sichtweisen,
die – als Momentaufnahmen – immer auch substantiierend, verfestigend und
typenbildend wirken. Perspektiven eines dynamischen *inter-* liefen dem damit
verbundenen Erkenntnisinteresse zuwider, weil sich mit dem Blick auf die Vernet-
zungsdynamiken, die zwischen den Akteuren bestehen, entsprechende Homogeni-
tätskonstruktionen ‚verflüssigen' und sich jener klaren Abgrenzbarkeit entziehen
würden, die für „Science" als konstitutiv angesehen wird.

> Zumindest in der westlichen Welt werden [...] Systeme in Teile zerlegt, um sie einzeln
> bearbeiten zu können. Der Begriff der Wissenschaft ist aus dieser reduktionistischen
> Sichtweise entstanden: ‚Science' leitet sich aus dem indogermanischen Wortstamm ‚skei-'
> ab, das ‚Trennung' oder ‚Seperation' bedeutet. Probleme werden in Teile zerlegt, um sie
> besser bearbeiten zu können [...] und die ganzheitliche Anschauung wird ausgeklammert
> (Zenk/Behrend 2010: 212).

Vor diesem Hintergrund indiziert Elberfelds Entscheidung für einen dynamisch
verstandenen Interkulturalitätsbegriff den Wechsel von einem analytischen
zu einem ganzheitlichen Wissenschaftsverständnis. In ähnlicher Weise argu-
mentiert – unter Bezugnahme auf den Gegenstandsbereich der interkulturellen
Kommunikationsforschung – Helene Haas (2009). Sie geht davon aus, dass sich
das von ihr identifizierte „interkulturelle Paradigma", so der Titel ihrer Bestandsaufnahme, überlebt habe. Diesem Paradigma zufolge seien „ethische Kollektive –
Stämme, Völker und Nationen – abgrenzbare, homogene, kohärente und stabile Einheiten, die das Denken und Handeln ihrer Mitglieder nachhaltig prägen"
(Haas 2009: 12). Mit dem Hinweis auf Ulrich Becks Unterscheidung zwischen
dem exkludierenden „Container"-Denken der „Ersten Moderne" und der globali-
sierungsbedingt ganzheitlicheren Perspektive der „Zweiten Moderne" (Beck 1997:
115 f.) spricht sich Haas für einen Paradigmenwechsel aus, der auf ein offenes,
differenz- und netzwerkorientiertes Kulturverständnis referiert (Haas 2009: 175 f.)
und – ebenfalls mit Blick auf Entwicklungen außerhalb des euroamerikanischen
Kontextes – „das Denken in Dichotomien" überwinden hilft (ebd., 170). Den
Anlass des als „dringend notwendig" beschriebenen Paradigmenwechsels (ebd.,
177) bilden die Veränderungen des Kulturverständnisses insbesondere seit den
neunziger Jahren (vgl. Bolten 2004; Hansen 2007; Rathje 2009). Wo kulturelle
Homogenitätsannahmen angesichts omnipräsenter globaler und glokaler (Robertson 1998) Akteurs-Interdependenzen offenkundig nicht mehr überzeugen können,

wo die Kommunikation kultureller Mehrfachzugehörigkeiten vor Augen führt, wie heterogen Kulturen und wie unscharf ihre Grenzlinien sind, gilt die entsprechende „fuzzyness" auch für Interkulturalitätskonzeptionen (Bolten 2011). Ein vergleichend und nicht dynamisch verstandenes *inter-* gerät selbstredend in Verdacht zu kulturalisieren, Homogenität zu konstruieren, wo faktisch keine ist. Interkulturalitätskonzepte, die auf der Basis von Kulturdimensionen oder -standards mit nationalkulturellen Vergleichen operieren, wirken inzwischen selbst dort, wo kompakte „Ländertrainings" noch auf dem Plan stehen, „etwas angestaubt, fast obsolet" (Welsch 1994: 147).

Wenn ein ‚Weiter so!' nicht glaubhaft vermittelt werden kann, bleiben, wie erwähnt, die Optionen, den Interkulturalitätsbegriff aufzugeben oder ihn aber neu zu denken. Vorschläge für ein ‚Rethinking Interculturality' sind in den vergangenen Jahren vermehrt formuliert worden (vgl. u. a. Bolten 2004, 2016; Moosmüller 2007; Elberfeld 2008; Rathje 2009; Leeds-Hurwitz 2010; Conti 2011; Dervin 2011; Yildirim-Krannig 2014; Busch 2014; Jammal 2014; Aydt 2015; Schmitz 2015; Sorrells/Sekimoto 2015). Versuche den Interkulturalitätsbegriff zu dekonstruieren und durch (den Rekurs auf) Bezeichnungen wie „Transkulturalität" (Welsch, 1992), Multikultur 2.0 (Stemmler 2011), „Transdifferenz" (Lösch 2005; Srubar 2009), „Kulturreflexivität" (Nazarkiewicz 2016) zu ersetzen, hat es in unterschiedlichsten Varianten gegeben.

Vor diesem Hintergrund stellt sich die Frage, warum – oder besser: ob und wenn ja, unter welchen konzeptionellen Voraussetzungen – sich der Interkulturalitätsbegriff behaupten und seine Brauchbarkeit unter Beweis stellen kann. Ein einleitender Blick auf die Bedeutungsgeschichte der Begriffe ‚interkulturell' und ‚Interkulturalität' seit ihren frühen Verwendungsnachweisen im ersten Drittel des 20.Jahrhunderts soll zunächst die Entwicklung der Umstände veranschaulichen, die dazu beigetragen haben, dass der Begriff ‚Interkulturalität' heute an der Grenze zur Unbrauchbarkeit schillernd erscheint.

5.3   Status quo ante: „Interkulturalität" aus wissenschaftshistorischer Sicht

Über die Ursachen dieses aktuell beklagten semantischen Horizontverlustes lässt sich fast genau so trefflich streiten wie über die Begrifflichkeit ‚Interkulturalität' selbst. Fest steht, dass hierbei sehr unterschiedliche Gründe zum Tragen kommen. Eine wichtige Rolle spielt dabei sicherlich die Tatsache, dass ‚Interkulturalität' als Gegenstandsbereich in sehr unterschiedlichen Fachdisziplinen wie Sprach- und Literaturwissenschaft, Ethnologie, Kulturanthropologie, Philosophie, Psychologie, Pädagogik, Wirtschaftswissenschaft oder Geographie beheimatet ist. Das erschwert den fachlichen Austausch und erst recht interdisziplinäre Brückenschläge, die zu einem konsistenten Fachverständnis führen könnten. Was sich in wissenschaftskultureller Hinsicht daher durchaus zutreffend mit dem Bild einer Insellandschaft beschreiben lässt (Henze 2016), wird dadurch verstärkt, dass ‚Interkulturalität' inzwischen nahezu weltweit auf Forschungsinteresse stößt, wodurch sich die Vielfalt der disziplinären Perspektiven in sprachlicher und geographischer Hinsicht noch einmal potenziert. Wie unterschiedlich Erkenntnisinteressen und methodische Zugänge zum Gegenstandsbereich ‚Interkulturalität' sein können, belegt – mit Berichten aus sieben Weltregionen – das 2009 von D. Deardorff herausgegebene *Handbook of Intercultural Competence.* Dass der mit dem Handbuch vorgelegte Versuch, einen gemeinsamen Nenner zwischen den unterschiedlichen Positionen finden zu wollen, seinerseits wieder als Ausdruck westlicher Normorientierungen kritisiert wird (Busch 2014), ist indes wenig verwunderlich und bestätigt mit der Kulturabhängigkeit interkultureller Forschung auch deren Heterogenität.

Rekapituliert man die bedeutungsgeschichtliche Entwicklung von ‚Interkulturalität', fällt auf, dass der Begriff ursprünglich in denselben semantischen Bereichen verankert ist, auf die sich etymologisch auch der Kulturbegriff bezieht. So wie lat. *cultum* als Partizip Perfekt Passiv von *colere* (‚etwas ist gepflegt worden') auf (a) Natur (‚Ackerbau treiben'), (b) Imaginatives *(cultura Dei)*, (c) Individuelles *(cultura animi)* und (d) Soziales *(colonus)* referiert und in Herkunftswörterbüchern stets auf diese vier Bedeutungsbereiche von „Kultur" verwiesen wird (Bolten 2015: 38 f.), wird auch das Wort ‚interkulturell' – bereits in seinen ersten Nachweisen in den 1920er und 30er Jahren des vergangenen Jahrhunderts[1] – mit Bezug auf genau diese vier semantischen Felder verwendet:

Der erste Nachweis stammt aus den Naturwissenschaften (a) und findet sich in dem Aufsatz „The effect of intercultural practices on temperatures and humidity in citrus orchards" von F. C. Crider (1922). Ebenfalls in der Bedeutung von Austauschhandeln und Relationalität wird der Begriff wenig später in der Religionswissenschaft (b) verwendet (Baker 1929; Hocking 1934; Joshi 1934) – und zwar im Kontext der seinerzeit noch diskutierten Möglichkeiten zur Ausbildung einer Weltreligion. Das daran geknüpfte „Weltgewissen", wird hier – primär prozessual – verstanden als „inevitable result oft the intercultural relationship in the modern world" (Baker 1929: 480). Etwa zur gleichen Zeit, aber nicht auf die *cultura Dei,* sondern auf die *cultura animi* (c) bezogen, führt Husserl den Begriff in die deutsche Sprache ein. Er beschreibt, vermutlich ebenfalls unter dem Eindruck des Internationalisierungsschubs der 1920er Jahre, „interkulturelle Erfahrung und die Wesensformen möglicher wechselseitiger Korrekturen" (Husserl 1931/1973: 233) als wesentlichen Aspekt der hermeneutischen „Synthesis" meiner „Heimwelt" mit derjenigen des „Fremden" (ebd.). Aus einer solchen soziokulturellen Perspektive (d) entwickelte sich eine entsprechende ‚Fremdhermeneutik' zur gleichen Zeit in den USA zu einem wichtigen Diskussionsgegenstand: Angesichts von nahezu 20 Mio. Immigranten in den ersten drei Jahrzehnten des 20. Jahrhunderts[2] wurde die kontroverse Diskussion, ob Anpassung im Sinne von „americanization" oder von Multikulturalität im Sinne von „cultural pluralism" den besseren

---

[1] Ich beziehe mich nachfolgend zu großen Teilen auf die Ergebnisse der wissenschaftshistorisch sehr aufschlussreichen Untersuchung von Elberfeld (2008).

[2] Vgl. http://de.statista.com/statistik/daten/studie/265972/umfrage/immigration-in-die-usa/.

Weg darstellen (Elberfeld 2008: 12) von erziehungswissenschaftlicher Seite aufgegriffen. Insbesondere Rachel Dubois engagierte sich in diesem Zusammenhang
besonders stark. Sie führte den Begriff „intercultural education" in die Pädagogik ein (Dubois 1938) und initiierte das Service Bureau for Intercultural Education in New York (Elberfeld 2008: 13). Die Aufgabe interkultureller Erziehung
bestand für sie vor allem in der Beförderung ethnischer und religiöser Toleranz,
wobei sie im Rahmen ihrer Radioserie „American All – Immigrant All"[3] diverse
Immigrantengruppen zur Wort kommen ließ und damit öffentlichkeitswirksam
Wissen über kulturelle Unterschiede vermitteln konnte. Die Betrachterperspektive
war allerdings letztlich eine eher kulturvergleichende, wie die Titel einzelner Sendungen nahelegen: „Italians In the United States", „Near East Peoples In the United States" oder „Jews In America" (vgl. Anm. 4).

Vermutlich beeinflusst von der Intercultural Education Movement fand die
Bezeichnung ‚intercultural' spätestens in den frühen 1940er Jahren Eingang in
die Arbeiten des anthropologisch orientierten New Yorker Institute for Intercultural Studies, das u. a. von Gregory Bateson, Ruth Benedict und Margaret Mead
gegründet worden war. Ein wesentliches Ziel des Instituts bestand in der Ausarbeitung von Nationalcharakterstudien, die dem US-Militär zu Zwecken einer
erfolgreichen Kriegsführung zur Verfügung gestellt wurden (vgl. Elberfeld 2008:
14). Unbeschadet der Problematik solcher Zielsetzungen scheint die Aussagekraft
der Ergebnisse jedoch beeindruckend genug gewesen zu sein, um methodisch der
(national-)kulturvergleichenden Sichtweise für die ersten Jahrzehnte nach dem
Zweiten Weltkrieg eine Dominanzstellung zu sichern. Anders als in den 1920er
und 30er Jahren, als mit ‚interkulturell' vielfach auch Austausch- bzw. Dialog-
prozesse bezeichnet wurden (a)–(c), begannen sich jetzt – vornehmlich in den
Sozialwissenschaften – Strukturperspektiven des Interkulturalitätsverständnisses
durchzusetzen. Durchaus in Entsprechung zu den politischen und wirtschaftlichen
Blockbildungen der Nachkriegsjahrzehnte zielten die Erwartungen zumindest
in globaler Hinsicht weniger auf Fragen eines interaktiven Miteinanders als auf
solche der Sicherung eines friedlichen Nebeneinanders. Für das Verständnis des
‚Anderen', für die Erfassung des ‚Fremdkulturellen', schienen kulturvergleichende
Ansätze am Besten geeignet.

Edward T. Hall, dem zugeschrieben wird, die Bezeichnung „intercultural communication" zuerst verwendet zu haben (Hall 1959/1990: IX), griff ab den frühen fünfziger Jahren im Rahmen seiner Konzeption von Trainingsprogrammen
für US-Entwicklungshelfer die anthropologische Tradition der Cultural Studies
auf. Er entwickelte binär konstruierte Beschreibungsdimensionen („polycro-
nic" vs. „monochronic"; „high context cultures" vs. „low context cultures" usw.;
vgl. Schmitz 2015: 51) und ebnete damit den Weg für empirisch-nationalkultur-
vergleichende Forschungsarbeiten wie die von Hofstede, Trompenaars oder
auch die Globe Studie, die sich teilweise bis in die Gegenwart hinein als überaus

---

[3]Zu den Inhalten der 1938/39 produzierten 26 Sendungen siehe http://www.digitaldeliftp.com/
DigitalDeliToo/dd2jb-Americans-All-Immigrants-All.html.

wirkmächtig erwiesen haben. ‚Interkulturalität' bezeichnet in diesen Studien nicht Austauschprozesse, sondern ausschließlich Strukturvergleiche. Wenn in Publikationen des letzten Jahrhundertdrittels auffallend häufig von ‚interkulturellen Vergleichen' gesprochen wird, de facto aber kulturelle Vergleiche gemeint sind[4] (vgl. Elberfeld 2008: 16; Bolten 2015: 135 ff.), ist der Verdacht naheliegend, dass bei der Entscheidung für eine Verwendung des Adjektivs ‚interkulturell' nicht zuletzt auch die Popularität der Wortmarke im öffentlichen bzw. wissenschaftlichen Sprachgebrauch leitend gewesen sein dürfte.

Problematisch wird es, wenn bei einer *contradictio in adjecto* wie ‚interkultureller Vergleich' die Wortmarke ‚Vergleich' – etwa aus sprachökonomischen Gründen – weggelassen und nur noch von ‚interkulturell' gesprochen wird (aber weiterhin der Strukturaspekt gemeint ist). Forschungsarbeiten in der Tradition Hofstedes (Schmitz 2015: 51 ff.), aber auch zahlreiche wirtschaftswissenschaftliche Arbeiten zum ‚Interkulturellen Management' der 1990er und 2000er Jahre zählen hierzu, weil sie faktisch kulturvergleichend arbeiten, aber nur in der Minderheit Austauschprozesse zwischen kulturellen Akteursfeldern thematisieren (Bolten 2015: 236 ff.). Besonders hartnäckig gilt dies für das Themenfeld ‚Interkulturelles Marketing', das überwiegend kulturvergleichende Ansätze beinhaltet und erst in den letzten Jahren im Rahmen der Entwicklung von Marketing 2.0 Konzeptionen interaktive Perspektiven einzubeziehen versucht hat.

Vor diesem Hintergrund lässt sich das wachsende Unbehagen an der Verwendung des Adjektivs ‚interkulturell' in den neunziger Jahren nachvollziehen, weil anhand von Buch- oder Zeitschriftentiteln nicht immer unmittelbar ersichtlich wurde, ob damit eher Struktur- oder Prozessperspektiven verbunden waren.

Mögliche Reaktionen bestehen in solchen Situationen, wie gesagt, darin semantische Inkonsistenzen zu thematisieren, um Begrifflichkeiten zu retten, andere darin, verwässerte Begriffsfelder zu verlassen und durch geeigneter erscheinende zu ersetzen.

Thematisierungen erfolgten insbesondere im Rahmen von Reflexionen zu unterschiedlichen Zielsetzungen von *cross cultural* und *intercultural* Konzepten, von ‚Multikulturalität' und ‚Interkulturalität'.

Im deutschen Sprachgebrauch etablierte sich in diesem Zusammenhang die semantische Differenz zwischen ‚Multikulturalität' und ‚Interkulturalität' als die von strukturellem Nebeneinander (Parallelgesellschaften) und prozessualem, kohäsionsorientiertem Miteinander (Dialog zwischen den Kulturen; vgl. Rathje 2004; Müller-Jacquier 2004; Bolten 2015: 114). Bezogen auf den internationalen Diskurs waren mit dieser Unterscheidung Missverständnisse allerdings keinesfalls ausgeräumt: im angloamerikanischen Raum ist die Wortmarke *multicultural* seit den 1940er Jahren belegt und bezeichnet dort zunächst die Vielfältigkeit kultureller Erfahrungen des Einzelnen, also etwa das, was im Deutschen heute mit ‚Multikollektivität' oder ‚Multirelationalität' bezeichnet wird (ebd., 50): „[…] we, being

---

[4]Ein „interkultureller Vergleich" fände auf einer Metaebene statt und würde aus der Prozessperspektive – der Vergleich zwischen zwei interkulturellen Situationen betreffen.

children of the great age of transportation and communication, have contacts with many languages, many faiths, and many nations. We are multicultural" (Haskell 1941: 321).

Diese eher prozessorientierte Sichtweise konkurrierte in US-amerikanischen Multikulturalitätsdiskursen insbesondere der 1980er Jahre mit strukturorientierten Positionen des „cultural pluralism" (vgl. Sollors 1998: 65 f.) und konnte sich letztlich nicht durchsetzen. Festzuhalten ist allerdings eine gewisse Affinität zum Begriff ‚transkulturell', und zwar dort, wo das Präfix *trans-* in der Bedeutung von ‚quer durch das Kulturelle hindurch' auf einer Makroebene jene gegenseitige Durchdringung unterschiedlicher kultureller Einflüsse dokumentiert, die Haskell in der Reflexion seiner eigenen polyglotten Sozialisation aus der Mikroperspektive als *multicultural* beschreibt. In dieser Bedeutung des gegenseitigen Durchdringens führte der kubanische Anthropologe Fernando Ortiz 1940 den Begriff ‚transculturacion' ein: „I am of the opinion that the word ‚transculturaction' better expresses the different phases of the process of transition from one culture to another" (Ortiz 1940/2003). Der „process of transition" wird dabei als offener Wandlungsprozess gedacht, bei dem nicht mehr eindeutig erkennbar ist, welche Strukturelemente welchen Ursprungs sind. In der Tradition dieses lateinamerikanischen Transculturacion-Diskurses (vgl. Sanchez//Brühwiler 2015) traf Caccia bereits 1983 eine eindeutige definitorische Abgrenzung zwischen ‚transkulturell' und „‚inter-culturel' ou ‚multiculturel'. Ceux-ci définissent un ensemble et le circonscrivent dans un espace et un temps, alors que le transculturel ne possède pas de perimeter. C'est le passage et l'implication totale à travers et au-delà des cultures" (Caccia 1983: 299). Dadurch, dass hier die „totale Vernetzung" zum einen „jenseits" der Kulturen, zum anderen „durch sie hindurch" gedacht wird, resultieren zwei unterschiedliche Lesarten des Transkulturalitätsbegriffs.[5] Während der Aspekt des „gegenseitigen Durchdringens" kultureller Einflüsse eine hohe Anschlussfähigkeit für postnationales Denken besitzt und dem durch Containerdenken und Kulturalisierung entfachten „Kampf der Kulturen" (Huntington 1996) den „Tanz der Kulturen" (Breidenbach/Zukrigl 2000) entgegensetzt, bietet die ‚jenseits'-Bedeutung Schnittstellen zu universalistischem Denken, das beispielsweise in der ‚transkulturellen Pflege' mit Plädoyers für „intersubjektiv Menschliches" (Fischer 2005) verknüpft wird und in vermeintlich kulturfreie, damit aber auch unhistorische und in diesem Sinne statische Bereiche verweist (vgl. Domenig 2001).

Wolfgang Welsch zählt im deutschsprachigen Raum zu den einflussreichsten Initiatoren einer Revitalisierung des Transkulturalitätsbegriffs. In seiner Argumentation lassen sich zwei Phasen unterscheiden, die zumindest tendenziell dieses semantische Spektrum aufspannen: In den neunziger Jahren positionierte er – aus kulturphilosophischer Perspektive – den Transkulturalitätsgedanken zunächst vor allem in Abgrenzung zu den Kulturalisierungstendenzen und dem ‚Container'denken kulturvergleichender Studien:

---

[5]Zu Versuchen einer semantischen Differenzierung zwischen „transculturacion" und „Transkulturalität" im Sinne von Prozess- und Strukturbegriff vgl. Ernst/Freitag 2015, 15 f.

Das Konzept der Transkulturalität zielt auf ein vielmaschiges und inklusives, nicht sepe-
ratistisches und exklusives Verständnis von Kultur. Es intendiert eine Kultur und Gesellschaft, deren pragmatische Leistungen nicht in Ausgrenzungen, sondern in Anknüpfungen
und Übergängen bestehen. [...] Es gilt, unseren inneren Kompass umzustellen: von der
Konzentration auf die Polarität von Eigenem und Fremden (mit der Folge einer zumindest
gebremsten und oft nur mehr abwehrenden Reaktion auf das Fremde) hin zu einer Aufmerksamkeit auf das möglicherweise Gemeinsame und Verbindende, wo immer wir Fremdem begegnen (Welsch 1997: 3).

Im Grunde zielt ein solcher Transkulturalitätsbegriff auf ähnliches wie der zur
gleichen Zeit in kommunikations- und verhaltenswissenschaftlichen Diskursen
bereits fest etablierte interaktionistisch und prozesshaft orientierte Begriff von
Interkulturalität. Welschs Interkulturalitätsschelte wandte sich vor allem gegen
strukturorientierte Varianten des Interkulturalitätsbegriffs:

Das Interkulturalitätskonzept verfügt durch seinen ersten Zug – die Unterstellung einer
ganz anderen, eigenartigen und homogenen Verfasstheit der anderen Kulturen – die
Erfolgsunmöglichkeit all seiner weiteren, auf interkulturellen Dialog zielenden Schritte.
Die antiquierte Fiktion inkommensurabler Kulturen ruft den Wunsch nach interkulturellem Dialog hervor und verurteilt ihn zugleich zum Scheitern (Welsch 2009: 7).

Aus der Perspektive eines prozessorientierten Verständnisses von Interkulturalität stand die Kritik an „Homogenitätsprämissen" seinerzeit in gleicher Weise im
Mittelpunkt der Argumentation (Bolten 1993; Hansen 2009), so dass von dieser
Seite aus auch wenig Anlass darin gesehen wurde, die Wortmarke ‚interkulturell‘
durch die Wortmarke ‚transkulturell‘ zu ersetzen. Die Beobachtung, „dass sich die
verschiedenen Beziehungsstränge bekämpfen oder ignorieren" (Elberfeld 2008:
24) obwohl sie nicht unbedingt wesentlichen Unterschiede aufweisen (z. B. Rathje
2004; Bolten 2007; Sen 2007; Hansen 2009; Conti 2011; Ernst/Freitag 2015: 14 ff.),
trifft für die Zeit der Jahrtausendwende sicherlich in besonderem Ausmaß zu.
    Auch dies mag Welsch in seinen späteren Arbeiten zu einer definitorischen
Fortschreibung des Transkulturalitätsbegriffs geführt haben.
    Sie beschreibt ein wesentliches Dilemma, in dem sich Interkulturalitäts-
forschung heute befindet: Es geht um die Frage, welches Maß an kultureller
Strukturiertheit (und damit auch eine mehr oder minder sichtbare Abgrenzung
kultureller Akteursfelder) Interkulturalitätsforschung vertreten kann, um einerseits
weder Kulturalisierungsgefahren zu erliegen, und andererseits nicht ihren Gegenstandsbereich in Prozessperspektiven so zu verflüssigen, dass er als kulturelles
Akteursfeld nicht mehr konturierbar ist. Welsch entschied sich gegen Ende des
ersten Jahrzehnts für eine weitere Verflüssigung der prozessorientierten Perspektive des Transkulturalitätsbegriffs – mit der Konsequenz, dass Heterogenität und
damit auch Diversität unsichtbar wurden:

Der nostalgische Lobpreis der alten kulturellen Diversität ist ja heuchlerisch: er unter-
schlägt, dass das Insistieren auf ihr regelmäßig zu Ausschlüssen, Verfolgungen und
Kriegen geführt hat. Dagegen arbeitet Transkulturalität der Bildung einer Weltinnengesellschaft und einer friedlicheren Weltgesellschaft zu. Und dafür, so meine ich, sollte man
auch einige Verluste an kultureller Vielfalt in Kauf nehmen können (Welsch 2009: 14).

Die Kritik an der struktur- und differenznivellierenden Argumentation Welschs gegen Ende des ersten Dezenniums bzw. an vergleichbaren Initiativen, denen daran gelegen war, „allen Zuschreibungen von kultureller Homogenität eine Absage zu erteilen" (Langenohl u. a. 2015: 12) zielte vor allem auf die Einseitigkeit der Prozessorientierung, die faktische Grenzziehungen, asymmetrische gesellschaftliche Strukturen und Globalisierungs-Widerstände ignoriere (Lösch 2005: 40; vgl. Ernst/Freitag 2015: 14 f.).

Vor dem aktuellen Hintergrund wiedererstarkender nationaler Abgrenzungsstrategien, rechter und rechtspopulistischer Konfrontationsstrategien, die letztlich Reaktionen auf als zu schnell empfundene Veränderungsdynamiken und die damit einhergehenden Unsicherheiten darstellen (wie u. a. die Flüchtlingsströme in Richtung Europa), scheinen derzeit Denkansätze an Bedeutung zu gewinnen, die eine Mittlerposition zwischen den Polen ‚Struktur' und ‚Prozess' einnehmen. Beispiel hierfür ist die Rezeption bzw. Weiterführung von Arbeiten, die im Umkreis des Erlanger Graduiertenkollegs „Kulturhermeneutik im Zeichen von Differenz und Transdifferenz" entstanden sind (Lösch 2005: 2016). In expliziter Abgrenzung zum Transkulturalitätsbegriff des späteren Welsch (Lösch 2005: ebd., 39) erschließt die Einführung der Wortmarke ‚Transdifferenz' einen Argumentationszusammenhang, der inhaltlich in vieler Hinsicht deckungsgleich ist mit dem beschriebenen prozess- und kohäsionsorientierten Interkulturalitätsverständnis: „Der Begriff der Transdifferenz stellt die Gültigkeit binärer Differenzkonstrukte in Frage, bedeutet jedoch nicht die Aufhebung von Differenz" (Lösch 2005: 23). Differenzen bzw. Strukturen erweisen sich vielmehr als perspektivenabhängig, prozesshaft, „fuzzy" (Lösch 2005: 39; Bolten 2011).

Dass sich ‚Transdifferenz' als Äquivalenzbezeichnung für ‚Interkulturalität' (bislang) nicht durchsetzen konnte, mag an der Abstraktheit des Begriffs liegen, der für Kritiker ein „sehr verkopftes, sozial-philosophisches Konzept" (Kolle o. J.) repräsentiert, dem es an empirischer Absicherung mangele (Ha 2008: 49). Ebenfalls hinderlich für eine umfassendere Verbreitung der Bezeichnung ‚transdifferent' dürfte die Schwierigkeit einer eindeutigen Abgrenzung vom ‚neuen' prozessorientierten, auch als „Interkulturalität 2.0" bezeichneten Interkulturalitätsbegriff sein (Kolle 2015, vgl. Kalpaka/Mecheril 2010). Abzuwarten bleibt, wie sich die politisch und gesellschaftlich derzeit weltweit spürbaren Fundamentalisierungen und Widerstände gegenüber globalen Ent-grenzungen und als zu hoch empfundenen Prozessdynamiken auf Fortschreibungen des Konzepts einer eher universal verstandenen Transkulturalität auswirken werden (vgl. Wicker 2016: 44 f.). Auch hier wäre, wie aktuelle Äußerungen Welschs andeuten, eine Rückkehr zu größerem Differenzbewusstsein und damit eine Annäherung an ‚transdifferente Interkulturalitätskonzepte' nicht überraschend.[6]

---

[6]Vgl. den Beitrag von Wolfgang Welsch in diesem Band [Anmerkung der Herausgeber].

Wie auch immer: Als Quintessenz der semantischen Entwicklungen der Wort-marken ‚Interkulturalität/interkulturell' und ihres begrifflichen Umfeldes im Ver-lauf der vergangenen fast 100 Jahre konturiert sich ein Bedeutungsspektrum zwischen auf der einen Seite stärker struktur- und auf der anderen Seite stärker prozessorientierten Verständnissen. Die Entwicklungen selbst sind kontextbedingt und folgen dabei anscheinend einer impliziten Logik, die sich als binär erweist und analog zum Verhältnis von Zentrifugal- und Zentripetalkraft verhält: Domi-nanzen prozessorientierter Bedeutungen werden durch strukturorientierte Gegen-bewegungen ‚gebremst'. Schlägt das Pendel hingegen zu stark in Richtung einer Dominanz strukturorientierter Verständnisse aus, erfolgt eine Gegenreaktion aus der Prozessperspektive. Das Changieren zwischen den Polen ‚Struktur' und ‚Pro-zess' zieht – zweiwertigen Logiken folgend – jedes Mal semantische Kämpfe und Abgrenzungen gegenüber dem ‚anderen', für unangemessen gehaltenen Verständ-nis nach sich. Begriffe werden auf diese Weise polysem, erscheinen aufgrund ihrer unterschiedlichen semantischen Besetzung unbrauchbar, was wiederum zu seman-tischen Fluchten und begrifflichen Neubildungen motiviert. Faktisch überlappen sich die Bedeutungen der Begriffe. Ob ein Sachverhalt als multi-, inter- oder trans-kulturell bezeichnet wird, scheint teilweise willkürlich zu erfolgen oder daher zu rühren, dass sich „entsprechende Forschungstraditionen entwickelt haben, ohne dass diese weiter aufeinander reagieren oder überhaupt Notiz voneinander neh-men" (Elberfeld 2008: 24).

Ein frühes und besonders augenfälliges Beispiel für solcherart begriffliche Vermischung stammt aus der ersten deutschsprachigen Monographie zur Trans-kulturellen Psychatrie von Wolfgang M. Pfeiffer. Es besitzt eher anekdotischen Charakter, skizziert aber durchaus zutreffend die Abgrenzungsproblematik, die auch heute noch den Interkulturalitätsbegriff begleitet. Zur Charakterisierung der von ihm vertretenen *Transkulturellen* Psychiatrie zieht Pfeiffer alle denkbaren begrifflichen Register, wenn er sie als Zweig der Sozialen Psychiatrie beschreibt, die sich

> mit dem *kulturellen* Aspekt der Entstehung, Häufigkeit, Form und Therapie der psychi-schen Störungen *in verschiedenen Kulturen* befasst. Darunter fällt auch die *vergleichende Betrachtung*, für die im Englischen der Terminus ‚crosscultural' gebräuchlich ist, der ins Deutsche wohl am besten mit ‚interkulturell' zu übersetzen ist (Pfeiffer 1971/1994: 3; Hervorh. J. B.).

Vor diesem Hintergrund dürfte jeder Versuch zum Scheitern verurteilt sein, die für das Interkulturalitätsverständnis relevanten Begrifflichkeiten semantisch eindeutig oder ‚korrekt' zuordnen zu wollen.

Um dennoch leichter einschätzen zu können, in welchem Bedeutungs-zusammenhang die Verwendung der Wortmarken ‚Interkulturalität'/‚interkulturell' in konkreten Fällen erfolgt, mag der umgekehrte Weg angebrachter sein: Abb. 5.1 geht entsprechend der beschriebenen wissenschaftsgeschichtlichen Entwicklungen des Interkulturalitätsbegriffs davon aus, dass die Begriffsverwendung inhaltlich in einem Spektrum zwischen eher struktur- und eher prozessorientierten Sichtweisen

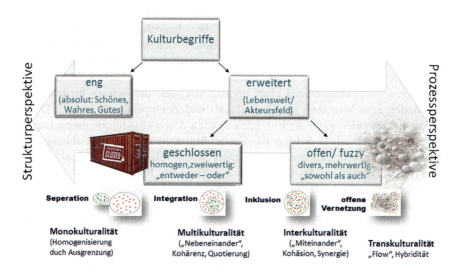

Abb. 5.1 Kultur- und Interkulturalitätsverständnisse im Spektrum zwischen Struktur- und Prozessperspektive

oszilliert, wobei das Ausweichen auf Bezeichnungen wie ‚multikulturell' oder ‚transkulturell' anscheinend oft Versuche indiziert, sich z. B. bei erfolgten Paradigmenverschiebungen – durchaus in der Praxis einer ‚Entweder-Oder'-Argumentation – von ‚alten' Positionen abzugrenzen.

Dem Wechsel zur Wortmarke ‚Transkulturalität' liegt – wie etwa bei Welsch – die Intention zugrunde, stärker prozessorientiert bzw. differenzübergreifend zu argumentieren und dies auch mit einem Wechsel der Wortmarke zu markieren (in der Übersicht der Abb. 5.1 horizontal). Wie gezeigt, muss dies inhaltlich nicht zwangsläufig eine wirkliche Neupositionierung (hier gegenüber dem interaktionsorientierten Verständnis von ‚interkulturell') darstellen. Semantische Differenzen (in der Übersicht vertikal) können bezogen auf struktur- und prozessorientierte Bedeutungen derselben Bezeichnung weitaus deutlicher sein. Eine Ursache hierfür ist in der Polysemie der Präfixe zu sehen: Wie in Bezug auf die unterschiedlichen Bedeutungen des *trans-* in ‚transkulturell' bereits gezeigt, gilt dies auch für das *inter-*: Je nachdem, ob es einen Vergleich ‚zwischen' Akteuren und Akteursfeldern als Objekten anzeigt oder diese selbst als Subjekte in ihren wechselseitigen Beziehungen ‚zwischeneinander' perspektiviert, ergeben sich sehr unterschiedliche, einmal eher struktur- zum anderen eher prozessorientierte Varianten von ‚interkulturell'. Aber auch wenn das Präfix – wie im Fall von *multi-* – semantisch relativ eindeutig ist, kann eine Bezeichnung wie ‚multikulturell' entweder stärker struktur- oder aber stärker prozessorientierte Bedeutungen erhalten. Je stärker die Prozessorientierung ausgeprägt ist, weil zwischen den ‚Multi-'Akteuren Aushandlungsprozesse entstehen (‚diskursiver Multikulturalismus'), desto ausgeprägter gestaltet sich das ‚Inter-', eben die Beziehungen zwischen den Akteuren,

	Multikulturalität/ multikulturell	Interkulturalität/ interkulturell	Transkulturalität/ transkulturell
Strukturorientierung ↑	'Nebeneinander' kultureller Gruppen, *cultural pluralism* (z.B. Parallelgesellschaften, „Struktureller Multikultura-lismus", Wicker 2016, 43),	Vergleiche zwischen Kulturen als Entitäten (z.B. *cross culture* oder die *contradictio in adiecto* 'interkultureller Ver-gleich')	Universalistisch der über kulturelle Differenzen hinaus-gehende „einende" Zusam-menhang über Kulturelles hinaus' (z.B. *universal, transcultural values*, Strukturen des Allge-mein-Menschlichen; vgl. Elberfeld 2008, 22f.)
	↕	↕	↑
↓ Prozessorientierung	‚Miteinander' kultureller Gruppen und unterschiedli-cher kultureller Merkmale der Einzelnen (z.B. *multicultural people*; Multikollektivität des Ein-zelnen; Multikulturalismus 2.0; „Diskursiver Multikul-turalismus", Wicker 2016, 43)	Beziehungen zwischen Akteuren: Aushandlungs-vorgänge, Interaktionen, Austausche (z.B. zwischen Aggregat-zuständen (Bio.) oder sozialen Gruppen; *inter-cultural relationships*; interreligiöse Beziehun-gen; Transdifferenz)	‚quer durch kulturelle Gren-zen hindurch', wobei Diffe-renzen durchaus mitgedacht werden können (z.B. „Transculturacion", Transdifferenz; kulturelle Vernetzungsaspekte Hyper-kulturalität, Han 2005)

Abb. 5.2 Multi-, inter-, transkulturell zwischen Struktur- und Prozessorientierung

so dass die Grenze zwischen Multi- und Interkulturalität an dieser Stelle fließend wird. Dass ‚Multikulturalität' sich dann – abhängig von der Selbstpositionierung und der Perspektive der Akteure – „vom Schmusewort zum Schimpfwort" (Stemmler 2011: 37) wandeln kann (und umgekehrt), ist naheliegend. In ande-ren Fällen, wie etwa bei der Wortmarke ‚Transdifferenz', ist eine Zuordnung auf der horizontalen Achse nicht eindeutig möglich, da hier transkulturelle Dynami-ken und interkulturelle Aushandlungsprozesse interdependent gedacht werden (Abb. 5.2).

Auch wenn die Übersicht nicht alle der beschriebenen semantischen Diffe-renzen innerhalb und zwischen den Wortmarken *multi-, inter- und transkulturell* erfasst, bestätigt sie die Vermutung, dass die jeweiligen (und gleichzeitig inter-dependenten) Bedeutungsgeschichten sich in erheblichem Maße überlappen. Die daraus resultierende semantische Unschärfe hat die Begriffe als *termini technici* in einer streng definierten, normativen Bedeutung unbrauchbar gemacht. In Hin-blick auf ihre dominierenden Bedeutungsverwendungen markieren die Begriffe allerdings zumindest tendenziell selbst ein Spektrum zwischen stärkerer Struktur- und überwiegender Prozessorientierung, wobei struktureller Multikulturalismus – etwa in der Absicht ein kulturelles ‚Gegeneinander' zu verhindern – durchaus mit restriktiven Formen von Separation einhergehen kann, während auf der anderen Seite ausgeprägtere Formen transkulturellen Denkens u. a. Diversitätsaspekte aus dem Blick verlieren und sich auf diese Weise durch ‚Strukturvergessenheit' cha-rakterisieren. Analog hierzu lassen sich die jeweils zugrunde liegenden Kulturver-ständnisse positionieren: Substanz- und kohärenzorientierte ‚Container'begriffe von Kultur implizieren eher strukturbezogene Sichtweisen (‚Identität durch Abgrenzung‘), während Prozessorientierungen eher in offenen, kohäsions- und netzwerkgeleiteten Kulturverständnissen einen angemessenen Ausdruck finden (‚Identität durch Beziehungen‘) (vgl. Abb. 5.1).

5.4   „Interkulturalität" – eine Frage der Perspektive und der Positionierung

Bilanziert man die beschriebenen begriffs- und bedeutungsgeschichtlichen Entwicklungen, erscheint es nicht unbedingt plausibel den Begriff ‚interkulturell‘ aufzugeben. Gerade wegen seiner semantischen Unschärfe erweist er sich als Bindeglied zwischen Struktur- und Prozessperspektive, als *strukturprozessuales* Spektrum zwischen der Prozessvergessenheit eines präventiven Multikulturalismus und der Strukturvergessenheit eines universalistisch argumentierenden Transkulturalismus. Dieses lässt sich, wie in jüngster Zeit verschiedentlich herausgearbeitet worden ist, als durch Kultur- bzw. Perspektiven*reflexivität* charakterisiert verstehen (Grassi 2012; Nazarkiewicz 2016; Bolten 2016; v. Helmolt 2016; Henze 2016).

Eine solche Metaperspektive bietet nicht zuletzt deswegen geeignete Anknüpfungspunkte den Begriff Interkulturalität weiterhin zu verwenden und neu zu denken (Elberfeld 2008: 25; Conti in Ernst/Freitag 2015: 15), weil sie ganzheitlich orientiert ist – und dies auch in durchaus verantwortungsethischem Sinn (vgl. Weber 2015; Jonas 1979). Es geht dann nicht mehr darum, unterschiedliche Perspektiven von Multi-, Inter- oder Transkulturalität, gegebenenfalls noch durch den Absolutheitsanspruch eines -*ismus* verstärkt[7] – als ‚richtige‘ und ‚falsche‘ gegeneinander auszuspielen, sondern darum, kontext- und situationsangemessen beurteilen (und entscheiden) zu können, welcher Grad an Prozessualität möglich und welcher Grad an Strukturiertheit nötig ist. Um es an einem integrationspolitischen Praxisbeispiel zu verdeutlichen: die Zielsetzung z. B. eine Flüchtlingsunterkunft im Sinne eines Miteinander und eines interkulturellen Dialogs aller Akteure zu führen, wird sich nicht in jedem Fall 1:1 umsetzen lassen, sondern ist abhängig von den Akteuren, ihrer Beziehungsgestaltung untereinander und den Kontextbedingungen, in denen dieses stattfindet (bauliche Gegebenheiten, Medienzugang, Versorgung usw.). Dass gesinnungsethisch, also beispielsweise religiös oder politisch, motivierte Konflikte dennoch auftreten und auch eskalieren können, wird sich nicht immer verhindern lassen. Die Frage ist nur, wie in der Folge mit in solchen Fällen zum Schutz der Beteiligten eingeleiteten Strukturmaßnahmen wie der Separation von Kollektiven oder Einzelakteuren mittelfristig umgegangen wird. In der Praxis ist die Tendenz beobachtbar (und das gilt für die

---

[7]Ein vor diesem Hintergrund neu gedachtes Verständnis von Interkulturalität ist dementsprechend mit der insbesondere in Hochschulkreisen gerne verwendeten Selbstbezeichnung „Interkulturalist" nur schwer vereinbar.

aktuelle europäische Flüchtlingspolitik insgesamt), dass sich Strukturverhärtungen etablieren. Wiederum dürfte dabei das Denken in zweiwertigen Optionen („*entweder* Prozess *oder* Struktur') eine nicht unwichtige Rolle spielen.

Eine strukturprozessuale Perspektive (vgl. „win hua", Han 2005: 57) behält demgegenüber aufgrund ihrer reflexiven und mehrwertigen Orientierung sowohl den abgrenzenden Struktur- als auch den vernetzungsorientierten Prozessaspekt im Auge und ist in der Lage ein Szenario zu generieren, in dem situationsabhängig und kontinuierlich entschieden werden kann, welcher Strukturierungsgrad nötig und welcher Dynamisierungsgrad möglich ist. Parallelen zu Paradigmenverschiebungen bei Deutungen des Kulturbegriffs in den vergangenen Jahrzehnten liegen auf der Hand: Wie gezeigt, mündete auch hier die Kritik am Strukturparadigma eines geschlossenen zweiwertigen Kulturbegriffs häufig in eine ebenso einseitige Absolutsetzung des Prozessparadigmas. Ein Beispiel bietet die Diskussion um die Legitimität von Hinweisen auf nationalkulturelle Besonderheiten: Zu behaupten, derartige Strukturvorstellungen hätten sich in Zeiten der Globalisierung überlebt, ist, wie aktuelle rechtspopulistische Rekonstruktionsversuche nachdrücklich vor Augen führen, ebenso wenig zutreffend wie die ‚container'orientierte (und prozessvergessen-generalisierende) Rede von ‚dem' typischen Vertreter einer Nationalkultur. Aus der Sicht eines mehrwertigen Kulturbegriffs würden hingegen – strukturprozessual – beide Optionen im Blick bleiben und es könnte, wiederum kontextspezifisch, abgewogen werden, in welchem Grad es über die Ebene der Einzelakteure hinaus legitim ist generalisierende Aussagen vorzunehmen.

Abgesehen von der Perspektivenreflexivität der strukturprozessualen Sichtweise wird hier eine weitere Schnittstelle zwischen den Begriffen ‚Kultur' und ‚Interkulturalität' offenkundig. Wie sich am Beispiel des Mikroskopierens oder des Zoomens allgemein verdeutlichen lässt, sind die Übergänge von Strukturen zu Prozessen et vice versa fließend: je ausgeprägter die Makroperspektive, desto strukturierter und verdichteter erscheint das Betrachtete. Und umgekehrt erscheint es desto differenzierter, verflüssigter und prozesshafter, je ausgeprägter eine Mikroperspektive eingenommen wird (vgl. auch Appadurai 1996: 31 ff.). Wenn es im Sinne eines solchen „Zoomings" (Bolten 2011; Zeutschel 2016) nur eine Frage des Blickwinkels ist, wo der Übergang zwischen Struktur und Prozess stattfindet, dann erweisen sich auch ‚Kultur' und ‚Interkulturalität' lediglich als zwei unterschiedliche Qualitäten des gleichen Gegenstandsbereichs (Bolten 2016; vgl. Lösch 2016: 90): So lässt sich „Kultur als work in progress" (Grassi 2012: 72) verstehen, wird umgekehrt jedoch erst durch Interkulturalität reflektierbar. ‚Kultur' fungiert als Auslöser von (häufig als ‚kritisch' bewerteten) Interkulturalitätsprozessen, erweist sich gleichzeitig aber auch als deren Produkt – weil Interkulturalität eine wesentliche Veränderungsdynamik von Kulturalität impliziert (Said 1996: 24; Rathje 2009; Bolten 2011; Aydt 2015: 237). Müßig wäre es zu fragen, wo genau sich der Übergang von Struktur *(erga)* zu Prozess *(energeia)*, von Festem und Flüchtigem, von eher Vertrautem zu eher Unvertrautem bzw.

Abb. 5.3 Mehrfachzugehörigkeit des Einzelnen zu unterschiedlichen kulturellen Akteursfeldern (die dadurch untereinander verbunden sind)

weniger Plausiblem innerhalb des strukturprozessualen Spektrums verorten lässt. Dies ist letztlich abhängig vom einzelnen Akteur, davon, wie plausibel, normal und relevant sich eine Situation für ihn darstellt, aber auch davon, wie vertraut/ sicher bzw. unvertraut/unsicher er sich in diesem Kontext fühlt. Dementsprechend lässt sich interkulturelle Kompetenz auch verstehen „als Fähigkeit [...] die durch Fremdheit gekennzeichnete ‚flüchtige' Interkultur in Kultur umzuwandeln, indem über Normalität Kohäsion erzeugt wird" (Rathje 2006:13).

Im Sinne des in neueren Kulturbegriffsdiskussionen häufig thematisierten Aspekts der *multiple identities* kultureller Mehrfachzugehörigkeit (Sen 2007) bzw. der „Multikollektivität" (Hansen 2009) oder „Multirelationalität" (Bolten 2015) von Akteuren ist allerdings auch eine Selbstverortung innerhalb des strukturprozessualen Spektrums keineswegs eindeutig fixierbar, sondern stellt sich gegebenenfalls sehr differenziert und ‚fuzzy' dar (Abb. 5.3).

Aufgrund dieser Mehrwertigkeit kann eine Beziehung zwischen zwei Akteuren zugleich durch Interkulturalität und durch Kulturalität charakterisiert sein (vgl. Auernheimer 2010: 60). Um es am Beispiel zweier Akteure A und B zu verdeutlichen: Sie sind überwiegend in unterschiedlichen Kontexten sozialisiert, haben aber in einem gemeinsamen (z. B. beruflichen) Handlungskontext durchaus ‚gemeinschaftliche' Konventionen, Plausibilitäten und Normalitätsregeln entwickeln können, so dass die Interkulturalität dieser Zusammenarbeit in diesem Kontext inzwischen bereits die fließende Grenze zur Kulturalität überschritten hat. Wenn B jedoch bekennendes Mitglied einer Konfession ist, zu der A bislang überhaupt keinen Kontakt gehabt hat, und B ihn nach der Arbeit zu einer Feier in einem entsprechenden konfessionellen Kontext einlädt, kann für die Beziehung zwischen beiden plötzlich wieder die interkulturelle Perspektive dominieren. Da beide Handlungsfelder – das berufliche und das außerberufliche – durch die Reziprozitätsbeziehungen der beiden Akteure wiederum miteinander verknüpft sind, wird die Art und Weise, wie A und B im beschriebenen außerberuflichen Kontext ‚interkulturell' interagieren, Einfluss auf ihre bereits ‚kulturalisierten' Reziprozitätsbeziehungen nehmen (et vice versa). Interkulturalität ist damit jedoch nicht nur mehrwertig und relational, sondern auch relativ: Derselbe (gemeinsame) Handlungskontext kann von A aufgrund nicht erkennbarer Relevanz, mangelnder Vertrautheit und Plausibilität als interkulturell empfunden werden, während B dies aus seiner Kulturalitäts- und damit Normalitätsperspektive heraus vielleicht noch nicht einmal bemerkt.

Ob und in welchem Ausmaß von Unvertrautheit die beiden diese Situation als interkulturelle empfinden und in welcher Weise sie damit umgehen, hängt – aufgrund ihrer kulturellen Mehrfachzugehörigkeit – auch mit ihren Erfahrungen aus anderweitigen (inter)kulturellen Beziehungen zusammen. Bezogen auf die interkulturelle Handlungspraxis des Einzelnen folgt hieraus, dass sie sich, durchaus synchron, in einem Akteursfeld als ‚kompetent‘ darstellt, in einem anderen hingegen eher nicht – und dass beide Erfahrungen aufeinander Einfluss nehmen können. Von linear angelegten Stufenmodellen zur interkulturellen Kompetenzmessung ist dieser Sachverhalt nicht erfassbar, und hier besteht zweifellos weiterer Forschungsbedarf.

Die Nicht-Linearität eines mehrwertig-strukturprozessualen (Inter-)Kulturalitätsverständnisses schließt ‚richtige‘ oder eindeutige Erklärungen und Begründungen für interkulturelles Verhalten per definitionem aus. Diesbezüglich besteht Forschungsbedarf in Hinblick auf die Arbeit mit sog. *critical incidents,* wobei grundsätzlich zu bedenken sein wird, auch die mit der Prozessperspektive verknüpften Kohäsions- und Synergieaspekte vor allem in der praktischen Arbeit stärker zu berücksichtigen – oder mit anderen Worten: Interkulturalität nicht nur hinsichtlich ihrer Missverständnis- und Krisen-, sondern vor allem hinsichtlich ihren Chancenpotenziale zu operationalisieren. Vielversprechende Schnittstellen bieten sich diesbezüglich zu neueren Denkmodellen, die auf Kollaboration als Triebfeder gesellschaftlicher Zukunftsgestaltung setzen Hierzu zählen Sharing Economy, Konnektivismus, Konvivialismus (vgl. Adloff/Heins 2015) oder auch Commons-Bewegungen (vgl. Helferich/Bollier/ Heinrich-Böll-Stiftung 2015).

Vor diesem Hintergrund kann strukturprozessuales Vorgehen dazu beitragen, dass sich interkulturelles Handeln als zielorientiertes und aushandlungsbasiertes kollaboratives Handeln in Vernetzungsprozessen realisiert. Das Ziel ist auch hier die von Welsch erwähnte „Gemeinschaftlichkeit“ – allerdings nicht als eine sich durch ‚Mischung‘ ergebende, sondern als zwischen partiell unterschiedlichen Positionierungen im Struktur-Prozess-Spektrum bewusst ausgehandelte. Die damit verbundene Reflexivität der eigenen Perspektive hilft dabei, „blindness to power imbalances“ (Busch/Müller-Kiero 2016: 53) zu vermeiden. Dieser Reflexivitätsvorsprung ist es auch, der in beschriebenem Sinn ‚neu gedachte‘ Interkulturalitätskonzeptionen in der Praxis auszeichnen sollte, weil er mit dem Aspekt der Verantwortlichkeit auch den der Nachhaltigkeit interkulturellen Handelns im Sinne eines *sustainable glocal relationship building* impliziert.

Literatur

Adloff, F./Heins, V. M. (Hg.) (2015): Konvivialismus. Eine Debatte. Bielefeld.

Appadurai, A. (1996). Modernity at Large. Cultural Dimensions of Globalization. Minneapolis/ London.

Auernheimer, G. (2010): Interkulturelle Kommunikation, mehrdimensional betrachtet, mit Konsequenzen für das Verständnis von interkultureller Kompetenz. In: Auernheimer, G. (Hg.): Interkulturelle Kompetenz und pädagogische Professionalität. 3. Aufl. Wiesbaden.

Aydt, S. (2015): An den Grenzen der interkulturellen Bildung. Eine Auseinandersetzung mit Scheitern im Kontext von Fremdheit. Bielefeld.

Baker, A. G. (1929): How Shall We Relate Christianity to Other Religions? In: The Journal of Religion 9/3, 478–480.

Beck, U. (1997): Was ist Globalisierung? Frankfurt a.m.

Bolten, J. (1993): Life-World Games. Theory of Intercultural business Communication. In: European Journal of Education 28/3, 339–348.

Bolten, J. (2004): Interkulturelle Personalentwicklung im Zeichen der Globalisierung: „Paradigmenwandel" oder „Paradigmenkorrektur"? In: Bolten, J. (Hg.): Interkulturelles Handeln in der Wirtschaft: Positionen, Modelle, Perspektiven. Wissenschaft und Praxis. Sternenfels, 40–62.

Bolten, Jürgen (2007): Was heißt „Interkulturelle Kompetenz?" Perspektiven für die internationale Personalentwicklung. In: Künzer, Vera/Berninghausen, Jutta (Hg.): Wirtschaft als interkulturelle Herausforderung. Frankfurt a.M./Kellner, 21–42.

Bolten, J. (2011): Unschärfe und Mehrwertigkeit: „Interkulturelle Kompetenz" vor dem Hintergrund eines offenen Kulturbegriffs. In: Hoessler, U./Dreyer, W. (Hg.): Perspektiven interkultureller Kompetenz. Göttingen, 55–70.

Bolten, J. (2015): Einführung in die Interkulturelle Wirtschaftskommunikation. 2., überarb. Aufl. Göttingen.

Bolten, J. (Hg.) (2016): (Inter-)kulturalität neu denken! Rethinking Interculturality! Sonderausgabe des Interculture Journal 15/26. Berlin.

Breidenbach, J./Zukrigl, I. (2000): Tanz der Kulturen – Kulturelle Identität in einer globalisierten Welt. Reinbek.

Busch, D. (2014): Was, wenn es die Anderen gar nicht interessiert? Überlegungen zu einer Suche nach nicht-westlichen Konzepten von Interkulturalität und kultureller Diversität. In: Moosmüller, A.: Interkulturalität und kulturelle Diversität. Münster. 61–82.

Busch, D./Müller-Kiero, J. (2016): Rethinking Interculturality will require moral confessions: Analysing the debate among convivialists, interculturalists, cosmopolitanists and intercultural communication scholars. In: Interculture Journal 15/26, 43–58.

Caccia, F. (1983): Sous le signe du phénix. Entretiens avec quinze créateurs italo-québécois. Montreal.

Conti, L. (2011): Vom interkulturellen zum transkulturellen Dialog. Ein Perspektivenwechsel. In: Hühn, M./Lerp, D./Petzold, K./Stock, M. (Hg.): Transkulturalität, Transnationalität, Transstaatlichkeit, Translokalität. Münster, 173–190.

Crider, F. C. (1922): The effect of intercultural practices on temperatures and humidity in citrus orchards. In: Science, New Series 55/429, 542–550.

Deardorff, D. (2009): Synthesizing Conceptualizations of Intercultural Competence. In: Deardorff, D. (Hg.): The SAGE Handbook of Intercultural Competence. Los Angeles u. a., 264–269.

Dervin, F. (2011): Impostures interculturelles (Logiques sociales). Paris.

Domenig, D. (Hg.) (2001): Transkulturelle Pflege. Bern.

Dubois, R. (1938): Can we help to create an American Renaissance? In: The English Journal 27/9, 733–740.

Elberfeld, R. (2008): Forschungsperspektive ‚Interkulturalität'. Transformation der Wissensordnungen in Europa. In: Zeitschrift für Kulturphilosophie 2/1, 7–36.

Ernst, J./Freitag, F. (2015): Transkulturelle Dynamiken – Entwicklungen und Perspektiven eines Konzepts. In: Ernst, J./Freitag, F. (Hg.): Transkulturelle Dynamiken. Aktanten – Prozesse – Theorien. Bielefeld, 7–30.

Fischer, B. (2005): Multi, Inter, Trans: Zur Hermeneutik der Kulturwissenschaft. In: Trans. Internet-Zeitschrift für Kulturwissenschaften. www.inst.at/trans/15Nr/01_1/fischer15.htm. (03.05.2016).

Grassi, C. (2012): Die Kulturalität des Verstehens. In: Wiater, W./Manschke, D. (Hg.): Verstehen und Kultur. Wiesbaden, 71–81.

Ha, K. N. (2008): Transdifferenz und Postkoloniale Hybridität. Kritische Anmerkungen. In: Kalscheuer, B./Allolio-Näcke, L. (Hg.): Kulturelle Differenzen begreifen. Das Konzept der Transdifferenz aus interdisziplinärer Sicht. Frankfurt a.M., 41–57.

Hall, E. T. (1959–1990): The silent language. New York.

Haas, H. (2009): Das interkulturelle Paradigma. Passau.

Han, B.-C. (2005): Hyperkulturalität. Kultur und Globalisierung. Berlin.

Hansen, K. P. (2007): Kritische Überlegungen zum interkulturellen Paradigma. In: Kuhn, B. (Hg.): Grenzen ohne Fächergrenzen. St. Ingbert, 149–178.

Hansen, K. P. (2009): Kultur, Kollektiv, Nation. Passau.

Haskell, E.F: (1941): Lance. A novel about multicultural men. New York.

Helferich, S./Bollier, D./Heinrich-Böll-Stiftung (2015) (Hg.): Die Welt der Commons. Muster gemeinsamen Handelns. Bielefeld.

Helmolt, K. von (2016): Perspektivenreflexives Sprechen über Intekulturalität. In: Interculture Journal 15/26, 33–42.

Henze, J. (2016): Vom Verschwinden des (Inter) Kulturellen und Überleben der (Inter) Kulturalität. In: Interculture Journal 15/26, 59–74.

Hocking, W. E. (1934): Christianity and Intercultural Contact. In: The Journal of Religion 14/1, 62–76.

Huntington, S. P. (1996): Kampf der Kulturen. Die Neugestaltung der Weltpolitik im 21. Jahrhundert. München/Wien.

Husserl, E. (1931): Cartesianische Meditationen. In: Kern, I. (Hg.) (1973): Husserliana, Bd. XV: Zur Phänomenologie der Intersubjektivität 3. Hamburg.

Jammal, E. (Hg.) (2014): Kultur und Interkulturalität. Interdisziplinäre Zugänge. Wiesbaden.

Jonas, H. (1979): Das Prinzip Verantwortung. Frankfurt a.M.

Joshi, L. (1934): Hinduism and Intercultural Contacts. In: The Journal of Religion 14/1, 53–61.

Kalpaka, A./Mecheril, P. (2010): Interkulturell. Von spezifisch kulturalistischen Ansätzen zu allgemein reflexiven Perspektiven. In: Mecheril, P. (Hg.): Migrationspädagogik. Weinheim, 77–98.

Kolle, G. (2015): Transdifferenz. In: Kritische Kulturtheorie für die Praxis. http://kulturshaker.de/kulturkonzepte/transdifferenz (12.05.2016).

Kolle, G. (o. J.): Interkulturalität. In: Kritische Kulturtheorie für die Praxis. http://kulturshaker.de/kulturkonzepte/interkulturalitaet (12.05.2016).

Leeds-Hurwitz (2010): Writing the Intellectual History of Intercultural Communication. In: Nakayama, T. N./Tamiko Haiualini, R. (Hg.): The Handbook of Critical Intercultural Communication. London, 21–33.

Langenohl, A./Poole, R. J./Weinberg, M. (2015): Vorwort. In: Langenohl, A./Poole, R. J./Weinberg, M. (Hg.): Transkulturalität. Klassische Texte. Bielefeld, 9–18.

Lösch, K. (2005): Begriff und Phänomen der Transdifferenz: Zur Infragestellung binärer Differenzkonstrukte. In: Allolio-Näcke, L./Kalscheuer, B./Manzeschke, A. (Hg.): Differenzen anders denken. Frankfurt a.M., 26–49.

Lösch, K. (2016): Multikulturalität, Transkulturalität, Transdifferenz. In: Nollert, M./Sheikhzadegan, A. (Hg.): Gesellschaften zwischen Multi- und Transkulturalität. Zürich, 82–108.

Moosmüller, A. (Hg.) (2007): Interkulturelle Kommunikation. Konturen einer wissenschaftlichen Disziplin. Münster.

Müller-Jacquier, B. (2004): Cross Cultural versus Interkulturelle Kommunikation. In: Lüsebrink, H. J. (Hg.): Konzepte der Interkulturellen Kommunikation. St. Ingbert, 69–113.

Münch, R. (1990): Code, Struktur und Handeln: Soziale Milieus der Wissensproduktion. In: Haferkamp, H. (Hg.): Sozialstruktur und Kultur. Frankfurt a.M., 54–94.

Nazarkiewicz, K. (2016): Kulturreflexivität statt Interkulturalität? In: Interculture Journal 15/26, 23–32.

Ortiz, F. (1940/2003): Cuban Counterpoint. Tobacco and Sugar. Durham.

Pfeiffer, W. M. (1971/1994): Transkulturelle Psychiatrie. Ergebnisse und Probleme. Stuttgart.

Rathje, S. (2004): Unternehmenskultur als Interkultur. Sternenfels.

Rathje, S. (2006): Interkulturelle Kompetenz. Zustand und Zukunft eines umstrittenen Konzepts. In: Zeitschrift für interkulturellen Fremdsprachenunterricht 13. http://zif.spz.tu-darmstadt.de/jg-11-3/beitrag/Rathje1.htm (27.04.2016).

Rathje, S. (2009): Der Kulturbegriff. Ein anwendungsorientierter Vorschlag zur Generalüberholung. In: Moosmüller, A. (Hg.): Konzepte kultureller Differenz. Münster, 83–106.

Robertson, R. (1998): Glokalisierung: Homogenität und Heterogenität in Raum und Zeit. In: Beck, U. (Hg.): Perspektiven der Weltgesellschaft. Frankfurt a.M., 192–220.

Said, E. W. (1996): Kultur und Identität – Europas Selbstfindung aus der Einverleibung der Welt. In: Lettre International 34, 21–25.

Sanchéz, Y./Brühwiler, C. F. (Hg.) (2015): Transculturalism and Business in the BRIC States. A Handbook. London.

Schmitz, L. (2015): Nationalkultur versus Berufskultur. Eine Kritik der Kulturtheorie und Methodik Hofstedes. Bielefeld.

Sen, A. (2007): Die Identitätsfalle: Warum es keinen Krieg der Kulturen gibt. Bonn.

Sollors, W. (1998): The Multiculturalism Debate. In: Katkin, W. F. (Hg.): Beyond Pluralism. Urbana, 63–104.

Sorrells, K./Sekimoto, S. (Hg.) (2015): Globalizing Intercultural Communication: A Reader. Thousand Oaks.

Srubar, I. (2009): Transdifferenz, Kulturhermeneutik und alltägliches Übersetzen: Die soziologische Perspektive. In: Srubar, I.: Kultur und Semantik. Wiesbaden, 129–153.

Stemmler, S. (Hg.) (2011): Multikultur 2.0. Willkommen im Einwanderungsland Deutschland. Bonn.

Weber, A. (2015): Wirklichkeit als Allmende. Eine Poetik der Teilhabe für das Anthropozän. In: Helferich. S./Bollier, D./Heinrich-Böll-Stiftung (Hg.): Die Welt der Commons. Muster gemeinsamen Handelns. Bielefeld, 354–372.

Welsch, W. (1992): Transkulturalität – Lebensformen nach der Auflösung der Kulturen. In: Information Philosophie 2, 5–20.

Welsch, W. (1994): Transkulturalität: Lebensformen nach der Auflösung von Kulturen. In: Luger, K./Renger, R. (Hg.) (1994): Dialog der Kulturen. Die multikulturelle Gesellschaft und die Medien. Wien, 147–169.

Welsch, W. (1997): Transkulturalität: Zur veränderten Verfassung heutiger Kulturen. In: Schneider, I./Thompson, C. W. (Hg.): Hybridkultur: Medien, Netze, Künste. Köln, 67–90.

Welsch, W. (2009): Was ist eigentlich Transkulturalität? http://www2.uni-jena.de/welsch/tk-1.pdf. (03.05.2016).

Wicker, H. R. (2016): Pluralisierungen und die Reichweite von Multikulturalismuskonzepten in modernen Rechtsstaaten. In: Nollert, M./Sheikhzadegan, A. (Hg.): Gesellschaften zwischen Multi- und Transkulturalität. Zürich, 32–45.

Yildirim-Krannig, Y. (2014): Kultur zwischen Nationalstaatlichkeit und Migration. Plädoyer für einen Paradigmenwechsel. Bielefeld.

Zenk, L./Behrend, F. D. (2010): Soziale Netzwerkanalyse in Organisationen. In: Pircher, R. (Hg.): Wissensmanagement, Wissenstransfer, Wissensnetzwerke. Erlangen, 211–223.

Zeutschel, U. (2016): „Zoomen" zum Entdecken interkultureller Verständigungspotenziale und -ressourcen. In: Interculture Journal 15/26, 93–96.

„The Family of Man": Über anthropologische Universalien

6

Hans Giessen

6.1 Ausgangspunkt: Eduard J. Steichen „The Family of Man" – Konzeption, Erfolg, Kritik

Der Ausgangspunkt der folgenden Überlegungen ist die Fotoausstellung „The Family of Man", kuratiert von Edward Steichen, die heute als Dauerpräsentation in Clerveaux/Luxemburg zu sehen ist. Eduard J. Steichen wurde 1879 in Bivange, Luxemburg, geboren. Seine Eltern emigrierten nach Amerika, als er ein erst achtzehn Monate altes Kind war (zur Biographie: Joanna Steichen 1994); dort wurde sein Vorname auch in ‚Edward' angliziert. In den USA brachte er es nach einer wechselvollen künstlerischen Karriere bis zum Leiter der Fotographieabteilung des *Museum of Modern Art* in New York. Dort organisierte er 1955 die Ausstellung „The Family of Man", die bis heute eins der erfolgreichsten Projekte des MoMA ist (The Family of Man 1955/1986/1994). Steichen versammelte nach von ihm selbst entwickelten Kriterien 503 Aufnahmen von 273 Fotographen, ausgewählt aus mehreren Millionen Bildern (Edward Steichen selbst hat zunächst von zwei Millionen Bildern gesprochen, um, wie er sagte, glaubwürdiger zu sein; nachträglich wurde die Zahl auf rund vier Millionen korrigiert; vgl. Miller 1994). Die Kriterien waren intuitiv, hatten aber ein klares Ziel: Die Ausstellung sollte – nach den Schrecken des Zweiten Weltkriegs – zeigen, dass die Menschheit trotz aller Probleme und Schlechtigkeiten ‚eins' sei und zu einer humanen Weltordnung gelangen könne.

Um diesem optimistisch-humanistischen Ziel zu dienen, schien ihm die Fotographie als Mittel der Massenkommunikation besonders geeignet: „the art of photography is a dynamic process of giving form to ideas and of explaining man to

H. Giessen (✉)
Universität des Saarlandes, Saarbrücken, Deutschland
E-Mail: h.giessen@is.uni-sb.de

man", schrieb er im Vorwort des Ausstellungskatalogs (Steichen 1955/1986/1994);
weil sie ein emotionales Mittel sei, könne sie für einen starken emotionalen Appell
genutzt werden. Da das Konzept das Gemeinsame der Menschen betonen wollte,
zeigt die Ausstellung Personen aller Rassen, Altersgruppen und sozialen Schichten
in Situationen, die laut Steichen universell gültig seien (die Auflistung folgt Miller
1994: 47): Liebe, Hochzeit, Geburt, Arbeit, Mitleid, Erfolg ...

Die Ausstellung war außergewöhnlich erfolgreich: Inzwischen wurde sie von
rund zehn Millionen Besuchern gesehen. Nach dem ersten Erfolg im MoMA
wurde eine Welttournee durch 69 Länder organisiert, mit Stationen von Berlin bis
Tokyo (von wichtigen Stationen berichten Nothhelfer/Nothhelfer 1994, Kuramo-
chi/Watanabe 1994 und Auquier 1994). Heute hat sie im Schloss von Clerveaux
einen festen Platz gefunden, nachdem Steichen sie als Ausdruck seiner Verbundenheit noch zu Lebzeiten seinem Heimatstaat vermacht hatte.

Ungeachtet des Erfolgs wurde die Ausstellung teilweise heftig kritisiert. Die
Kritik konzentrierte sich vor allem auf das Argument, dass Steichens ‚Mensch-
heitsuniversalien‘ ohne Hinweis auf den Kontext sinnlos seien. Dieses Argument
wurde bereits von Hilton Kramer, dem Kritiker der *New York Times,* aus Anlass der
Ausstellungseröffnung formuliert (vgl. Back/Bauret 1994: 43). Edward Steichen
hat diese Kritik bereits im Vorfeld zu entkräften versucht, indem er sein Ziel noch
expliziter formulierte. In der Einführung des Ausstellungskatalogs schreibt er, die
gezeigten Fotographien handelten „[...] with the religious rather than religions. With
basic human consciousness rather than social consciuousness" (1955/1986/1994).

Dennoch zieht sich auch die Kritik seither durch und wurde an nahezu jedem
Ort, an dem die Ausstellung gezeigt wird, neu formuliert. Ihr bedeutendster
Exponent war wohl Roland Barthes (1957), dem sich andere prominente Kritike-
rinnen und Kritiker anschlossen, so beispielsweise Susan Sontag (1977). Ein wei-
terer Diskussionsbeitrag stammt von Martine Segalen. Sie schreibt, zunächst das
Beispiel der Liebe aufgreifend (1994):

> Quand on connaît la diversité culturelle et historique des modes de formation du couple,
> peut-on rapprocher, sans commentaire, les photos – si belles au demeurant – des amou-
> reux de Doisseau qui s'embrassent dans un Paris libéré et les jeunes japonais encore sous
> le joug d'un système familial très contraignant: l'amour d'un couple est une donnée socia-
> lement construite, et historiquement bien datée.

> Non seulement l'exposition n'apprend rien, mais elle est une sort de leurre qui nous donne
> à croire que partout dans le monde, la vie familiale se déroule selon des schèmes identi-
> ques. Elle dit que naissance, amour, mort sont les phénomènes d'ordre naturel: l'expo-
> sition met en scène une grande illusion, celle d'un universalisme familial. Pour aller à
> l'essentiel, disons que cet universalisme transculturel, éternel et immanent est absolument
> contraire aux analyses des anthropologues sociaux qui n'en finissent pas de saluer l'infinie
> diversité des formes de la vie sociale. Naître, aimer, s'unir, mourir, mais aussi travailler,
> souffrir, jouer ... rien n'est plus culturel, rien n'est plus différent d'un groupe ethnique à
> l'autre comme d'un groupe social à l'autre.

Diese Kritik scheint zunächst einleuchtend und plausibel. Dass kulturelle Prägungen höchst unterschiedlich sind und in ihren Ausformungen und

Wandlungsprozessen kaum Regel- und Gesetzmäßigkeiten erlauben, ist ein alter Topos der Geistesgeschichte, denn sie werden offenbar von äußerst vielen, sich wechselseitig, aber vor allem ungleich- und -regelmäßig beeinflussenden Faktoren bestimmt.

6.2   Sozialwissenschaftliche Verortung

In den Sozialwissenschaften ist in der Tat lange diskutiert worden, ob Verallgemeinerungen und Vergleiche legitim und überhaupt möglich sind – was beispielsweise Franz Boas 1896 sehr pauschal bezweifelt hat. Robert Lowie betonte 1937, dass die gesellschaftlichen Unterschiede heutiger Kulturen sehr groß seien, während Gemeinsamkeiten leicht auf eine jeweils gegenseitige Beeinflussung zurückgeführt werden könnten. Die Unterschiede ließen auf eine jeweils lange Geschichte schließen, so dass über historische Gesellschaften erst recht keine allgemeinen Aussagen möglich seien.

Andererseits hat bereits Charles Montesquieu (der ebenfalls auf der Suche nach strukturellen Merkmalen war, um jeder Gesellschaft einen angemessenen staatlichen beziehungsweise gesetzlichen Rahmen geben zu können) schon im Jahre 1748 zwischen kulturellen und grundlegend-strukturellen gesellschaftlichen Einflussfaktoren unterschieden (seinem Erkenntnisinteressen lag das Ziel zugrunde, gesellschaftsübergreifend funktionierende Ordnungsfaktoren und Gesetze herauszuarbeiten). Auch ihm erscheinen kulturelle Wandlungsprozesse unbeeinflussbar, weil zu zahlreich, zu vielfältig und in ihren Wirkungen zu unberechenbar, und deshalb auch nur im Nachhinein bewertbar und beschreibbar. Das Spektrum der Einflussfaktoren auf kulturelle Wandlungsprozesse reiche von klimatischen Faktoren über Kriege bis zu technischen Errungenschaften.

Die Einschätzung, dass kulturelle Wandlungsprozesse – im Gegensatz zu strukturellen – nicht vorausgesagt werden können, ist zunächst ebenfalls universell (zum Unterschied kultureller und struktureller Phänomene vgl. auch Giessen 2010). Sie findet sich etwa bei Abdurahman Ibn Chaldun wieder, dem bedeutendsten islamischen Staats- und Geschichtsphilosophen, der 1332 in Tunis geboren wurde *(muqaddima)*. Die diesbezügliche Gemeinsamkeit zwischen Montesquieu und Ibn Chaldun geht beispielsweise so weit, dass beide das Klima als wesentlichen Faktor für unterschiedliche kulturelle Entwicklungen nennen. Vielleicht liegt ein Problem der Diskussionen (auch) darin, dass nicht genügend zwischen kulturellen und strukturellen Phänomenen unterschieden wird.

Ibn Chaldun und Montesquieu sind Gegenbeispiele. Bereits Ibn Chaldun hat versucht, jenseits der kulturellen Vielfalt gesellschaftsstrukturelle Charakteristika herauszuarbeiten. Auch Montesquieu hat den vielfältigen kulturellen Phänomenen strukturelle Gemeinsamkeiten gegenübergestellt (die es ihm beispielsweise gestatten, allgemeine Aussagen über sinnvolle politische Systeme und Modelle zu formulieren).

Julian Steward (1949) und Robert Adams (1966) haben dann verschiedene (und äußerst unterschiedliche) Kulturen untersucht und miteinander verglichen. Sie

liegen – räumlich wie zeitlich – so weit auseinander, dass eine Beeinflussung nicht
möglich war: bei Adams etwa das antike Mesopotamien mit den Hochkulturen
Zentral-Mexikos vor der spanischen Eroberung. Das Ergebnis war, dass es tatsächlich gemeinsame strukturelle Gesetzmäßigkeiten gibt, die unabhängig von der
Geschichte der jeweiligen Kulturen existieren (bei der Untersuchung von Adams
liegen sie auf der jeweils anderen Seite des Globus, zudem sind sie zeitlich voneinander um rund viertausend Jahre getrennt) – aber abhängig vom gesellschaftlichen Organisationsgrad und Status. So weisen die Hochkulturen Mesopotamiens
wie Zentral-Mexikos etwa bezüglich ihrer Verwandtschaftsstrukturen Gemeinsamkeiten auf, oder auch bezüglich der Sozialordnung. Beiden gemein ist auch die
Entwicklung arbeitsteiliger Prozesse durch Spezialisierung, die Intensivierung land-
wirtschaftlicher Bodennutzung, die religiöse Fundamentierung von Herrschaft oder
der Ablauf von Führungswechseln durch ähnliche Verlaufe innenpolitischer Krisen.

Da die Parallelen (nur) struktureller Art sind, ist es durch sie nicht möglich,
kulturell-historische Abläufe vorherzusagen. Robert Adams selbst hat im Übrigen
auch viele Unterschiede zwischen den Kulturen beobachtet, auch in elementaren
Bereichen – beispielsweise gab es Privateigentum an Grund und Boden im Fall
des antiken Mesopotamien, nicht aber im prähispanischen Mexiko –, so dass eine
Aussage über die eventuelle Zwangsläufigkeit historischer Abläufe nur in strukturellen Bereichen, und auch dort nur als Tendenz, gestattet sein kann.

Andererseits gibt es so viele strukturelle Gemeinsamkeiten, dass es sich
(zumindest bei vielen von ihnen und in ihrer Wechselwirkung) nicht um Zufall
handeln kann. Die Gemeinsamkeiten werden anhand weiterer offenbar universell
gültiger Beschreibungskriterien (wie ‚Stammesgesellschaften‘, ‚Städte‘, ‚Priester‘,
‚Inzesttabu‘) deutlich; sie weisen auf funktionale Übereinstimmungen hin, die –
auch im Prozess ihrer Entstehung und ihres Wandels – ein hohes Maß an Paralleli-
tät und damit auch struktureller Vergleichbarkeit aufweisen. Die Vergleichbarkeit
geht soweit, dass sie Erklärungen erlaubt, die über bloße Funktionsbeschreibungen
hinausgehen (da sie sogar kausale Erklärungen ermöglicht). Es gibt sie auch in
Bereichen, die offensichtlich nicht ursächlich miteinander zusammenhängen (wie:
die Arbeitsteilung sowie die Ablösung von Führungsschichten). Eine tautologische
Aussage kann von daher ausgeschlossen werden.

Der Verdacht könnte zunächst naheliegen, denn natürlich zeichnen sich gerade
‚Hochkulturen‘ dadurch aus, dass sie einen höheren Organisationsgrad beispielsweise im Produktionsbereich erreicht haben. Wenn dies das einzige Kriterium
wäre, ‚Hochkulturen‘ also *nur* dadurch beschrieben werden könnten, dann wäre
dieses Kriterium gleichzeitig Ursache wie Begründung; die Beweisführung wäre
tautologisch. Wenn aber eben auch andere Bereiche vergleichbar sind, dann kann
von strukturellen, funktionalen Gemeinsamkeiten oder gar Gesetzmäßigkeiten gesprochen werden. Es muss aber noch einmal darauf hingewiesen werden,
dass solche Aussagen nur für strukturelle Bereich gelten dürfen, nicht für histo-
risch-kulturelle. Strukturelle Phänomene beziehen sich daher nicht auf die ‚Werte‘
einer Gesellschaft (Hofstede 1980), sondern auf die jeweilige Organisationsform,
also beispielsweise auf die Frage, ob es sich um Jäger und Sammler handelt, um

eine traditionelle segmentäre (mehr oder weniger akephale) Gemeinschaft oder um eine staatlich organisierte Gesellschaft.

Problematisch ist natürlich, wenn die Ursachen von Wandlungsprozessen und strukturellen Veränderungen erklärt und theoretisch begründet werden sollen. Auch wenn die Prozesse selbst vergleichbar oder gar gesetzmäßig sein sollten, hängen die Ursachen von verschiedenen, eben auch von kulturell-historischen Situationen ab, die zwar im Einzelfall nachvollziehbar sind, aber nur schwer zu einem übergreifenden Erklärungsmodell führen. Verschiedene Versuche, solche Modelle zu begründen, sind gescheitert (so wird beispielsweise die ‚hydraulische Theorie' Karl August Wittfogels aus dem Jahr 1957, die die Einrichtung von Bewässerungsanlagen als Ursache von ‚Hochkulturen' ansieht, trotz vieler Gemeinsamkeiten im Einzelfall als Theorie heute abgelehnt, da sie einer Verifikation nicht in allen Fällen standgehalten hat).

Theoretische und allgemeine Aussagen über strukturelle Wandlungsprozesse implizieren also ein bestimmtes Verhältnis zwischen kulturellen und strukturellen Faktoren: Auch wenn die einzelnen Gesellschaften kulturell äußerst verschieden sind, müssen die Strukturmerkmale unabhängig von beziehungsweise parallel zu den kulturellen Faktoren existieren und betrachtet werden können. So müsste pauschal behauptet werden können, dass beispielsweise die Zugehörigkeit zum christlichen oder zum islamischen Kulturkreis oder zur gemäßigten oder zur subtropischen Klimazone eine Gesellschaft auf der kulturellen Ebene prägt, aber grundsätzlich irrelevant für die strukturelle Prägung ist.

Auf funktionale Gemeinsamkeiten reduziert, sind Verallgemeinerungen und Vergleiche auf der strukturellen Ebene mithin zulässig. Sie werden tatsächlich auch häufig und selbstverständlich angestellt, nicht nur auf ‚Hochkulturen' bezogen, sondern auch beispielsweise im Hinblick auf das Prinzip des Austauschs (Mauss 1924) oder der Partnerwahl (Lévi-Strauss 1947) – im Übrigen mithin gerade von Sozialwissenschaftlern aus dem selben (französischen) Kulturkreis, dem auch Martine Segalen angehört. Der Wunsch Edward Steichens, die Aufmerksamkeit auf Universalien, also anthropologische Strukturkonstanten zu lenken, erscheint mithin legitim und ist durch die Forschung nach meinem Dafürhalten abgedeckt. Wenn es nun aber auf die Gesellschaft und das Zusammenleben in ihren Strukturen bezogene Gemeinsamkeiten gibt, dann vermutlich entsprechend der hier dargestellten allgemeinen Strukturkriterien.

In jedem Fall scheint die Kritik Steichen nicht gerecht zu werden. Offenbar unterscheidet zumindest Martine Segalen nicht zwischen einem menschlichen Universalismus (in diesem Fall: der Liebe) und der kulturell bestimmten (und daher höchst unterschiedlichen) Art und Weise, wie er gelebt und gesellschaftlich organisiert ist. Damit erscheint mir ihr Argument auch in seiner Absolutheit problematisch zu sein. Steichen wollte ja, wie sein Zitat belegt hat, kulturelle Ausprägungen bewusst ausklammern beziehungsweise (nur) als Varianten struktureller Universalismen zeigen. Fraglich ist natürlich im Einzelfall stets, ob dies gerade hier möglich und sinnvoll ist – im Grundlegenden ist sein Vorgehen aber offenbar legitim. Dass es Universalismen gibt, ist, im Gegensatz zur Aussage Segalens, im Rahmen der *Social Anthropology*, meinem Dafürhalten zufolge, inzwischen geklärt (vgl. Brown 1991; jüngst Antweiler 2009).

Nochmals: Es geht dabei nicht darum, zu leugnen, dass es unterschiedliche Kulturen gibt, die sich mitunter mit Unverständnis gegenüberstehen, manchmal antagonistisch, und es sogar kulturell motivierte Terrorakte und Kriege gibt. Aber es gibt ganz eindeutig eben auch zahlreiche anthropologische Konstanten beziehungsweise ‚Universalien‘. Sie sind in der Realität immer wieder Brücken zwischen den Kulturen. Zudem wandeln sich Kulturen: Vom Wikinger zum heutigen Skandinavier war es ein weiter Weg, der offenbar innerhalb ein und derselben ‚Kultur‘ zurückgelegt wurde. Es ist also problematisch, Kulturen als unwandelbar und einander unverständlich darzustellen. Mehr noch: Es kann sogar gefährlich sein, denn das hieße ja, es wäre bestenfalls ein Nebeneinander möglich, schlimmstenfalls wären Krieg und Terror die einzigen Möglichkeiten des Kontakts, keineswegs aber wäre ein friedliches Miteinander auf der Erde denkbar.

Wie kommt es dann zu diesem Fokus auf Unterschiede? Kulturwissenschaftler oder Ethnologen erforschen in der Regel vorrangig die Differenzen der verschiedenen Kulturen, die auch recht gut untersucht und sogar gemessen werden können, mit Hilfe von Beobachtungen bis hin zu statistischen Erhebungen. Diese Ergebnisse ermöglichen in der Tat ein besseres Verständnis kulturabhängigen Verhaltens. Dazu existiert inzwischen ein detailliertes Instrumentarium, das es erlaubt, Einstellungen und Werte verschiedener Kulturen zu erkennen und miteinander zu vergleichen. In der Regel werden dazu die Kategorien genutzt, die in den ersten Grundlagen bereits in den zwanziger Jahren des vergangenen Jahrhunderts von Franz Boas (beispielsweise 1928) und seinen Schülerinnen Ruth Benedict (1934) oder Margret Mead (1964) und deren Mann Gregory Bateson (1942, 1949), in der Folge von Talcott Parsons (1975), später vor allem von Nancy J. Adler (1986), Geert Hofstede (1980), Edward T. Hall (1976), Florence Rockwood Kluckhohn und Freed Strodtbeck (1961), Fons Trompenaars (1993), Robert House et al. (2004, 2007), Shalom H. Schwartz (2008), Pippa Norris, Ronald Inglehart (2009) und Christian Welzel (2005) sowie anderen entwickelt wurden. Die Kategorien können es ermöglichen, kulturelle Verhaltensweisen auf einer Metaebene zu kategorisieren. So konnte gezeigt werden, dass Menschen in einer gewissen Korrelation zu ihrer kulturellen Herkunft ähnlich reagieren, wenn ihre Verhaltensweisen oder Einstellungen auf Kategorien wie

- die Bereiche, für die zwischenmenschliche Beziehungen definiert werden spezifisch – diffus),
- die ‚sichtbare Emotionalität‘ (neutral – emotional),
- ‚Haben – Sein‘,
- ‚Individualismus – Kollektivismus‘ (dies ist eine der Kategorien, die bereits in den ersten Forschungsarbeiten zu dieser Thematik isoliert werden konnten; ähnlich auch die Unterscheidung, die bereits Parsons und später Trompenaars zwischen ‚Universalismus‘ und ‚Partikularismus‘ treffen),
- die jeweilige Art und Weise des Umgangs mit Konflikten einschließlich der Kontrolle von Aggression

- die ‚konfuzianische Dynamik', die durch den „Chinese Value Survey" isoliert werden konnte; Hofstede nennt diese Kategorie ‚Langzeit – Kurzzeitorientierung',
- die Bedeutung des Kontexts für die Bedeutung insbesondere des Informationsflusses (high context – low context),
- die ‚Machtdistanz',
- ‚Maskulinität – Femininität',
- die jeweilige Einstellung zum individuell bzw. subjektiv benötigten Raum,
- der Grund für die Akzeptanz eines bestimmten gesellschaftlichen Status (‚errungen' – ‚zugeschrieben'),
- die jeweilige ‚Unsicherheitsvermeidung',
- die jeweilige Zeitkonzeption (monochron – polychron),

bezogen werden. Da sich kulturelle Unterschiede (relativ) exakt beschreiben und sogar in ihrem Wandel beobachten lassen, liegt es nahe, damit zu arbeiten (ein Beispiel: Giessen/Viallon 2009), so dass der Fokus häufig auf den Differenzen liegt. Zudem wirken sie sich natürlich im Alltag und damit in der öffentlichen Diskussion aus, insbesondere in Zeiten eines intensiv(er)en Kontakts zwischen Menschen aus unterschiedlichen kulturellen Kontexten.

Allerdings spielt sich menschliches Verhalten auf mehreren Ebenen ab, wie nicht zuletzt Hofstede selbst bestätigt. Jedes Individuum ist einzigartig und verhält sich in spezifischen Situationen so, wie kein anderer Mensch sich verhalten würde; dies verweist auf die individuelle Ebene. Dann gibt es in der Tat die Ebene der Kultur. Vergleichbar wichtige (und messbare) Ebenen sind aber auch soziale Stellung oder der weltanschauliche Kontext. (Ich kann mich oft besser mit einem türkischen Universitätsangehörigen unterhalten – mit dem ich, trotz unterschiedlicher Kultur und Sprache, doch einiges an Erfahrung gemeinsam habe – als mit Mitgliedern des eigenen Kulturkreises, die aus einem ganz anderen Milieu stammen.)

Schließlich gibt als weitere Ebene diejenige anthropologischer Konstanten, also diejenige der ‚Universalien' – ebenfalls von Hofstede bestätigt –, die von vielen Ethnologen aber offenbar ignoriert wird: das, „was allen Menschen gemein ist", so Christoph Antweiler. „Was ist den Menschen gemeinsam?" lautet der Titel seines Buches (2009). Er wehrt sich dagegen, dass „kulturelle Differenz gegenwärtig die globale Leitwährung des Denkens über Kultur" sei und dass von einem „wieder erstarkten Denken von Kulturen als Kugeln, Monaden oder Containern" geredet werde:

Autoren werden von Journalisten oft gebeten, ihr Buch in einem Satz zusammenzufassen. Angesichts dieses umfangreichen Buches gönne ich mir für diese Kurzformel drei Sätze: Es existiert eine enorme Vielzahl zwischen und innerhalb der Kulturen der Menschen, aber es gibt dennoch viele Phänomene, die in allen Gesellschaften regelmäßig vorkommen. Diese Universalien sind teilweise in der Biologie des Menschen begründet, teils haben sie aber auch andere, soziale, kulturelle und systemische Ursachen. Wir brauchen Kenntnisse über Universalien für eine empirisch fundierte Humanwissenschaft und dieses Wissen ist auch praktisch relevant für realistische Lösungen menschlichen Zusammenlebens.

Antweiler will mit diesem Text die Universalienforschung rehabilitieren, indem er Universalität und Vielfalt zusammenbringt, statt sie gegeneinander auszuspielen. Neben der sozialwissenschaftlichen und kulturellen Vorgehensweise richtet sich seine Aufmerksamkeit außerdem auf die „evolutionäre Erklärung" (evolutionary explanation) als „dritte grundlegende Möglichkeit, Universalien zu erklären".
Welche Universalien gibt es? Donald Brown (1991: 415) nennt:

Value placed on articulateness. Gossip. Lying. Misleading. Verbal humor. Humorous insults. Poetic and rhetorical speech forms. Narrative and storytelling. Metaphor. Poetry with repetition of linguistic elements and three-second lines separated by pauses.

Words for days, months, seasons, years, past, present, future, body parts, inner states (emotions, sensations, thoughts), behavioral propensities, flora, fauna, weather, tools, space, motion, speed, location, spatial dimensions, physical properties, giving, lending, affecting things and people, numbers (at least one, two and more than two), proper names, possession. Distinctions between mother and father. Kinship categories, defined in terms of mother, father son, daughter, and age sequence. Binary distinctions, including male and female, black and white, natural and cultural, good and bad. Measures. Logical relations including „not", „and", „same", „equivalent", „opposite", general versus particular, part versus whole. Conjectural reasoning (inferring the presence of absent and invisible entities from their perceptible traces). Non-linguistic vocal communication such as cries and squeals. Interpreting intention from behavior. Recognized facial expressions of happiness, sadness, anger, fear, surprise, disgust, and contempt. Use of smiles as a friendly greeting. Crying. Coy flirtation with the eyes. Masking, modifying, and mimicking facial expressions. Displays of affection.

Sense of self versus other, responsibility, voluntary versus involuntary behavior, intention, private inner life, normal versus abnormal mental states. Empathy. Sexual attraction. Powerful sexual jealousy. Childhood fears, especially of loud noises, and, at the end of the first year, strangers. Fear of snakes. „Oedipal" feelings (possessiveness of mother, coldness towards her consort). Face recognition. Adornment of bodies and arrangement of hair. Sexual attractiveness, based in signs of health, and in women, youth. Hygiene. Dance. Music. Play, including play fighting.

Manufacture of, and dependence upon, many kinds of tools, many of them permanent, made according to culturally transmitted motifs, including cutters, pounders, containers, string, leavers, spears. Use of fire to cook food and for other purposes. Drugs, both medical and recreational. Shelter. Decoration of artifacts.

A standard pattern for time and weaning. Living in groups, which claim a territory and have a sense of being a distinct people. Families built around mother and children, usually the biological mother, and one or more men. Institutionalized marriage, in the sense of publicly recognized right of sexual access to a woman eligible for childbearing. Socialization of children (including toilet training) by senior kin. Children copying their elders. Distinguishing of close kin from distant kin, and favoring close kin. Avoidance of incest between mothers and sons. Great interest in the topic of sex.

Status and prestige, both assigned (by kinship, age, sex) and achieved. Some degree of economic inequality. Division of labor by sex and age. More child care by women. More aggression and violence by men. Acknowledgement of differences between male and female natures. Domination by men in the public political sphere. Exchange of labor, goods and services,. Reciprocity, including retaliation. Gifts. Social Reasoning. Coalitions. Government, in the sense of binding collective decisions about public affairs. Leaders, almost always non-dictatorial, perhaps ephemeral. Laws, rights, and obligations, including laws against violence, rape and murder. Punishment. Conflict, which is deplored. Rape. Seeking of redress for wrongs. Mediation. In-group/out-group conflicts. Property. Inheritance of property. Sense of right and wrong. Envy.

Etiquette. Hospitality. Feasting. Diurnally. Standards of sexual modesty. Sex generally in private. Fondness for sweets. Food taboos. Discreteness in elimination of body wastes. Supernatural beliefs. Magic to sustain and increase life, and to attract the opposite sex. Theories of fortune and misfortune. Explanations of disease and death. Medicine. Rituals, including rites of passage. Mourning the dead. Dreaming, interpreting dreams.

Diese Universalien konnten überwiegend in teilnehmender Beobachtung festgestellt werden. Schließlich gibt es auch quantitative empirische Forschungen, die eine unzweideutige überkulturelle Existenz belegen. Besonderes Aufsehen haben die Arbeiten von Paul Ekman und seinen Mitarbeitern erregt (Ekman/Friesen/Ellsworth 1972; Ekman 2003). Er konnte anhand objektiver Messverfahren zeigen, dass verschiedene Emotionen und Affekte kulturübergreifend völlig identisch ausgedrückt und auch in allen kulturellen Umgebungen identisch interpretiert werden. Ekman spricht von sieben Grundemotionen: Ärger, Angst, Ekel, Freunde, Scham, Schuld und Trauer. Wahrscheinlich gilt dies auch für weitere elementare Emotionen wie Hass oder Liebe.

6.3   Informationswissenschaftliche Rekonstruktion

Statistische Methoden scheinen es sogar zu möglichen, für kulturelle Artefakte, Mythen und Topoi eine grundlegende Übereinstimmungen zu belegen. Mit Algorithmen, mit denen beispielsweise auch in der Genetik gearbeitet wird, lässt sich auf recht abgesicherter Basis die Entwicklung kultureller Differenzen und die gemeinsamen Wurzeln beziehungsweise auch die teilweise verdeckten, aber noch immer existenten Gemeinsamkeiten darstellen. So fiel bereits früh auf, dass sogenannte Volksmärchen in den Themen, Motiven, Personencharakterisierungen sowie sogar im Verlauf überkulturelle Gemeinsamkeiten aufweisen (Aarne 1910). Es gibt nicht nur Entsprechungen deutscher Märchen in anderen indoeuropäischen Kulturen (beispielsweise Bréal 1863; aktuell Graça da Silva/Tehrani 2016), sondern auch darüber hinaus in Arabien, Japan, teilweise sogar in den beiden Amerikas; insgesamt wurden 300 Kulturkreise untersucht. Dazu werden Erzählungen in kodierbare Mytheme zerlegt. Die aktuelle Forschung kann in der Folge mehr als 2000 ‚internationale Typen' belegen Uther (2004). Es lässt sich auch zeigen, dass gemeinsame kulturelle Muster bereits mindestens seit der Altsteinzeit (und eben kulturübergreifend) existierten (Tehrani/d'Huy 2017). Nicht nur, *dass* Geschichten erzählt werden, sondern auch die Art und Thematik populärer Geschichten zählt zum gemeinsamen Menschheitserbe.

6.4   Kulturwissenschaftliche Hermeneutik

Kommen wir zurück zur Geschichte, welche die Ausstellung „The Family of Man" erzählt. Sie soll, zum Schluss dieses Überblicks, Anlass dafür sein, zu zeigen, dass das Faktum anthropologischer Universalien zumindest hermeneutisch ebenfalls schon lange vermutet worden ist. Der Beleg dafür findet sich in einer *Science-Fiction*-Geschichte, die in den fünfziger Jahren des letzten Jahrhunderts erschienen ist – in einer Kurzgeschichtensammlung von Poul Anderson, einem der bedeutendsten *Science Fiction* Autoren aus (nicht nur) der Zeit der Entstehung von „The Family of Man" (1960). Dort wird die Ausstellung beziehungsweise der Ausstellungskatalog mit dem Geschehen der Erzählung verflochten. Dies belegt zunächst erneut deren Stellenwert. Die Verbindung zur Ausstellung „The Family of Man" ermöglicht gleichzeitig ein besseres Verständnis des Romans wie auch des Autors Poul Anderson.

Guardians of Time ist ein *Science Fiction* Roman. *Science Fiction* Romane sind nicht ‚nur' Beschreibungen einer imaginären Zukunft, sondern sagen, wie andere Kulturäußerungen auch, viel über das öffentliche Bewusstsein der Zeit aus, in der sie entstanden sind. So belegt ein Blick in seriöse *Science Fiction* Zeitschriften (beispielsweise *The Magazine of Fantasy and Science Fiction* oder *Galaxy*) gravierende Unterschiede, wenn unterschiedliche Jahrgänge betrachtet werden. Dies betrifft gesellschaftliche Themen ebenso wie Grundstimmungen. Da *Science Fiction* Romane Projektionen in die Zukunft aus der Gegenwartssituation heraus sind, die den Autor geprägt hat, können die Romane auch als Indikatoren für gesellschaftliche Zustände in dieser Gegenwart genutzt werden. Sie verdeutlichen Ängste und Hoffnungen, Befürchtungen und Erwartungen der Zeit, aus der sie stammen.

Dies gilt auch für die Romane des Autors, dessen Werk *Guardians of Time* der Zufallsfund entstammt. Andersons Familie ist skandinavischer Herkunft; Poul Anderson wurde aber 1926 in den USA, im Bundesstaat Pennsylvanien geboren. Er studierte Mathematik sowie Physik und bestand die Prüfung an der *University of Minnesota* mit Auszeichnung. Bereits während der Studienzeit schrieb er Romane, die sein naturwissenschaftliches Fachwissen mit einer erstaunlichen Imaginationskraft und dem Gefühl für überraschende Themenkonstellationen verbanden. Sein erster internationaler Erfolg war der Roman *Brain Wave* aus dem Jahr 1954, dessen Szenario davon ausging, dass sich die Intelligenz auf der Erde dramatisch erhöhte von Tieren bis zu Menschen, die einen IQ (von 600 erreichen konnten). Das Szenario wurde konsistent und überzeugend begründet: Demnach befand sich das Sonnensystem seit Millionen von Jahren im Einflussbereich einer kosmischen Wolke, die das Tempo neuronaler Vorgänge hemmte. Dies ändert sich, als die Erde das Feld verlässt. Bemerkenswert ist, dass Anderson bereits damals einen differenzierten Roman vorlegte, der aus dem Intelligenzzuwachs auch neue, teilweise sehr ernste Probleme ableitete.

Die späteren Romane setzten häufig zu viel auf Action-Effekte, doch kann Anderson insgesamt als auch literarisch interessanter Autor bezeichnet werden, da seine Themen und Geschichten stets logisch aufgebaut, in der Konsistenz bruchlos, dabei überwiegend differenziert und vielschichtig sind. Diese Beschreibung gilt zweifellos auch für einen anderen frühen Roman des Autors, *Guardians of Time* (1960). In diesem Werk findet sich der Fund, der im Anschluss diskutiert werden soll.

Auch die Konzeption dieses Werks ist überraschend, doch schlüssig. Es geht davon aus, dass einer zukünftigen Generation der Menschheit eine neue Entdeckung gelingt: den Transport von Materie durch die Zeit, in die Vergangenheit, wie auch in die Zukunft. Die neue Entdeckung hat neue Chancen und Möglichkeiten zur Folge: mittels gezielter Reisen in die Vergangenheit können Ereignisse geändert werden, die dann die Gegenwart negativ beeinflussen. Allerdings problematisiert Anderson diesen Machtgewinn, denn die Gegenwart wird nun zum beliebigen Spielball unterschiedlicher Interessen aus der Zukunft (jener Zeit, in der die Zeitreisen entdeckt und angewandt wurden), die in die Vergangenheit eingreifen, um Ereignisse zu verhindern, die ihren Wünschen widersprechen.

Dies hat für die ihnen wiederum nachfolgenden Generationen problematische Auswirkungen, denn dadurch ist unsicher, ob sie jemals existieren können. Der Roman spielt also mit der Vorstellung von Zeitschleifen; dies hat weitreichende dramaturgische Konsequenzen. Insbesondere müssen die Generationen, die den Entdeckern der Zeitreisen nachfolgten, in die Vergangenheit eingreifen, um ihre Existenz zu sichern: Zeiteingriffe der Vorgeneration mussten verhindert werden. Zu diesem Zweck errichteten sie Büros in unterschiedlichen Epochen und an unterschiedlichen Orten, die sie mit Menschen aus der jeweiligen Zeit besetzten. Deren Ziel war es, Eingriffe in den Zeitfluss aufzuspüren und zu verhindern, um so die Zukunft zu sichern, der die Generation entstammt, die die Zeitbüros eingerichtet hat. Im Jahr 1960 wurde in New York Donald Emmeret Everard angeworben. Der Roman erzählt verschiedene Episoden aus dem Leben des ,Zeitwächters' Don Everard.

Das Ziel Everards und seiner Kollegen war es also, den Zeitfluss zu sichern, der die Zukunft der hier eingreifenden Generationen ermöglichte – Ziel war es dagegen nicht, die Vergangenheit zu ,bessern' (etwa: Hitler zu verhindern). Zudem wird verdeutlicht – eine für die damalige Zeit erstaunliche Aussage Andersons, die an postmoderne Einsichten erinnert –, dass die Ausmerzung eines schrecklichen Ereignisses in der Menschheitsgeschichte keine friedliche oder ,bessere' Welt garantiert.

Eine Geschichte des Bandes *Guardians of Time* spielt zur Zeit des Kublai Khan, der eine Expedition ausschickte, die Amerika entdeckte – im Jahr 1280, lange vor Kolumbus. Die Mongolen hatten, dieser Konzeption Andersons zufolge, die Chance, den amerikanischen Kontinent zu erobern. Auch hier spielt Anderson mit der Relativität der Geschichte. Was wäre gewesen, wenn die Mongolen Amerika tatsächlich erobert hätten? Ihre Kriegerkultur ließ sie diejenigen, die Widerstand leisteten, brutal verfolgen; diejenigen, die sich unterwarfen, wurden aber weitgehend mit Respekt behandelt und konnten ihre kulturellen Eigenarten behalten, erhielten sogar eigene Rechte, da die Mongolen nicht in Kategorien der

Rasse oder Nation dachten. Zudem muss berücksichtigt werden, dass die Mongolen ein Nomadenvolk waren, entsprechend der Indianervölker Nordamerikas – der Konflikt zwischen Nomaden und Bauern, der ein weiterer Grund der Ausrottung durch die Weißen war, entfällt also. Demographische Wahrscheinlichkeiten führen zur Annahme, dass die Zahl der nach Amerika auswandernden Mongolen geringer gewesen wäre, als dies später bei den Europäern war: die Bevölkerungszahlen konnten sich angleichen, und die Gesellschaft hätte gerechter sein können, als dies zwischen Weißen und Indianern jemals der Fall war.

Um den Ablauf der Geschichte so zu garantieren, wie es unserer Realität entspricht, durfte die Expedition jedoch keinen Erfolg haben. Die Aufgabe des Zeitwächters war es also, einzugreifen. Everard nahm gemeinsam mit einem Kollegen Kontakt mit der Expedition auf; als diese bereits weit im Landesinnern des amerikanischen Kontinents angelangt war, zerstörten sie die Schiffe und Transportmittel, so dass eine Rückkehr unmöglich wurde. In der Geschichte erledigten die Zeitwächter also ihren Auftrag ohne Blutvergießen (obgleich sie damit die Möglichkeit dazu schufen, dass später, nach der Eroberung des amerikanischen Doppelkontinents durch die Europäer, ein grausames Blutvergießen anbrechen konnte). Die Geschichte war gesichert – zumindest der Verlauf, der zur ‚amerikanischen Zivilisation‘ führte, die wiederum eine Grundlage der Zukunftsgeneration war, in deren Auftrag die Zeitwächter arbeiteten. In diese Episode fällt der genannte Zufallsfund. Bei der Kontaktaufnahme mit den Mongolen bringen Everard und ein Kollege Gastgeschenke mit, die sie dem Expeditionsleiter und einem chinesischen Begleiter, der als Schüler des Konfuzius charakterisiert wird, überreichen. Der Chinese erhält den Katalog zur Ausstellung „The Family of Man". Das Geschenk wird nur genannt, aber nicht bewertet (außer mit der kurzen Vermutung, dass die Aufmachung, insbesondere die Bildtechnik, den Chinesen verwundern würde).

Die Tatsache, dass Anderson ein solches Gastgeschenk für einen Chinesen des dreizehnten Jahrhunderts nennt, lässt verschiedene Schlüsse zu. Sie sollen im Folgenden angedeutet werden.

1. Zunächst verdeutlicht die Tatsache des Geschenks wie auch die kommentarlose Nennung im Text die Popularität der Ausstellung. Offenbar konnte Anderson davon ausgehen, dass jeder Leser Anfang der sechziger Jahre des zwanzigsten Jahrhunderts wusste, was mit dem Buch zu „The Family of Man" gemeint war. Insofern handelt es sich um einen äußerst eindrucksvollen Indikator dafür, wie populär Edward Steichens Ausstellung noch zur Zeit der Entstehung des Romans war.
2. Die Ausstellung wurde Ende der fünfziger Jahre weltweit gezeigt und auch weltweit rezipiert und gepriesen. Das heißt auch, dass sie interkulturell verständlich, zumindest wirksam war. Poul Anderson akzeptiert offenbar diese interkulturelle Wirksamkeit und erweitert sie: Dem Roman zufolge wird sie Konzeption von „The Family of Man" auch von einem Chinesen des Jahres 1280 verstanden. Die Wirksamkeit der Ausstellung ist also nicht nur im geographischen Sinn universal, sondern auch im temporären Sinn. Poul Anderson

suggeriert, dass Edward Steichen ein raum- und zeitübergreifend gültiges Werk gelungen sei – offenbar deswegen, weil sie Universalien zum Ausdruck bringt, die auch im 13. Jahrhundert erkannt und verstanden werden können.

3. Allerdings ist auffällig, dass dieses Geschenk nicht an den mongolischen Expeditionsleiter geht (der eine Taschenlampe erhält), sondern an den konfuzianistisch erzogenen Chinesen. Die Hinweise auf die Erziehung wie auch generell auf die Tatsache, dass die Chinesen strukturell in einer seßhaften und nicht mehr segmentär geprägten komplexen Gesellschaft lebten (im Gegensatz zum nomadische Reitervolk der Mongolen), verdeutlicht die hermeneutisch vermutete Wirksamkeit struktureller Aspekte.

4. Gleichzeitig wird das Geschenk mit neuen Assoziationen verbunden. Demnach können mit dem Buch Konnotationen wie Weisheit, Respekt oder Güte verbunden werden – also erneut mit Universalien, die offenbar auch im 13. Jahrhundert verstanden werden. Diese Eigenschaften werden von einem konfuzianistisch ausgebildeten Chinesen erwartet und unterscheiden ihn vom mongolischen Expeditionsleiter; wenn davon ausgegangen wird, dass er das Geschenk nicht nur erhält, um ‚irgend etwas' als Gastgeschenk zu überreichen, sind diese Eigenschaften Voraussetzung einer entsprechenden Würdigung des Buches. Erneut verdeutlicht dies, dass Anderson die oben dargelegten Unterschiede zwischen Kulturkategorien und strukturellen Verschiebungen vorweggenommen zu haben scheint.

5. Es scheint schließlich so, dass diese Hinweise auch ein Bild auf den Autor Poul Anderson erlauben. „The Family of Man" ist das einzige konkret benannte Kulturprodukt aus der Zeit der Entstehung des Romans. Dies gilt im Übrigen nicht nur für diesem Band, sondern für allen mir bekannten Werke Andersons. Die Ausstellung scheint also wichtig für den *Science Fiction* Autoren gewesen zu sein. Offenbar repräsentiert sie viele der Werte, die Anderson bedeutsam waren. Aus dem Kontext der oben geschilderten Romane darf geschlossen werden, dass insbesondere das Menschenbild demjenigen Steichens entspricht. Dazu kommen vermutlich Parallelen hinsichtlich des Eindrucks, dass die Geschichte (und die einzelnen Kulturen) durchaus relativ sind, keinen absoluten Wert besitzen, im Gegensatz zum Individuum.

Der Zufallsfund belegt die enorme Popularität der Ausstellung „The Family of Man" zur Zeit der Entstehung des Romans *Guardians of Time,* also Ende der fünfziger Jahre des zwanzigsten Jahrhunderts. Er zeigt auch, dass die Ausstellung als überkulturell, sowie überzeitlich wirksam angesehen worden war. Die Werte der Ausstellung wurden in diesem Roman offenbar konnotativ benutzt: sie sind hier mit den Begriffen Güte, Respekt und Weisheit eingegrenzt worden. Da im Roman jede Erläuterung fehlt, muss der Autor davon ausgegangen sein, dass diese Werte unzweideutig mit der Ausstellung in Zusammenhang gebracht werden. In jedem Fall handelt es sich um einen weiteren, hermeneutischen Hinweis darauf, dass (strukturelle) Universalien auch bereits in der Mitte des letzten Jahrhunderts als existent und wirksam erachtet worden waren.

6.5   Zusammenfassung und Bilanz

1. Zusammenfassend sprechen meines Erachtens viele Argumente aus der anthropologischen, der psychologischen, soziologischen oder informationswissenschaftlichen Forschung für die Annahme, dass es anthropologische Universalien gibt.

2. Erneut sei betont, dass diese Annahme nicht bedeutet, es gebe keine Kulturräume (oder kulturelle Werte, die von ihren Bewohnern als sogar distinkt zu anderen kulturellen Werten erlebt werden können, so dass es zu Konflikten kommen kann). Allerdings sei eine Anmerkung gestattet. Die Geschichte zeigt, dass es mindestens ebenso dramatische Konflikten innerhalb eines Kulturkreises geben kann. Kulturelle Unterschiede sind nicht die einzige (mögliche) Ursache für Konflikte; in der Tat scheint die Potenzialität von Konflikten ebenfalls universal angelegt zu sein.

3. Es scheint, dass die tatsächlich distinkten Unterschiede in gesellschaftlichen Organisationsformen liegen (Jäger- und Sammlergesellschaften, traditionelle segmentäre Gemeinschaften, staatliche Gesellschaften usw.). Wichtig erscheint mir deshalb, zwischen kulturellen und strukturellen Phänomenen zu unterscheiden.

4. Kulturen wandeln sich im Rahmen eines Kontinuums, das die Universalien vorgeben. Es wurde bereits darauf hingewiesen, dass die Nordischen Länder heute sich kulturell zur Wikingerzeit sehr gewandelt haben – um nur ein Beispiel zu nennen. Es spricht nichts dagegen, dass es auch in der Gegenwart und Zukunft kulturellen Wandel gibt; kultureller Wandel ist offenbar ebenfalls eine Universalie. Dies legt zumindest die Möglichkeit nahe, dass kulturell Trennendes nicht unüberwindlich bleibt.

5. Grundsätzlich bezieht sich Steichens Ausstellung „The Family of Man" auf viele dieser Universalien. Ob der Versuch Edward Steichens zu den von ihm intendierten Konsequenzen (zu einer universalen, humanistischen Welt zu kommen) führen kann, ist natürlich eine andere Frage.

Literatur

Aarne, Antti (1910): Verzeichnis der Märchentypen mit Hülfe von Fachgenossen. Helsinki.
Adams, Robert McCormick (1966): The Evolution of Urban Society. Early Mesopotamia and Prehispanic Mexico. Chicago.
Adler, Nancy J. (1986): International dimensions of Organizational Behavior. Cincinetti.
Anderson, Poul (1954): Brain Wave. New York.
Anderson, Poul (1960): Guardians of Time. New York.
Antweiler, Christoph (2009): Was ist den Menschen gemeinsam? Über Kultur und Kulturen. 2., aktual. und erw. Aufl. Darmstadt.
Auquier, Yves (1994): Bruxelles 1958. In: Back, Jean/Bauret, Gabriel (Hg.), The Family of Man. Témoignages et Documents. Luxembourg, 155–162.

Back, Jean/Bauret, Gabriel (1994) (Hg.): The Family of Man. Témoignages et Documents. Luxembourg.

Barthes, Roland (1957): La grande famille des hommes. In: Mythologies. Paris, 173–176.

Bateson, Gregory (1942): Morale and National Character. In: Watson, G. (Hg.): Civilian Morale. Boston/New York.

Bateson, Gregory (1949): Bali: A Value System of a Steady State. In: Meyer-Fortes (Hg.), Social Structure. Oxford.

Benedict, Ruth (1934): Patterns of Culture. Boston.

Boas, Franz (1896): The Limitations of the Comparative Method in Anthropology. In: Science. Bd. 4, 901–908.

Boas, Franz (1928): Anthropology and Modern Life. New York.

Bréal, Michel (1863): Hércule et Cacus, étude de mythologie comparée. Paris.

Brown, Donald E. (1991): Human Universals. New York.

Ekmann, Paul (2003): Emotions Reveiled. New York.

Ekman, Paul/Friesen, Wallace V./Ellsworth, Phoebe (Hg.) (1972), Emotions in the Human Face. Oxford.

Giessen, Hans W. (2010): Kulturelles Gedächtnis und traditionelle Gemeinschaften. In: Kodikas/ Code. Ars Semeiotica, An International Journal for Semiotics, Bd. 33/1/2, 29–38.

Giessen, Hans W./Viallon, Virginie (2009): L'élaboration des sites Internet dans des pays diffé- rents: prédominance culturelle ou contrainte du média? In: New Media & Information: Con- vergences und Divergences. Athen.

Geertz, Clifford. (1973): The Interpretation of Cultures. New York.

Graça da Silva, Sara/Tehrani, Jamshid J. (2016): Comparative phylogenetic analyses uncover the ancient roots of Indo-European folktales. In: Royal Society Open Science, Bd. 3/1. http:// rsos.royalsocietypublishing.org/content/royopensci/3/1/150645.full.pdf)

Hall, Edward T. (1976): Beyond Culture. Garden City.

Hofstede, Geert (1980): Culture's Consequences: International Differences in Work-Related Values. Beverly Hills.

House, Robert J./Hanges, Paul J./Mansour, Javidan/Dorfman, Peter W./Gupta, Vipin (Hg.) (2004): Culture, leadership, and organizations: the GLOBE study of 62 societies. Thousand Oaks.

House, Robert J./Chhokar, Jagdeep S./Brodbeck, Felix C. (Hg.) (2007): Culture and Leadership Across the World: The GLOBE Book of In-Depth Studies of 25 Societies. Mahwah.

Ibn Chaldun, Abdurahman: muqaddima.

Inglehart, Ronald/Welzel, Christian (2005): Modernization, Cultural Change and Democracy. New York/Cambridge.

Kluckhohn, Florence R./Strodtbeck, Fred L. (1961): Variations in Value Orientations. Evanston.

Kuramochi, Goto/Watanabe, Yoshio (1994): Tokyo 1956. In: Back, Jean/Bauret, Gabriel (Hg.): The Family of Man. Témoignages et Documents. Luxembourg, 147–154.

Lévi-Strauss, Claude (1947): Les structures élémentaires de la parenté. Paris.

Mauss, Marcel (1924/1924): Essai sur le don. Forme et raison de l'échange dans les sociétés archaïques. In: L'Année Sociologique, nouvelle série 1, 30–186.

Lowie, Robert (1937): History of Ethnological Theory. New York.

Mead, Margaret (1964): Continuities in Cultural Evolution. New Haven.

Mead, Margaret: Métraux, Rhoda (Hg.) (1953): The Study of Culture at a Distance. Chicago.

Miller, Wayne (1994): 1953–1955. In: Back, Jean/Bauret, Gabriel (Hg.): The Family of Man. Témoignages et Documents. Luxembourg, 45–54.

Montesquieu, Charles de (1748): De l'Esprit des Lois. Paris.

Norris, Pippa/Inglehart, Ronald (2009): Cosmopolitan Communications. Cultural Diversity in a Globalized World. Cambridge.

Nothhelfer, Gabriele/Nothhelfer, Helmut (1994): 1955 – „Nous tous" – The Family of Man … Berlin. In: Back, Jean/Bauret, Gabriel (Hg.): The Family of Man. Témoignages et Docu- ments. Luxembourg, 141–146.

Parsons, Talcott (1975): Social Systems and the Evolution of Action Theory. New York.
Schwartz, Shalom H. (2008): Cultural Value Orientations: Nature and Implications of National Differences. Moscow.
Segalen, Martine (1994): The Family of man ou la Grande Illusion. In: Back, Jean/Bauret, Gabriel (Hg.): The Family of Man. Témoignages et Documents. Luxembourg, 117–128.
Sontag, Susan (1977): On Fotography. New York.
Steichen, Edward J. (1955/1986/1994): Introduction. In: The Family of Man: The Family of Man. New York.
Steichen, Joanna (1994): Edward Steichen et The Family of Man. In: Back, Jean/Bauret, Gabriel (Hg.): The Family of Man. Témoignages et Documents. Luxembourg, 11–26.
Steward, Julian H. (1949): Cultural Casuality and Law: A Trial Formulation of the Development of Early Civilizations. In: American Anthropologist, Bd. 51, 1–27.
Tehrani, Jamshid. J./d'Huy, Julien (2017): Phylogenetics Meets Folklore: Bioinformatics Approaches to the Study of International Folktales. In: Kenna, Ralph/McCarron, Máirín/ McCarron, Pádraig (Hg.): Maths Meets Myths: Quantitative Approaches to Ancient Narratives. Berlin, 91–114.
The Family of Man (1955/1986/1994): The Family of Man. New York.
Trompenaars, Fons (1993): Riding the Waves of Culture. Understanding Cultural Diversity in Business. London.
Uther, Hans-Jörg (2004): The types of international folktales. A Classification and Bibliography. Based on the system of Antti Aarne and Stith Thompson. 3 Bde. Helsinki.
Wittfogel, Karl August (1957): Oriental Despotism. New Haven.

Spracherfahrungen im Zeitalter der Superdiversität: Eine ethnographische Studie zu finnischen Frauen

7

Hanna Snellman

7.1 Einleitung

Nach dem Zweiten Weltkrieg war ganz Europa von Wanderungsbewegungen geprägt, die aus dem Süden nach Norden und aus dem Osten nach Westen führten. In ihrer Geschichtsstudie beschreibt Caroline Brettell (1982) exemplarisch dieses Phänomen aus der Sicht portugiesischer Frauen, die nach Paris auswanderten.

Gegen Ende der 1950er Jahre fand eine neue und dramatische Wanderungsbewegung statt. Sie basiert im Wesentlichen auf dem gleichen Zusammenspiel von Bedürfnissen zwischen Sende- und Empfangsgesellschaften, die die frühe portugiesische Auswanderung charakterisierte: Die Industrieländer Nordeuropas brauchten Arbeiter, um Tätigkeiten zu erledigen, die ihre eigenen Landsleute nicht mehr bereit waren, auszuüben. Die Länder Südeuropas waren zudem bereit, ihre überschüssige Bevölkerung ins Ausland zu schicken. Französische, deutsche, schweizerische und belgische Unternehmen verließen sich zunehmend auf eine Armee ausländischer Arbeitnehmer, die keine weitere Gehaltserhöhung oder Verbesserungen der Arbeitsbedingungen forderten; sie befriedigten damit die Nachfrage nach billiger Arbeit, erhöhter Produktion und erhöhten Gewinnen. Einwanderer akzeptierten niedrigere Gehälter, zusammen mit längeren und unregelmäßigen Arbeitszeiten. Sie waren auch bereit, gefährliche Arbeiten zu

Der Beitrag erschien ursprünglich 2014 in englischer Sprache unter dem Titel Snellman, H. (2014): Everyday Language Policies: Embodiment of Language-Related Experiences of Finnish Women in Sweden. In: Halonen, M./Ihalainen, P./Saarinen, T. (Hg.): Language Policies in Finland and Sweden: Interdisciplinary and Multi-sited Comparisons. Multilingual Matters. Deutsche Übersetzung von Karl Robbins. Bristol.

H. Snellman (✉)
European Ethnology, Universität Helsinki, Helsingin yliopisto, Finnland
E-Mail: hanna.snellman@helsinki.fi

übernehmen, und akzeptierten minderwertige Lebensbedingungen. Laut Bretell wanderten innerhalb von zwanzig Jahren etwa zehn Millionen Arbeiter in die
Industrieländer Nordwesteuropas ein, um dort Gebäude zu bauen, Straßen, Häuser
und Hotelzimmer zu reinigen und in der Fertigungsindustrie zu arbeiten.

Bretells lässt dabei Schweden außer Acht, das jedoch ebenfalls Empfänger-
land war. Angebot und Nachfrage fielen auch hier zusammen. Schweden benötigte
Arbeiter, und die ländlichen Regionen Europas hatten Arbeitskräfte, aber keine
Arbeitsplätze. Wie beispielsweise Junila/Westin (2006), Lainio (1996) und Rahikainen (2007) beschreiben, wanderten alleine im Jahr 1965 fast 50.000 Menschen
nach Schweden aus. Fast die Hälfte davon kam aus Finnland, rund 4000 kamen
aus Jugoslawien, fast 3000 aus Griechenland und ebenso viele aus Deutschland und Dänemark. Bretell behauptet, dass der Höhepunkt portugiesischer Einwanderung das Jahr 1970 war, als mehr als 100.000 Portugiesen nach Frankreich
auswanderten. Im selben Jahr ist auch der Höhepunkt der Auswanderung am
anderen Ende Europas, von Finnland nach Schwede, zu sehen. Der Gipfel war
1969–1970, als die Nettozuwanderung bei 100.000 Personen lag. Erst im Jahr
1972 beendete Schweden vorübergehend die weitere Rekrutierung ausländischer
Arbeitnehmer.

Wie beispielsweise Ahrne/Roman/Franzén (2000: 89, 150) beschreiben,
wurde die Einwanderung ab 1975 unter strenge Kontrollen gestellt, und Schweden begann, eine Integrationspolitik zu befolgen, die auf kulturellem Pluralismus
basiert. Einwanderer erhielten die Gelegenheit, ihre ethnische Identität zu wahren oder die schwedische Identität anzunehmen, wenn sie dies wünschten. Sie
erhielten die gleichen Rechte, Pflichten und Möglichkeiten wie diejenigen, die in
Schweden geboren wurden. Die Gemeinden waren verpflichtet, beispielsweise die
Ausbildung in anderen Sprachen als dem Schwedischen anzubieten. Diejenigen,
die schon drei Jahre in Schweden gewohnt hatten, erhielten das Wahlrecht bei
Kommunalwahlen.

Identitätsstiftende Einrichtungen wie Museen reagierten auf die neuen
gesellschaftlichen Anforderungen. Zum Beispiel wies 1972 ein Kurator des Nordischen Museums in Stockholm, Göran Rosander, darauf hin, dass es in den Samm-
lungen des *Nordiska Museet* keine Artefakte der Roma oder der sogenannten
„Gastarbeiter" gab, die nach dem Zweiten Weltkrieg aus Finnland, Ungarn, Jugoslawien, Griechenland oder der Türkei angekommen waren. Diese Gruppen seien
jedoch ebenso Mitglieder des schwedischen Volkes wie die Schweden selbst,
und ihr Leben müsse dokumentiert werden, schrieb Rosander im Jahrbuch des
Museums (Silvén 2004: 215). Rosander zufolge war es logisch, mit der Dokumentation der finnischen Einwanderer zu beginnen, weil sie die weitaus größte Ein-
wanderergruppe in Schweden darstellten und damit als bedeutende Minderheit
charakterisiert werden konnten. Bald darauf wurde ein umfangreiches Forschungsprojekt „Migration Finnland Schweden" gegründet. Dieses Projekt führte zu mehreren Publikationen und 60 Kompendien von Feldforschungsmaterialen, die sich
im Nordischen Museum befinden.

Das Forschungsprojekt „Migration Finnland Schweden" hat mit den von
ihm initiierten Diskursen die Beziehungen zwischen Finnland und Schweden

intensiviert, weil beide Länder ein gegenseitiges Interesse am Thema „finnische Einwanderung" hatten. Bedauerlicherweise haben das Museum und die kooperierenden Universitäten (Universität Jyväskylä, Abteilung Völkerkunde; Universität Umeå, Schweden, Abteilung Geographie) sich nicht sehr für sprachliche Aspekte interessiert, sondern finnische Traditionen wie die finnischen Essgewohnheiten, und insbesondere auch die Frage, wie die schwedischen Traditionen von den Einwanderern aufgegriffen und akzeptiert worden waren, untersucht (Snellman 2010a). Zudem ist nicht klar, inwieweit die Veränderung der Einwanderungspolitik den Anfang des Projekts „Migration Finnland Schweden" beeinflusst hat. In jedem Fall kann davon ausgegangen werden, dass die laufende gesellschaftspolitische Debatte eine positive Wirkung auf Finanzierungsentscheidungen hatte.

Inspiriert vom Konzept des „historischen Korpus", das von Scollon und Scollon (2004) eingeführt wurde, war es mein Ziel, die Nachkriegserlebnisse von finnischen Einwanderinnen in Schweden ergänzend zu untersuchen, denn die Erinnerungsorganisationen haben diese Aspekte vernachlässigt (Snellman 2010b). Der Schwerpunkt dieses Aufsatzes liegt auf den alltäglichen Erfahrungen und Gewohnheiten von Einwanderinnen finnischer Herkunft, die in Schweden lebten. Es wird dargestellt, wie sie in den Arbeitsmarkt ihrer neuen Heimat Schweden eintraten und die Ausbildungsmöglichkeiten ihrer neuen Heimat nutzten. Meine eigenen Daten sollten, dabei Weckström (2011) folgend, ergänzend untersuchen, wie sie sprachliche Erfahrungen in ihr Alltagsleben integriert haben. Dazu befasse ich mich nicht nur mit der gesprochenen Sprache, denn auch Gesten, Haltungen, Gesichter, Körper, Bewegungen, physikalische Anordnungen und die physikalischen Umgebungen von Menschen haben kommunikative Funktionen (Blommaert/Rampton 2011: 6). In ihren besonderen Kombinationen prägen sie den Kontext, in dem Äußerungen produziert und verstanden werden. Im Folgenden wird analysiert, wie das tägliche Leben von sprachpolitischen Diskursen beeinflusst wird. Es wird zudem diskutiert, wie finnische Einwanderinnen ihren Alltag in einer Umgebung verbrachten, deren kulturelle Situation ihnen anfangs nicht vertraut war. Zudem wird berücksichtigt, wie sie multimodale Zeichen interpretierten, die ihnen ihre Lebensumstände verständlich machten.

7.2   Erinnerungen an den Alltag

Die Erfahrungen von Einwanderern, vor allem Frauen, werden selten untersucht, weil sie schwer darzustellen sind. Todd (2005: 18) behauptet, dass in Einwandererstudien Interviews oft der einzige Weg sind, Informationen über verschiedene Lebensstile und den Alltag zu erhalten. Im Bereich der Ethnologie sind die Teilnehmerbeobachtung und die Erzählungen, die entweder in mündlicher oder schriftlicher Form gesammelt werden, immer ein wichtiges und vielleicht das typischste Quellenmaterial gewesen; auch für diesen Aufsatz stellen sie die Grundlage dar: Die ihm zugrunde liegende Studie basiert hauptsächlich auf ethnographischen Interviews (Davies 2002: 40–41, 95), die ich 2005 in Västerås, Schweden durchgeführt habe. Da es keine offiziellen Aufzeichnungen gab, anhand derer man Namen finnischer Frauen in Västerås finden kann, habe ich den „Finni-schen Verband Västerås" kontaktiert und mich nach den Namen finnischer Frauen erkundigt, die im dortigen Verband und in anderen Foren aktiv waren. Ich hatte Glück, weil ich jemanden fand, der für mich nach Namen und Telefonnummern suchte. Während ich die Interviews durchführte, kamen durch den Schnee-ball-Effekt rasch weitere Adressen hinzu.

Die Interviews verliefen alle nach ähnlichem Muster. Ich kontaktierte die Befragten per Telefon und vereinbarte einen Interviewtermin. Die Interviews wurden immer mit einer Beschreibung des Forschungsprojekts eingeleitet. Dann erzählten die Befragten ihre Lebensgeschichte und Erfahrungen in Schweden. Oft verbrachten wir viel Zeit beim Kaffeetrinken, alte Fotoalben wurden durch-geblättert. Die Interviews wurden auf Finnisch durchgeführt und von der wissen-schaftlichen Assistentin Veera Kinnunen (Universität von Lappland) gesammelt und später wortgetreu transkribiert. Das Material wird später an die Provinzial-archive von Oulu übergehen, dem ich schon früher Interviewmaterial zukommen ließ.

Insgesamt konnte ich 15 Interviews durchführen. Die Befragten wurden zwi-schen 1928 und 1955 geboren und wanderten zwischen 1960 und 1979 nach Schweden aus. Sieben der 15 Befragten hatten bereits zur Zeit ihrer Einwanderung Kinder. Einige waren geschieden, bevor sie nach Schweden auswanderten. Zwei der Befragten waren während des Zweiten Weltkrieges als Kriegskinder in Schwe-den, ein Phänomen, das auch Virkamäki (2005) beschreibt. Nach einigen Jahren in Schweden kehrten drei der Befragten nach Finnland heim, um aber später nach Schweden zurück zu ziehen. Solche „Pendel-Einwanderungen" (Geddes 2005: 178) sind ein typisches Phänomen auf der Suche nach besseren Arbeits- und Lebensbedingungen.

Die Interviews, die ich für diesen Aufsatz verwende, sind intim und beschäftigen sich mit den persönlichen Erfahrungen der Befragten. Deshalb ist die Nutzung dieses Materials ethisch nicht unproblematisch. Wie die Privatsphäre der Befragten zu schützen ist, ist eine Frage, die zuerst gelöst werden muss. Als Forscher bin ich nicht nur den Versprechungen verpflichtet, die ich meinen Inter-viewpartnern gebe, sondern muss ebenso die Versprechungen der Interviewpartner einhalten, auf deren frühere Arbeiten ich aufbaue. Die einfachste Art, das „Daten-schutzproblem" zu lösen, besteht darin, Pseudonyme für Namen und Orte (Namen der Städte, Nachbarschaften, usw.) zu verwenden, besonders wenn die Inter-viewdaten in einer kleinen Stadt mit einer entsprechend kleinen Anzahl von Ein-wohnern gesammelt wurden (Davies 2002: 51).

Nach Davies (2002: 6, 71) ist ein Kennzeichen der teilnehmenden Beobachtung das langfristige persönliche Engagement mit denjenigen, deren Alltagsleben begleitet wird – dies ist zwangsläufig ein intimer Prozess, denn das Ziel ist ja, dass der Forscher die Kultur als Insider versteht. Ich habe Schweden seit dem Jahre 2000 regelmäßig besucht und lebte 2006 ein paar Monate dort. Infolgedessen begann ich meine Arbeit in einer Forschungssituation, in der ich eine Minder-heitengruppe studierte, zu der ich selbst nicht gehörte; diese Situation war durch-aus irritierend. Erst als ich die Gelegenheit hatte, an der Universität Stockholm zu arbeiten, wurde ich mit einem Schlag (obwohl nur vorübergehend) ein Teil dieser Minderheit. Mein damals 13-jähriger Sohn ging in die finnische Schule in Stockholm und wir lebten in Huddinge, das in der Nähe von Stockholm liegt und eine große finnischsprachige Bevölkerung hatte. Jedes Mal, wenn ich in den Supermarkt oder zum Schwimmbad in der Nähe ging, hörte ich die finnische Sprache. Bei der Arbeit verbrachte ich oft Zeit mit einer Kollegin, die aus Finnland nach Schweden ausgewandert war, weil sie mir erklären konnte, wie man alles „auf die schwedische Weise" macht. Ich lernte, dass es verschiedene Niveaus der Vertrautheit gibt. Als Folge davon wurde ich zuversichtlicher bezüglich meines Forschungsthemas.

Die Anpassungsprozesse von Neuankömmlingen und ihren Nachkommen hat Forscher seit Generationen interessiert. Nach Cohen (1993: 2) waren die in der Mitte des zwanzigsten Jahrhunderts durchgeführten Einwanderstudien stark von der Modernisierungstheorie beeinflusst: Vormoderne Menschen, die einer modernen Welt begegnen, werden nach dieser Theorie einer geistigen Transformationen unterworfen. Welche Werte sind betroffen, wenn sie mit einer industriellen Welt in Kontakt kommen, die durch eine rationale, unpersönliche Marktbeziehung gekennzeichnet ist? Um sich an die neue Umgebung anzupassen, müssten Menschen aus traditionellen Gesellschaften demnach ihre Gruppenloyalitäten und Familienbindungen zurücklassen. Die Veränderung kann offenbar langsam beginnen, aber letztlich überwältigten Urbanisierung, Industrialisierung und Massenkommunikation die vormoderne Welt und formten das Alltagsleben neu. Demnach müssten die Menschen die alte Mentalität hinter sich lassen und eine neue übernehmen. Cohens Beispiele stammen aus den USA, speziell aus einer Gruppe italienischer Einwanderer, aber ihre Diskussion ist auch in einem nordischen Kontext relevant. Es wird in beiden Kontexten untersucht, ob die Anpassung an das städtische Leben zur Aufgabe alter Welttraditionen wie der Familienloyalität zugunsten von Individualismus und persönlicher Autonomie vor sich geht. Die Studien, die sich auf Familien konzentrierten, untersuchten den Zusammenbruch der innerfamiliären Solidarität, der die Veränderung der Werte begleitete. Allerdings basiert unser Verständnis der Einwandererfahrung heute nicht länger uneingeschränkt auf der Annahme, dass eine solche Erfahrung unweigerlich zu einem Zusammenbruch und einem Funktionsverlust dieser Grundinstitution in der Gemeinschaft führt. Stattdessen wird eher darauf abgezielt, zu untersuchen, wie Einwanderer ihre Traditionen bei der Anpassung an das moderne Industrieleben nutzen. „Veränderung" und „Kontinuität" sind Schlüsselwörter der Forschung zu Einwanderern der ersten Generation. Im schwedisch-finnischen Kontext ist dieses Thema erstmals von Lukkarinen-Kvist (2006) diskutiert worden.

Meine Forschungsfragen entwickelten sich aus einer Kombination persönlicher (wie der Frage nach einer Disziplinarkultur, siehe Löfgren 1996: 75–87) und äußerer Faktoren. Die Themenwahl war fast zwangsläufig, ebenso wie die ethnographische Methodenwahl. Ethnographie ist dabei, in Analogie zu Davies (2002: 4–5, 27), sowohl eine Forschungsvariante als auch ihr Ziel. Dies impliziert eine breite Interpretation der Ethnographie als Forschungsprozess, der auf der Grundlage von Feldarbeit mit einer Vielzahl von (vor allem qualitativen)

Forschungstechniken basiert. Wichtig erscheint mir, dass ein Engagement mit Blick auf das Leben derjenigen, die über einen längeren Zeitraum beobachtet werden, nicht ausgeschlossen wird. Das letzte schriftliche Produkt – die Ethnographie – gewinnt seine primären Daten vor allem aus dieser Feldforschung und ist folglich grundsätzlich deskriptiver Natur.

Normalerweise funktioniert die ethnographische Methode am Besten, wenn möglichst viele Aussagen der Befragten existieren. Auch wenn Interviewzitate einen Teil ihrer Lesbarkeit in Übersetzungen einbüßen, verwende ich im Folgenden so oft wie möglich direkte Zitate aus den Interviews. Mason folgend (2001: 4–5, 27) und aus Gründen der Lesbarkeit habe ich nicht immer die genauen Fragen hinzugefügt, die ich gestellt habe. Problematisch erscheint mir allerdings der Umstand, dass es schwer ist, verschiedene spezifische Bedeutungsebenen in eine andere Sprache zu übertragen, und dass Effekte, die durch das sprachliche Spiel entstehen, in Übersetzungen oft unzureichend verkürzt dargestellt werden (vgl. auch Davies 2002: 113, 220). Aus diesem Grund habe ich die ursprünglichen Textausschnitte auf Finnisch in den Endnoten aufgenommen. Dies ist außerdem eine Entscheidung, die aus ethischen Gründen erfolgt (Davies 2002: 227), damit die an dieser Studie beteiligten Interviewpartner, wie auch die Forschungs-*Community*, wenigstens eine Ahnung haben sollen, worum es in diesem Beitrag geht, auch wenn sie kein Deutsch verstehen.

7.3   Berufe der Einwanderinnen

Alle Frauen, die ich interviewt habe, wohnten in Västerås, einer mittelgroßen Stadt in der Nähe des Mälaren-Sees, Provinz Västmanland, 115 km westlich von Stockholm. Zu Anfang der 1960er Jahre hatte Västerås etwa 75.000 Einwohner, von denen ein Großteil finnischer Abstammung war. Laut Koiranen, der die erste Doktorarbeit über finnische Einwanderer in Schweden veröffentlicht hat, lebten neun Prozent der in Schweden arbeitenden Finnen 1964 in der Provinz Västmanland (1966: 61, 75). Allerdings können nicht-erwerbstätige Frauen, deren Zahl offenbar nicht unerheblich war, statistisch nicht dargestellt werden. Zur Zeit der Studie von Koiranen waren die Finnen in Västerås hauptsächlich in der Metallindustrie beschäftigt (bei ASEA und *Svenska metallverket*). Die meisten waren Handwerker, wie es bei finnischen Einwanderern im Allgemeinen der Fall war. Allerdings hatte ASEA auch einige finnische Ingenieure und Techniker angeworben. Dies ist ein etwas untypischer Aspekt der finnischen Einwohnerschaft von Västerås.

Koiranen (1966: 91) beschreibt auch die Gründe für die Einwanderung von 234 Frauen, die 1945–1959 nach Schweden ausgewandert waren. Insgesamt nannten 45 % der befragten Frauen finanzielle Gründe, wie die Arbeitslosigkeit in Finnland oder bessere Arbeitsaussichten in Schweden, einen höheren Lebensstandard in Schweden und schlechte Wohnverhältnisse in Finnland als entscheidend für ihre Einwanderung nach Schweden. Darüber hinaus sagten 22 %, dass das Studium der Grund für ihre Einwanderung nach Schweden war; 19 % nannten familiäre

Gründe, 14 % Abenteuerlust und 5 % politische Gründe. 3 % hatten andere Gründe oder konnten nicht genau angeben, welche Gründe sie zur Einwanderung bewogen hatten. Eine Interviewpartnerin sagte, dass ihre Einwanderung aus zufälligen Gründen erfolgt sei.

Die meisten kamen jedoch aus finanziellen Erwägungen, die oft mit familiären Gründen kombiniert waren. In ihrer Studie, die auf Material von Västerås aus den 1970er Jahren basiert, skizziert Haavio-Mannila typische Merkmale finnischer Frauen in Schweden. Die physischen Umstände der Arbeit waren leichter, insbesondere im Vergleich zur Arbeit der Männer, die häufig im Freien arbeiteten. Allerdings arbeiteten Frauen häufiger an einem Fließband, was ihre Arbeit monoton machte. Darüber hinaus arbeiteten die finnischen Frauen in Schweden selten in Positionen, in denen man seine eigene Arbeit kontrolliert, Untergebene hat oder sogar bestimmte spezifische berufliche Fähigkeiten benötigt. Frauen fühlten sich nach ihrer Arbeit körperlich und geistig angespannter als Männer. Nach Haavio-Mannila (1979: 34–35, 37, 40) verdienten Frauen nur halb so viel wie Männer. Viele von ihnen arbeiteten Teilzeit oder zuhause. Doch auch diejenigen, die Vollzeit arbeiteten, verdienten nur etwa 80 % des Einkommens der Männer.

In ihrer Studie über Einwanderinnen in New York betont Foner (2001: 4), dass eine Reihe von haitianischen und hispanischen Helferinnen in verschiedenen New Yorker Pflegeheimen voll ausgebildete Krankenschwestern waren, aber ihre Qualifikationen wurden in den Vereinigten Staaten nicht anerkannt. Außerdem gab es Sprachprobleme, die es erschwerten, eine Lizenz zu erhalten, um als Krankenpflegerin in New York zu arbeiten. Solche Sprachprobleme hatten auch viele finnische Krankenschwestern, die in Schweden arbeiteten. Die einzige Krankenschwester in unserem Beispiel wurde eingestellt, weil sie schon eine entsprechende Ausbildung in Schweden vorzuweisen hatte. Am Anfang wurde sie als Krankenschwester im Krankenhaus eingesetzt, aber wegen ihrer Sprachprobleme in einer niedrigeren Gehaltsstufe eingruppiert:

> Und dann kam ich in Stockholm an. Ich hatte eine Schwester, eine jüngere Schwester, die bereits in Stockholm lebte, weil sie schon ein bisschen früher mit ihrem Mann angekommen war. Sie arbeitete in der Nähe von Stockholm, und dann […] Ich begann, ich fand eine Wohnung in Roslaxtull, weil das Krankenhaus einen Platz für mich in einem Schlafsaal arrangiert hatte. Aber es war schwierig, weil meine Kolleginnen und die Chefin schnell merkten, dass ich wegen der Sprache als Krankenschwester nicht alles schaffen konnte. Dann trafen wir eine Vereinbarung, dass ich als Hilfskrankenschwester arbeiten würde, bis ich die Sprache besser konnte. Und ich erinnere mich, wie schwierig es war […] wie schwierig es war, eine Hilfskrankenschwester zu sein, und für all das […] gab es eine autoritäre Oberkrankenschwester, die die finnische Krankenschwesteruniform liebte. Sie wollte, dass ich die Uniform tragen sollte, obwohl ich tatsächlich nicht die Arbeit einer Krankenschwester machte.

Im Material gibt es auch ein Beispiel dafür, wie finnische Krankenschwestern ihre finnische Abstammung versteckten:

> Ja, ich musste beim Arztbesuch einen Dolmetscher bei mir haben[…] Einmal, als ich im Krankenhaus in Enköping war, verstand ich die Frage nicht, ob sich meine Därme bewegt

hatten oder nicht, ob ich Aa gemacht hatte, oder nicht. Ich sagte, dass ich die Frage nicht verstand. Und es gab eine Krankenschwester in der Nähe und sie schrie, „paska", das heißt, „Scheiße" auf Finnisch. (Lachen). Erst dann erkannte ich, worum es ging. Dann sah der Arzt die Krankenschwester sehr wütend an und fragte, ob die Krankenschwester Finnisch verstand. Er war wütend auf sie, weil er eine lange Zeit versucht hatte, mir die Frage zu stellen. Ich hatte es nicht verstanden, und sie hätte helfen können. So passierte es mir oft. Eine Krankenschwester verstand die finnische Sprache, half mir aber nicht. Sie konnte Finnisch, half mir aber nicht. Sie schämten sich, denke ich, oder sie wollte ‚Schwedisch' erscheinen – eine Finnin, ja. Und ich bemerkte, wie der Arzt wütend wurde. Wenn man die Sprache kennt, sollte man sie für andere Menschen einsetzen.

Die Anerkennung finnischer Qualifikationen in Schweden erfolgte keineswegs automatisch. Als zum Beispiel Heljä sich bei ASEA in Västerås um eine Stelle bemühte, musste sie einen Test machen, der ihre Qualifikationen im Bereich des Technischen Zeichnens belegen sollte. Beim Interview schwieg sie darüber, aber angesichts des Faktums, dass sie die notwendige Ausbildung bereits durchlaufen hatte und offensichtlich die Qualifikation besaß, um sich auf die Stelle zu bewerben, muss sie dies als erniedrigend erlebt haben:

> Im Jahre 1971 fang ich an, bei ABB zu arbeiten. Aber dafür musste ich, obwohl ich zwei Jahre Ausbildung hatte, einen Test machen. Es gab sechzig Kandidaten, die meisten davon aus Schweden, und zusätzlich zwei oder drei Finnen. Wir mussten einen Test machen, nur um in diesem besonderen Büro arbeiten zu können, um Elektromotoren zu zeichnen. Bei mir ging der Test natürlich gut, obwohl ich Schwedisch nicht sehr gut konnte, weil ich dies in Finnland studiert hatte. Und ich bekam auch die Stelle. ABB hatte ihr eigenes schnelles Zeichner-Training, und deswegen erhielt ich sofort eine Stelle bei ABB. Ich musste zuerst den Kurs machen, und erst danach bekam ich einen Arbeitsplatz im Büro.

Heljä eröffnete die finnische Berufsausbildung einen guten Start in Schweden. Damals gab es rund 600 Mitarbeiter bei ASEA, und 36 % der Angestellten hatte finnische Wurzeln. Heljä war damals jedoch die einzige Finnin, die im Büro arbeitete. Natürlich bedeutete es bessere Arbeitsbedingungen, und es bedeutete auch, dass sie normalen Arbeitszeiten hatte. Sie musste nicht mehr, wie in einer Fabrik, in drei Schichten arbeiten. Sisko, die die gleiche Ausbildung wie Heljä hatte, erhielt ebenfalls eine Stelle als technische Zeichnerin bei ASEA, aber für sie war es nicht ihr erster Arbeitsplatz in Schweden. In den ersten vier Jahren nach ihrer Einwanderung hatte sie verschiedene Anstellungen, zum Beispiel in einem Restaurant, in dem sie kalte Speisen zubereitete, was keine Berufsausbildung erforderte, zumindest nicht die Ausbildung, die sie erworben hatte. Diese Frauen erhielten also nicht automatisch den Arbeitsplatz, für den sie ausgebildet und qualifiziert wurden.

Ein weiteres typisches Merkmal beim Einstieg in den Arbeitsmarkt der neuen Heimat liegt in der Tatsache, dass die Frauen ihre Arbeitsplätze mehrmals wechselten. In ihren ersten sechs Jahren lebte Heidi in drei kleinen Industriesiedlungen im Radius von hundertfünfzig Kilometern um Västerås. Die Familie zog jeweils aufgrund der Arbeit ihres Mannes um. Aber für Heidi war es im Allgemeinen einfach, eine neue Stelle zu erhalten. Die Einstellungsgespräche waren auch kein Problem für sie, weil bei jedem Interview die gleichen Fragen gestellt wurden:

Es ist eine lustige Geschichte, wenn die Jungs, (ihre Namen), mein Mann und sein Freund loszogen, um Stellen für uns bei einer Fabrik zu suchen. Sie gingen zusammen, weil sie dort Freunde hatten. Sie gingen dorthin, und sie (die Arbeitgeber) fragten, ob die Mädchen Schwedisch konnten. „Ja, ja," antworteten sie. Wir verstanden fast kein Schwedisch, aber genug, um simple Dinge zu beantworten, zum Beispiel nach unseren Namen; das heißt, die Fragen, die normalerweise gefragt werden, wenn man sich um eine Stelle bewirbt. Die Jungs lehrten uns, dass bei einem Interview der Arbeitgeber dies und das fragen wird. Wir gingen dorthin und die Fragen waren genau die gleichen, die die Jungs uns gesagt hatten. Ich konnte perfekt antworten und fing am nächsten Tag zu arbeiten an. Und das Beste davon ist, dass nach zwei Wochen der Chef zu mir kam und mich fragte, ob ich etwas übersetzen könnte, obwohl ich so gut wie kein Schwedisch konnte. Aber das belastete mich nicht, weil ich dachte, dass sie wieder die gleichen Fragen stellen wurden. Und so war es in der Tat – sie stellten die gleichen Fragen.

Heidis Wohnwechsel erfolgten jeweils nicht nur mit ihrem Mann, sondern auch mit einem anderen finnischen Ehepaar. Das ist keine Ausnahme. Freunde und Verwandte suchten oft in Gruppen nach Arbeit. Dies entspricht den Ergebnissen der Analyse von Todd, der die berufliche Mobilität der englischen Arbeiterklasse untersucht hatte. Er betont, dass Freunde bei der lokalen Mobilität besonders wichtig waren, da diese Wechsel in der Regel nicht mit sozialer Mobilität einhergingen (2005: 113). Dennoch gab es eine gewisse Logik in dieser Mobilität. Die Befragten veränderten ihre Arbeitsplätze in der Regel, um ein besseres Gehalt oder bessere Arbeitsbedingungen zu bekommen, oder einfach auch, um Abwechslung in ihre Arbeit zu bringen, die oft langweilig und körperlich anstrengend war.

Marja hatte das Gymnasium abgeschlossen und besaß sogar das Diplom einer finnischen Handelshochschule. Dennoch begann sie ihre Karriere in Schweden auf der niedrigsten Karrierestufe: Ihre erste Stelle war die einer Putzfrau. Wegen ihrer Inkompetenz im Schwedischen suchte sie am Anfang nicht nach Stellen, die ihrer Ausbildung angemessen gewesen wären. Sie hatte zudem den Eindruck, dass die Bezahlung recht gut war. „Reinigung war schon immer die Arbeit der Einwanderer, weil man bei solch einer Arbeit nicht reden muss," sagte eine andere Befragte. Marja arbeitete nicht sehr lange als Putzfrau, weil sie eine Stelle in einer Fabrik bekam. Aber sie blieb auch dort nicht lange, weil jemand im Büro der Finnischen Vereinigung benötigt wurde. Marja erhielt diese Stelle teilweise wegen ihrer kommerziellen Ausbildung und teilweise wegen ihrer finnischen Herkunft. Später suchte sie Arbeit bei ASEA. Da sie dann eigene Kinder bekam, kümmerte sie sich auch um die Kinder anderer Leute. Das war die bequemste Art, ihren Lebensunterhalt zu verdienen. Auch dies ist ein typischer Beruf für Einwanderer.

Auf der politischen Makroebene wird Schweden oft als Gleichheitsparadies beschrieben, aber die Beispiele zeigen, wie unterschiedlich die Realität manchmal aussah. Auch das Ideal eines multikulturellen Schwedens erhält Abstriche angesichts der Beobachtung, dass eine finnische Frau offensichtlich ihre finnischen Wurzeln verbergen musste, wenn sie in einer Büroposition arbeitete. Alternativ suchte die Frauen deshalb Berufe, in denen sie nicht kommunizieren mussten. Bei der Analyse der Alltagswirklichkeit treffen sich Makro- und Mikropolitik. In Bezug auf Deleuze und Guattari (1987: 7) und ihr Konzept der Rhizome kann man sagen, dass in der Realität Makro- und Mikroebenen an sich nicht existieren; vielmehr gibt es nur Ereignisse und Vorfälle – oder persönliche Erfahrungen, wie in dieser Studie –, wo sich Makro- und Mikroebenen treffen oder sichtbar werden. Die Makroebene reguliert die Mikroebene, aber die Mikroebene fordert die Makroebene ständig heraus und führt so zu einem Myzel-Zusammentreffen auf verschiedenen Ebenen.

7.4   Den Alltag meistern

Für viele finnische Frauen mit kleinen Kindern war die Arbeit als Putzfrau wegen der jeweiligen Arbeitszeiten eine notwendige, sinnvolle und praktische Entscheidung. Sie konnten abends und nachts arbeiten und deshalb tagsüber gut auf ihre Kinder aufpassen, während dies abends und nachts leichter von jemandem anderen, normalerweise vom Vater oder einem Nachbarn, übernommen werden konnte (Snellman 2005: 158). Sie konnten auch flexibel weitere Putzstellen annehmen, wenn die Kinder älter wurden. War dies eine Belastung für ältere Kinder? Todd (2005: 79) deutet dies an. Man kann davon ausgehen, dass dies zumindest manchmal der Fall war. Ein Indikator stellt meine Beobachtung aus dem Kontext des „Migration Finnland Schweden"-Materials dar, aus dem ersichtlich wurde, dass den Interviewern des Nationalen Kulturmuseums Schwedens, als sie 1974 finnische Frauen in Upplands Väsby aufsuchten, die Wohnungstür oft von einem jungen Kind geöffnet wurde, das allein zu Hause war, während die Eltern arbeiteten – und das eventuell gar noch auf jüngere Geschwister aufpassen musste (Snellmann 2010a). In Göteborg sagten die Befragten (Snellman 2005: 158), dass es Probleme gab, wenn die Eltern in verschiedenen Schichten arbeiteten. Dann mussten gewöhnlich eine oder zwei Stunden überbrückt werden, wenn ein Elternteil zur Arbeit pendelte und das andere nach Hause zurückkehrte. Während dieser Zeit mussten die älteren Geschwister den jüngeren als Babysitter dienen. Weckström (2011: 145–146) untersuchte junge eingewanderte Finnen der Mälaren-Bucht und interviewte auch Frauen in Västerås. Ihre Befragten aus Västerås sprachen über die Arbeit ihrer Eltern in Schweden, und bei den meisten hatte die Mutter irgendwann als Putzfrau gearbeitet. Alle Befragten, deren Mütter oder die selbst als Putzfrau gearbeitet hatten, sprachen ausführlich über das Klischee der Finnen, die als sauber und ordentlich betrachtet wurden. Sie hatten den Ruf der „besten verfügbaren Putzfrauen". Viele Befragte hatten ihren Müttern bei der Arbeit geholfen, und einige arbeiteten irgendwann selbst als Putzfrauen.

Eine Witwe und Mutter von sechs Kindern folgte diesem typischen Muster – die Töchter waren verantwortlich für die Betreuung ihrer Brüder:

> Als ich in einem Geschäft arbeitete, arbeitete ich sechs Tage die Woche, und die Sonntage waren für die Wäsche und die Vorbereitung der Mahlzeiten der folgenden Woche reserviert. Ich legte die Mahlzeiten in den Kühlschrank, so dass die Kinder sie einfach aufwärmen konnten. Ich schrieb eine Liste, die bestimmte, wer was an jedem Tag zu erledigen hatte. Die Liste lag immer auf dem Waschbecken. Und als ich am Abend nach Hause ankam, war meine erste Aufgabe, in der Küche zu sitzen und anzuhören, wer gemein zu

wem war, wer was getan hatte, wer jemanden geschlagen hatte, usw. Mein Sohn war im Kindergarten, aber er wollte nicht dort sein. Ich musste ihn wegnehmen, meiner älteste Tochter geben […] die Töchter wechselten sich ab und kümmerten sich um ihn.

Die Kinder lernten in der Regel ziemlich schnell Schwedisch und deshalb übersetzten sie sowohl die Sprache als auch die Kultur für ihre Eltern oder umgekehrt für die Lehrer (Blommaert 2010: 8–9). Als Folge davon haben die Kinder Zugang zu verschiedenen Codes der Standardsprache und der lokalen Volkssprache.

Fast alle Befragten erinnerten sich an die Zeit, als sie körperliche Arbeit leisten mussten.

Ich arbeitete lange Stunden. Am Morgen musste ich um 6.45 Uhr mit der Arbeit anfangen und der Arbeitstag endete um 17.00 Uhr. Es war 16.55, als die Fabriksirene pfiff. Danach ging ich in ein Lebensmittelgeschäft, kaufte Lebensmittel für die Familie und bereitete die Mahlzeit vor. Danach war ich zu müde, etwas anders zu tun. Man kann sagen, dass Stückarbeit schwierig ist. In einem heißen Raum mit viel Staub – Fabriken sind staubig. Man war zu müde, etwas anders zu tun, als zu arbeiten.

Die Arbeit war nicht nur körperlich extrem anstrengend, sie verursachte manchmal auch Übelkeit oder Kopfschmerzen. Eine Befragte, die kein Schwedisch konnte, musste in einer Kartoffelfabrik arbeiten, wo keine Sprachkenntnis nötig war.

Ich kotzte und saß da – wir waren wie Hühner in einer Reihe. Die Kartoffeln gingen vorbei, und sie stanken schrecklich. Ich musste sie abholen, und ich kotzte. Das war merkwürdig, weil ich auch in Finnland in einem Geschäft gearbeitet hatte.

Eine andere Interviewpartnerin erinnerte sich an die Kopfschmerzen:

Jeden Morgen wachte ich mit Kopfschmerzen auf, als ich dachte, dass ich wieder zur Arbeit gehen musste. Weil ich die Sprache nicht konnte, war es für mich sehr schwierig.

Für sie, die eine Mutter von sechs Kindern war, war nicht einmal der Lebensmittelkauf eine leichte Aufgabe:

Es ist lustig, wenn man heute darüber nachdenkt. Mein Mann [der starb, als die Befragte 36 Jahre alt war] konnte ein bisschen Schwedisch, weil er es in der Schule gelernt hatte. Aber ich konnte kaum ein Wort sagen. Einmal erinnerte ich mich nicht an das Wort auf Schwedisch, als ich sagen wollte, dass ich etwas backen wollte. Ich dachte darüber nach, wie ich das erklären konnte, weil es damals keine Selbstbedienung gab. Ich ging zum Supermarkt und deutete mit meinen Händen, dass ich etwas backen wollte. Sie brachten mir zwei Stücke Hefe. Man kann es machen, wenn man es versucht.

Auch die Arbeitsabläufe wurden „mit Händen und Füßen" gelernt:

Es gab damals nicht so viele Finnen in der Mühle. Es gab immer einige Sachen, die ich nicht verstand. Wenn es etwas gab, das ich nicht verstand, zeigte ich es mit meinen Händen und sie sagten mir, was es war. Zum Beispiel, ein Mann, der verantwortlich für die Maschine war, nahm ein Glas in seine Hand und sagte „Glas" auf Schwedisch. Auf dieser Art lernte ich Schwedisch.

Aber manchmal half sogar das Gestikulieren nicht. Eine sehr typische Ein-
wanderergeschichte beschäftigt sich mit der Geburt „auf Schwedisch". Sehr häufig
wurden Hausmeister und Reiniger finnischer Herkunft gebeten, bei der Geburt zu
helfen, wenn die Patientin die Anweisungen nicht verstand, oder wenn die Mutter
in ihrer Hilflosigkeit nicht erklären konnte, was sie wollte:

> Und meine erste Geburt war auch schon etwas. Ich war im November nach Schweden
> gekommen und bekam mein erstes Kind im April. Sie gaben mir Medikamente, um die
> Geburt künstlich einzuleiten, und dieser Prozess begann früh am Morgen. Um zehn
> Uhr in der Nacht gaben sie mir mehr Medikamente. Ich hatte nichts gegessen, aber ich
> konnte Wasser trinken. Ich versuchte zu sagen, dass ich pinkeln musste. Sie fühlten mei-
> nen Bauch und ich fragte mich, wie es möglich wäre, dass sie nicht verstanden, dass ich
> pinkeln musste. Ich versuchte, das zu sagen. Auf Schwedisch bedeutet „Kissa" („Katz"
> auf Finnisch, „katten" auf Schwedisch) „zu pinkeln." „Katten" ist ähnlich einem anderen
> schwedischen Wort, „vatten" („Wasser" auf Schwedisch, „water" auf Englisch). Ich sagte
> immer „vatten," und sie brachten mir Wasser! Dann sagte ich „kasta vatten" (eine direkte
> Übersetzung vom Finnisch). Als meine Entbindung begann, pinkelte ich sofort. Sie ver-
> standen erst dann, was ich versucht hatte, ihnen zu sagen.

Solche extremen körperlichen Erlebnisse verursachten Frustration und
Erniedrigung, und sie waren während ihrer ersten Jahre als Einwanderinnen durchaus Schlüsselerfahrungen der finnischen Frauen in Schweden. Die Interview-
passage zeigt auch, dass einige Finninnen durchaus (wenngleich sehr begrenzte)
Kompetenzen im Schwedischen besaßen, weil sie es in der Schule in Finnland
gelernt hatten. Aber das konnte auch neue Probleme verursachen, anstatt sie zu
lösen. In diesem Fall war das Thema so heikel, dass solche Erfahrungen zunächst
nicht diskutiert wurden. Die Schamgefühle sind noch immer nicht verschwunden,
obwohl das eigentliche Ereignis vor Jahrzehnten stattgefunden hat.

Nach der Geburt musste man sich um aufwändige bürokratische Angelegen-
heiten kümmern und sich mit den Behörden befassen – alles auf Schwedisch. In
meinen Daten gibt es keine Anmerkungen zur Namenswahl des Neugeborenen,
aber natürlich ist die Namenswahl des eigenen Kindes ein bewusster Akt, der
durch historische Faktoren motiviert wird. Ågren (2006: 108) zeigt, welche Impli-
kationen ein finnischer Vorname in Schweden hatte. Als sie Menschen ihrer eigenen Alterskohorte interviewte, die finnischer Abstammung waren und in Göteborg
wohnten, wurde sie sich ihres finnischen klingenden Vornamens bewusst. Aufgrund des hier präsentierten Materials (Snellman 2006a) und aufgrund meiner
früheren Interviews, die in Göteborg durchgeführt wurden (Snellman 2006b),
schließe ich auf Erfahrungen, die zu einem Verhalten führten, welches ich als die
„temporäre Festigkeit" bezeichnet habe (Snellman 2005: 134–135). Das bedeutet,
dass Einwanderinnen ihre Alltagsentscheidungen in der Annahme machten, sie
würden bald nach Finnland zurückkehren. Eine andere Strategie war, dem Kind
einen schwedischen Vornamen zu geben. Soweit ich weiß, ist das letztere Thema
noch nicht untersucht worden. Darüber hinaus ist die Entscheidung für die jeweilige Schule, die das Kind besuchen soll, ebenfalls eine wichtige soziale Aktion,
besonders, wenn man Sprachfragen berücksichtigen muss. Scollon und Scollon
berichten (2004), dass und wie sehr eine Geburt und die Namenswahl von der

spezifischen Geschichte der Einwanderinnen, von ihren persönlichen Erfahrungen, Überzeugungen, Einstellungen und Hoffnungen geprägt ist.

Das Alltagsleben wird zwar zumindest teilweise durch staatliche Politik bestimmt, aber es wird mindestens ebenso sehr von der sich verändernden Welt beeinflusst, in der man lebt. Der Lebensmittelladen ist ein gutes Beispiel dafür. Dagegen kann man in Supermärkten kaufen, was man möchte – nicht nur die Artikel, die man mit Namen und sogar mit korrekter Aussprache kennt.

7.5 Reflexionen der Bildungspolitik im Alltag

Keine der Befragten sprach ein fließendes Schwedisch bei der ersten Niederlassung in Schweden. Alle belegten schwedische Sprachkurse und zum Zeitpunkt der Interviews konnten fast alle Schwedisch. Die Sprachkurse bedeuteten den Zugang zur schwedischen Gesellschaft. Das Studium der schwedischen Sprache bot gleichzeitig neue Bildungswege und -karrieren (zumindest dann, wenn es nicht abends nach der Arbeit durchgezogen werden musste), vor allem für diejenigen Frauen, die in Finnland selbst keine entsprechenden Möglichkeiten gehabt hatten. Damit gab die Auswanderung die Chance, die Barriere zu überwinden, die die finnische selektive Sekundarstufe geschaffen hatte (vgl. Todd 2005: 105–106).

Nachdem Heljä acht Jahre in Schweden gelebt hatte, begann sie im Alter von 29 Jahren ihre zweite Bildungskarriere. Zuerst wandte sie sich der Mathematik und einigen anderen Fächern zu. Nach vier Jahren Fachhochschule erhielt sie ihren Abschluss in Elektrotechnik. Zuvor war sie die einzige Finnin ihrer Abteilung gewesen, und nun war sie die einzige Ingenieurin der Abteilung. Später studierte sie sogar drei Jahre Elektrotechnik an der Universität in Västerås. Das ganze Studium über konnte sie ihre Arbeit behalten und wurde sogar für die Zeit bezahlt, in der sie studierte. Das Universitätsstudium veränderte nicht sofort ihre Stellung am Arbeitslatz, aber sie wurde besser bezahlt und empfand sich auch als qualifizierter. Ein Jahr arbeitete sie als Vorarbeiterin mit 36 Männern. Als Frau, Einwanderin und jemand mit Bürohintergrund erwies sich das weitere Fortkommen dann jedoch als so schwierig, dass Heljä letztlich sogar aufgeben musste:

> Und ich war eine Frau, und ich war eine Einwanderin und ich war […] was war ich noch? Ich hatte einen Hintergrund als Büroangestellte. Die Tatsache, dass ich einen solchen Hintergrund hatte, war nicht gut. Das Schlimmste daran war, dass ich aus einem Büro gekommen war, um in einer Werkstatt zu arbeiten. Und dann […] genehmigten sie es nicht. Es gab diejenigen, die in der Werkstatt angestrengt arbeiteten, und es gab auch diejenigen, die das Minimum machten. Die Rollen waren so aufgeteilt. Und sie hatten keine anderen Frauen in der Werkstatt gesehen […] es war eine große Werkstatt. Das war es dann für mich gewesen.

Auch Hannele, die Krankenschwester mit finnischer Qualifikation, bildete sich in Schweden weiter. Nach einigen Jahren beantragte sie eine Krankenschwesterlizenz und spezialisierte sich auf Psychiatrie. Marja, die in Finnland einen Abschluss der Handelshochschule hatte, bildete sich ebenfalls fort, aber nicht im gleichen Bereich. In Västerås hatte sie als Tagesmutter gearbeitet und sich um kleine Kinder gekümmert. Als ihr jüngstes Kind etwa zehn Jahre alt war, begann sie ihre weitere Qualifikation. Danach arbeitete sie in einem Kindergarten. Nach dem Abitur erhielt Hellevi eine gute Stelle bei ASEA, später bei ABB. Sie hatte einen guten Arbeitsplatz als einzige Angestellte bei einer kleinen Post in Finnland gehabt. Aber sie wusste, dass sie sich ebenfalls weiterbilden musste, um einen Bürojob in Schweden bekommen zu können. Zuerst machte sie Sprachkurse. Danach studierte sie an einer Handelshochschule und erhielt einen Abschluss in Buchhaltung. Als Maija in Västerås nach Arbeit suchte, war die Auflage der Arbeitsverwaltung, dass sie Sprachkurse und andere Kurse absolvieren sollte, die ihre Berufsausbildung in Finnland unterstützten:

> Ich hatte hier also keine Stelle, als wir einwanderten. Am Anfang […] keiner von uns konnte Schwedisch sprechen […] dann machte ich einen Schwedischkurs und machte alle Arten von […] Ich war abends eine Weile Putzfrau in einem Laden […] ich machte alle Arten von Kursen. Am Ende kriegte ich einen Arbeitsplatz als Zeichnerin bei ASEA.

> Es gab Sprachkurse und […] und was noch? Ich ging zu einem Werkstatt-Kurs, einem anderen Kurs und […] (lacht). Und dann machte ich eine Weile einen Zeichnungskurs, obwohl ich diese Ausbildung schon in Finnland gemacht hatte. Aber es war notwendig, die Terminologie – technische Terminologie – auf Schwedisch zu lernen.

Später ging Maija auch mehrere Jahre zur technischen Oberschule. Sie arbeitete weiter in einer ABB-Werkstatt, aber mit anspruchsvolleren und eigenständigeren Aufgaben. Heta konnte ebenfalls in den Bereich zurückkehren, in dem sie in Finnland gearbeitet hatte. Sie hatte das Glück, an einem Programm teilnehmen zu können, mit dessen Hilfe Einwanderern eine Ausbildung in dem Bereich angeboten wurden, in dem sie vor ihrer Einwanderung gearbeitet hatten. Nach einer Ausbildung, die anderthalb Jahre dauerte, konnte Heta einen Friseursalon aufmachen. Die Rückkehr in ihren alten Beruf war für sie wie eine Art Heimkehr. Pirkko nahm an verschiedenen Abendkursen für Schwedisch teil, als sie 1964 nach Schweden kam. Nachdem sie viele Jahre als Putzfrau gearbeitet hatte, begann sie in einer Zentralküche, die Mahlzeiten für Seniorenheime zubereitete. Der Arbeitgeber schickte sie zu weiteren Kursen, und letztlich arbeitete sie als Chefköchin. Hilkka wurde vier Jahre als Köchin ausgebildet, aber sie wollte nicht in diesem Beruf arbeiten, und arbeitete weiterhin als Putzfrau und später bei ASEA beim Spooling.

Diejenigen, die ein Studium anfingen, es aber abbrachen, hatten gewöhnlich einen besonderen Grund dafür. Paula hatte einen guten Start, musste aber wegen Gesundheitsproblemen aufhören:

> Ich lernte in einer Gesamtschule auf Finnisch. Viele waren in Finnland nur sechs Jahre in die Schule gegangen, und gingen hier nun weitere zwei Jahre in die Gesamtschule. Ich war eine der letzten, die auf Finnisch lernen konnten, weil sie das später abgeschafft hatten. Ich ging zwei Jahre in diese Schule. Es war wundervoll. Ich war so froh, nicht zur Arbeit gehen zu müssen. Ich las viel und wir hatten auch eine angenehme Klasse. Danach ging ich auf eine Oberschule, wo der Unterricht nicht auf Finnisch, sondern auf Schwedisch war, aber es machte keinen Unterschied. Aber ich bekam Gesundheitsprobleme und musste aufhören.

Päivi hatte auch eine Weiterbildungsmaßnahme begonnen, musste sie aber ebenfalls wegen Gesundheitsproblemen im Alter von 39 Jahren beenden. Helmi begann
1978 die Gesamtschule auf Finnisch, musste aber abrechen, weil sie schwan-
ger wurde. Später begann sie wieder zu lernen, musste aber erneut aufhören,
weil sie sich es nicht leisten konnte. Ihr Traum wäre es gewesen, nach einer entsprechenden Lehrzeit in einem Altersheim zu arbeiten. Sie hatte Gesundheitsprobleme und musste im Alter von 45 Jahren in den Ruhestand gehen.

  Fast alle Einwanderergeschichten der Befragten folgten dem gleichen Muster.
Die ersten Jahre oder Jahrzehnte in Schweden hatten die Frauen Einwanderungs-
berufe, die körperlich anstrengend und eintönig waren. Die meisten davon arbeiteten irgendwann als Putzfrau. Erst danach hatten sie die Möglichkeiten, sich
weiterzubilden, und später in Büroberufe zu gelangen. Die Jahre bei der harten
körperlichen Arbeit verursachten letztlich Gesundheitsprobleme. Jede Befragte
musste sich aufgrund von arbeitsbedingten Krankheiten relativ früh aus dem
Arbeitsleben zurückziehen.

7.6   In Finnland und darüber hinaus

In einem größeren Zusammenhang gesehen sind die in diesem Kapitel
beschriebenen Frauen Nachkriegseinwanderinnen aus Europa, die als Putzfrauen arbeiteten, sich um Kranke und Kinder kümmerten und ältere Menschen
in Krankenhäusern und Seniorenheimen an verschiedenen Orten der Welt unterstützt hatten, oder in verschiedenen Industrie-, Handels-, Pflege- und Bildungs-
bereichen arbeiteten. Die Spitzenjahre dieser Einwanderungswellen liegen mehr
als vier Jahrzehnte zurück, aber die Schicksale dieser Frauen sind ein wichtiger
Teil des historischen Korpus von Einwanderinnen in den jeweiligen Ländern. Aufgrund der globalen Finanzkrise erfolgt eine ähnliche Einwanderung erneut im
21. Jahrhundert, obwohl sich die Sende- und Empfangsländer verändert haben. Es
gibt erneut Menschen unter uns – sogar mit steigenden Zahlen –, die in fremden
Umgebungen leben müssen (Blommaert/Rampton 2011: 155).

  In diesem Aufsatz habe ich von Frauen berichtet, die in ihrer Muttersprache,
Finnisch, gedacht und gelebt haben, aber in einer schwedischsprachigen
Umgebung zurechtkommen mussten. Sie waren von mehreren Politikwechseln
betroffen; von besonderer Bedeutung war dabei die Entscheidung Schwedens
als Aufnahmeland, dass die Einwanderer zumindest zu einem gewissen Grad
die schwedische Sprache können sollten. Dabei gab es Zeiten, in denen es mehr
Arbeiter als Arbeit gab und in denen die Politik half, diesen Personen einen
bezahlten Sprachkurs oder eine Erwachsenenausbildung zu ermöglichen, anstatt
sie in der Arbeitslosigkeit zu belassen.

  Der Begriff des „historischen Korpus" wird hier metaphorisch benutzt, um die
Lebenserfahrungen aus Finnland zu beschreiben, die sich in Schweden weiter-
entwickelten. Aber er wird auch benutzt, um die Hoffnungen und Träume, wie das
Leben sein könnte, zum Ausdruck zu bringen. In diesem Aufsatz stand die alltägliche Sprachpolitik im Vordergrund sowie die Frage, wie Individuen im Rahmen

ihrer Alltagsroutinen in einer Welt navigieren, in der der Alltag – ohne dass man sich dessen bewusst ist – durch staatliche und lokale Sprachpolitik beeinflusst wird. In meiner Studie liegt der Scherpunkt auf dem, was man „alltägliche Sprachpolitik" nennen könnte. Diese Politik ist rhizomatisch, nach dem Konzept, das Deleuze und Guattari (1987: 22) eingeführt haben. Die Politik, die „oben" gemacht wurde, hatte „unten" konkrete Auswirkungen. Manchmal trafen sich die Ziele auf der Makro- und auf der Mikroebene, aber nicht immer.

Blommaert/Rampton (2011: 1) betonen, dass die Globalisierung das Gesicht der sozialen und sprachlichen Vielfalt in Gesellschaften auf der ganzen Welt verändert habe. Demnach wurde der Multikulturalismus einer früheren Ära, die vor allem durch das Paradigma der „ethnischen Minderheit" beschrieben wurde, allmählich durch etwas ersetzt, was früher als „Superdiversität" beschrieben wurde. Auch wenn hier das Alltagsleben im Rahmen der 1960er und 1970er Jahre diskutiert wird, sollte man sich dessen bewusst sein, dass die Interviews im Zeitalter der „Superdiversität", im Jahr 2005, durchgeführt wurden. Erfahrungen der Befragten aus den 1990er Jahren und Anfang der 2000er Jahre waren ein Teil ihrer jeweiligen Geschichte, obwohl sie soziale Aktionen jener frühen Jahre beschreiben.

Die Befragten schilderten Ereignisse, die sie mit ihren historischen Erfahrungen füllten. In den Interviews beschrieben sie ihre frühen Jahre in Schweden, als sie allmählich die kulturellen Aspekte des neuen Landes kennen lernten. Sie waren sich ständig der Begrenztheit ihrer Handlungsmöglichkeiten bewusst. Als sie für eine Stelle interviewt wurden, verstanden sie nicht unbedingt die gestellten Fragen, aber ihre Landsleute hatten sie für das Interview auf eine Weise vorbereitet, welche die Bewerberinnen glaubwürdig machte. Die Geburt eines Kindes oder eine Absprache mit einem Arzt war oft eine erniedrigende Erfahrung, wenn die Patientin ihre Bedürfnisse nicht vermitteln konnte und sich vollkommen hilflos fühlte. Nicht einmal tägliche Routinen wie der Kauf von Lebensmitteln waren einfach, wenn erwartet wurde, in einem Geschäft auf Schwedisch zu reden, was noch in den 1970er Jahren die Realität war. Sogar talentierte Menschen mit einer Ausbildung fanden sich in Einwandererberufen wieder, bei denen man nicht reden musste. Allmählich wurden sie mit der Situation vertrauter, in der Regel mit Hilfe ihrer Kinder und anderer finnischer Auswanderer, die bereits früher eingewandert waren. Als Ergebnis unterschiedlicher bildungs- und arbeitspolitischer Maßnahmen konnten sie sich mitunter weiterentwickeln und eine körperlich weniger anstrengende Arbeit finden.

Scollon/Scollon (2004: 160) diskutieren Handlungen als Momente in Zeit und Raum, in denen sich das „historische Korpus", die Wechselwirkungsordnung von Menschen und die Diskurse an einem Ort treffen. Demnach sind sie Folge der Geschichte und Ausgangspunkt für eine Zukunft, die sich in Wellen semiotischer Transformationszyklen weiterführt. Darüber hinaus beschreiben Scollon/Scollon (2004) die Aktionen, die den Zyklen einen weiteren Impuls verleihen, wie eine Pumpstation entlang einer Ölpipeline, oder die sie ablenken wie ein Elektron, das ein Magnetfeld durchläuft. Wenn stimmt, was Scollon/Scollon (2004) behaupten, und die Lebensgeschichten von Menschen, Orten, Diskursen und Objekten nur in diesen Momenten der Veränderung und Umwandlung betrachtet werden können, dann lassen sie sich bezüglich der Frauen, die für diesen Aufsatz interviewt wurden, vor allem als Momente des Unbehagens und der Ungewissheit charakterisieren. Persönliche Erfahrungen stehen im Mittelpunkt, aber gleichzeitig ist die Ethnographie dieser Studie vor dem Hintergrund vielfältiger sprachpolitischer (und allgemeinpolitischer wie auch gesellschaftlicher und technischer, etwa Routinen am Arbeitsplatz betreffender) Entwicklungen zu sehen.

Anhang

The original citations in Finnish:
Ja sittenhän minä tulin Tukholmaan. Mulla oli sisko Tukholmassa jo, oli vähän aikaisemmin tullut miehensä kanssa, nuorempi sisko. He olivat Tukholman lähellä töissä ja sitten[...] aloin, menin sinne Roslaxtulliin asumaan, sinne oli asunnotkin järjestetty sellaisessa asuntolassa niinkö, ja sehän oli aika vaikeeta sitten se, ku mä heti huomasin, ja huomas varmaan sielä[...] työtoveritki ja johtaja, että enhän minä pärjänny, siis se ei onnistunut se sairaanhoitajana oleminen ku oli niin huono kielitaito, ja sitten sovittiin, että minä olin niinkun, niinkun apuhoitajan paikalla kunnes kielitaito sitten parantuu. Ja muistan vielä, miten kauheen musta oli [...] vaikeeta ku piti olla apuhoitajana ja silti[...] siel oli oikeen semmonen auktoritärinen vanhan tyylin osastonhoitaja, joka sitten tykkäs, että se oli niin hieno se suomalainen sairaanhoitajapuku ja tykkäs, että mun oli kuitenkin pidettävä sitä sairaanhoitajan pukua ja sit mä olin kuitenkin apuhoitaja. Interview by Hanna Snellman, Västerås, June 22, 2005.
Oli. Oli pakko olla tulkki lasten vuoksi, joo, että oli. Ja sitten justiin tässä tullaan nyt taas siihen tukokseen, ku mä tuota Enköpingin sairaalassa ja tuota minä en ymmärtänyt, että onko mulla toiminu avförinki, että olenko mä kakannut [...] ja mä sitten sanoin, että mä en oikein ymmärrä sitä niin tuota siellä seiso hoitaja ja se hoitaja huutaa [...] karjaisee sieltä, että ‚paska'[naurua]. No silloinhan mä ymmärsin, että mitä lääkäri tarkoitti [...] niin niin. Ja mä sanoin sitte, että vähän [...] niin, että vähän on tullut. Niin se lääkäri kuule katahtaa sitä naista siinä ja sanoo, että kan du svenska [...] finska, oikein niinkö vihaisesti sitä, että me jauhettiin niin pitkään sitä niin ku minä en ymmärtäny [...] että hän ei voinu auttaa aikaisemmin. Että näitä tämmöisiä tapauksia tuli paljon, että hoitajat ymmärsi suomea, mutta he ei auttanu. [...] Osas [hoitajat suomea], mutta ei auttanu, joo, joo. Ne niinkö häpesi vissiin, tai halus olla niin täydellisesti ruotsalaisia jo. [...] Suomalainen [oli], joo, joo. Ja mä näin, että se lääkäri suuttu. [...] Niin. Ja toinen kerta ossaa, niin ois tulkannut sen. Interview by Hanna Snellman Västerås June 21, 2005.
Mä menin seitkytyks, mä menin ABB:lle [parin vuoden Ruotsissa asumisen jälkeen]. Mut siihenki mun piti, vaikka mulla oli kahen vuoden koulutus, niin mun piti tehä semmonen koe, ja siellä oli kuusikymmentä hakijaa, ruotsalaisia oli ja oliko meit kaksi vai kolme suomalaista siinä ryhmässä. Meijän piti tehä semmonen testi vielä, että me päästiin just tälle konttorille piirtämään. Ja tuota[...] no minun kohalta meni tietenkin se testi hyvin, vaikka minä en ruotsia kunnolla

osannutkaan, koska mää tiesin niistä kysymyksistä, ku mä olin just lukenu Suomessa ne aikaisemmin. No tota mä pääsin sitte [...] ABB:llä oli semmonen oma pikakoulutus niinku sinne piirtäjäksi, ja mä pääsin sitä kautta sitte suoraan sitte kiinni ABB:lle. Että mää kävin semmoisen kurssin niinku ensiksi ja mä pääsin sieltä suoraan johonkin konttoriin töihin. Interview by Hanna Snellman, Västerås, June 18, 2005.

Se oli muuten jännä juttu kun ne [...] pojat oli [...] se oli [2 names], minun mies, niin ne meni hakeen sitä työtä sinne. Ne meni kahdestaan sinne Hjutorpiin, koska hänellä oli kans siellä tuttuja [...] joo. Ja menivät sinne ja ne oli kysyny sitte osaako nämä tytöt niinku suomee, eiku ruotsii. ‚Juu', ‚juu', oli sanonu. Ei paljon osattu, mutta sen verran, että osas, että osas nimen sanoa, henkilö-, kaikki semmoset mitä ne kysyy, niin. Ne opetti, että nyt ko te meette sinne, ne kysyy tätä ja tätä ja tätä. [...] No [nimi] osas [ruotsia]. Hän osas ruotsia aika hyvin, koska hän oli ollu täällä [...] just joo. Ja mun mies oli lukenu, niin että kyllä seki vähän osas, joo. Koulussa. Hän oli käynyt ammattikoulun siellä Helsingissä. Niin tota, me mentiin sinne ja se oli sama [...] just samat kysymykset kysy... mitä nämä just oli sanonu. Mää osasin ihan hyvin [naurahtaa], niin. No eihän, seuraavana päivänä sai töihin alkaa, joo. Ja se oli kaikista parasta, mä olin kaks viikkoo ollu siellä töissä niin tämä pomo tuli sanomaan, että mun pitää tulla tulkiksi [naurua]. Enkä osannu yhtään ruotsia. Mutta mää, että ei se mitään, se kysyy samat asiat kuitenki ku multaki. Niin oli. Kysy samat asiat. Interview by Hanna Snellman, Västerås, February 7, 2005.

Silloin ku minä olin voileipäputiikissa, minä tein kuus päivää viikossa töitä ja sunnuntai oli pyykkipäivä. Pyykkipäivä ja ruuanlaitto, viikon ruuat, että pakasteeseen, että sitten lapset ei kun lämmitti vaan. Minä kirjoitin listan kuka tekee minäki päivänä mitäki työtä. Aina tuossa tiskipöydän päällä oli lista. Ja kun tuli iltasella, ensimmäinen työ oli istahta keittiöön ja kuunnella, mitä kuka oli kelleki ollu ilkee, mitä ne oli tehny, kuka oli ketäki lyöny. [...] Poika oli tarhassa, mutta se ei viihtyny yhtään. Minä jouduin ottamaan sen pois sitten, vanhin tyttö aina[...] tytöt vuorotteli sitä hoitoo. Interview by Hanna Snellman, Västrås, June 27, 2005.

Ei kun kato se ol se työaika kun men niin pitkäks, että noin aamul piti olla vartti vail seittemän töis ja sit viieltä lopetettiin, vai viittä vaille viiskö se pilli soi. Ja sit ku käy kaupas ja osti sen ruokansa ja teksi sen, ei sit kuule jaksanu enää lähtee. Siel kato urakal paino menemään, se ol nii rankkaa, joo. Kuumas salis ja pölyses ja kato kankaathan pölyää hirveesti. Ei sit jaksanu silloin ollenkaan Interview by Hanna Snellman, Västerås June 23, 2006.

Joo mä olin sillain, että minä menin illoilla perunatehtaalle. [...] Oksensin ja istuin siellä[...] ko oli niinko kanat orrella näin ko ne perunat meni ja ko ne haisi pahalle. Nokin pois niitä ja minä oksensin. Se oli minulle outoa tietenki, ku mä oon liike-elämässä ollu. Interview by Hanna Snellman, Västerås, June 2, 2005.

Se on hauska ko miettii jälkeen päin. Mun mies osas hiukan, oli koulussa sitä kuullu, mutta minä en yhtään. Ja sitten kerrankin, minä en muistanu sannaa ja mää sanoin että pullaa leivon, mä että millä ihmeen tavalla ku ei sillon ollu itsepalveluja eikä mittään. Mää menin kauppaan ja näytin ensin ne [...] näytin tällä tavalla, että mää leiposin ni ne, että yks vai kaks ja minä että kaks ja se toi mulle kaks hiivaa [naurua]. Kyllä sitä aika pitkälle pärjää ku yrittää. Interview by Hanna Snellman, Västerås June 27, 2005.

Siellä ei ollu paljon suomalaisia siinä tehtaassa sillon. Ja se oli niin hyvä, että kun... mä muistan kaikki nämä, jotka hoiti niitä koneita, mun mies oli siellä niin kun [...] koneenkorjaajana ja... se oli iso tehdas, ja aina jos joku asia ei ollu, että mä en tienny, mä näytin ‚sano'. Ne otti käteen esimeks lasin ja näytti ‚tämä on lasi'. Niin sillain mä... siis käytännössä mä opin kaikki ruotsin. Hirveesti opin. Interview by Hanna Snellman VästeråsFebruary 7, 2005.

Voi kuule ensimmäinen synnytys, siinä oli kanssa toinen [nauraa]... Mä marraskuussa tulin tänne ja huhtikuussa sain ton tytön ja minulla tota... minut pantiin... tekopoltot ... ku se ennää selkä kestäny ja minä aamusta makasin... sitten puoli kymmenen illalla siinä petissä ja ne pani niitä tippoja ja enhän mää pystyny syömään mutta mää join vettä ja mää koitin niille sanua, että [nauraa], kuuntele nytten, kiva sun kirjottaaki, koitin sanoa, että tota... ja he kävi koittelemassa, että eikö ne ajatellu, että mulla on virtsarakko niin täysi ja minä koitin sitten snua, että mua pissattaa. Ja kissa on pissa, niin sehän on aika lähellä, että vatten, niin ne toi mulle vettä. Ja minä yritin, että ‚kasta vatten'... niin [nauraa], että minä sitä sannoin, kyllä minoon ajatellu... No, mää sain pittää kunnes ne rupes tekkee synnytyksen niin pissa tuli ensin, niin, niin. kai he siinä ymmärsi sitten, että mitä mää oon tarkottanu. [–] Niin. Sitä tuli sitten ennen ko... tyttö pääsi tulemaan. Niin kyllä minä olen monta kertaa jälkeen päin aatellu, että herra jumala, eikö ne pissasta ja pissa ja kissa ku ne on melkein sma ku monta kertaa sanotaan, että ‚är du pissnötig' niin, eikö se olis pitäny ymmärtää, että mun... ja ku he toi vettä, vettä vaan juotavaksi, että eikö heijän pitäis ymmärtää, että pitäshän mun laskee se alaski. Interview by Hanna Snellman, Västerås 21 June, 2005.

Ja mä olin nainen ja mä olin ulkomaalainen ja mä[...] mitähän mä olin vielä? Mä olin tullu konttorista. Se, että minä olin tullu konttorista sinne työpaikalle, niin se ei ollu hyvä asia. Se oli kaikista pahin asia, että mä olin konttorityöntekijä, joka tuli verstaaseen. Ja sitten[...] ne ei oikein niinkö hyväksyny sitä. Siinähän se oli niinko, että ne jotka on verstaassa tössiä niin se on me, jotka tekee tämän homman ja net ovat vain paperinkantajia. Että se oli sillain niinko semmonen osajako, että[...] ja ei muista naisia ensinkään nollu varmaan nähnykkään elämän kuuna päivänäkkään siellä verstaalla[...] soli iso verstas ja sitten [...] ei mulla oikeestaan siinä muuta ollu. Interview by Hanna Snellman, Västerås June 18, 2005.

No täällä mulla ei ollu töitä kun mää muutin tänne. Mutta siinä alussa sitten[...] eihän me osattu kieltä kumpikaan, tietenki me[...] sitte menin kielikurssille ja teki aina jotaki[...] minä olin kaupassa siivoamassa hetken aikaa, aina iltasella kävin ja [...] kävin kaikenlaisia kursseja siinä sitten Ja lopuksi sain sitten pirtäjän paikan ASEA:lta. [Mikälaisia kursseja sä kävit siten?] No se oli kielikurssia ja [...] mitähän minä kävin sitten? Minä kävin kuule verstaskurssin, mä kävin sorvaajakurssin ja [nauraa]. Sitte mä kävin vähän aikaa piirtäjäkurssiakin kyllä, vaikka mulla piirtäjäkoulutus oliki jo Suomesta, mutta siinähän tulee niitä, tarvii niitä ruotsalaisia termejä, se tekniikan sanasto. Interview by Hanna Snellman, Västerås February 18, 2005.

No mie kävin noin ensittäin sen suomenkielisen peruskoulun, sen mitä näil Ruotsis ol suomen kielel[…] täälähän se[…]kato, ko moni Suomes ol lukenu vaan sen kuus vuotta, niin se ol sellain peruskoulu tääl kaksvuotinen. Nii mie olin viimeisii […] viimesii luokkalaisii, jotka sai sen suomenkielel. Sehä otettii pois seki. Mie kaks vuotta kävin sitä kouluu. Oikein kivaa oliki. Mie olin niin mielissään, ku ei tarvinnu mennä töihin ja mie luinki ja olin niin[…]meil ol niin kiva luokkaki, että. Sit ei ollu enää suomenkiel sit […] sit lukioo. Mie menin kyl ruotsnkieliseen sit, mut se nyt on sama mitä[…] mulle kummassako mie sit luin, mut ko se meni niin hankalaksi toi terveys niin [jouduin lopettamaan kesken]. Interview by Hanna Snellman, Västerås June 26, 2005.

Literatur

Ahrne G./Roman, C./Franzén, M. (2000): Det sociala landskapet. En sociologisk beskrivning av Sverige från 50-tal til 90-tal. Göteborg.
Blommaert, J./Rampton, B. (2011): Language and Superdiversity Diversities Bd. 13/2, 2011. http://www.unesco.org/new/en/social-and-human-sciences/resources/periodicals/diversities/past-issues/vol-13-no-2-2011/language-and-superdiversity.
Blommaert, J. (2010): The Sociolinguistics of Globalization. Cambridge.
Bretell, C. (1982): We Have Already Cried Many Tears. Cambridge.
Cohen, M. (1993): Workshop to Office. Two Generations of Italian Women in New York City. 1900–1950. Ithaca/London.
Davies A. C. (2002): Reflexive Ethnography. A guide to researching selves and others. Oxon.
Deleuze, G./Guattari, F. (1987): A Thousand Plateaus. Minneapolis.
Foner, N. (2001): Benefits and Burdens: Immigrant Women and Work in New York City. In: James, S. R. (Hg.): Immigrant Women. New York/New Brunswick/London, 1–20.
Geddes, A. (2005): The Politics of Migration and Immigration in Europe. London/New Delhi.
Haavio-Mannila, E. (1979): Sukupuolten elintasoerot Ruotsin siirtolaisten keskuudessa. In: Sosiologia 1, 31–41.
Junila, M./Westin, C. (2006): Inledning. In: Junila, M./Westin, C. (Hg.): Mellan majoriteter och minoriteter. Om migration, makt och mening. Helsingfors, 13–43.
Koiranen, V. A. (1966): Suomalaisten siirtolaisten sulautuminen Ruotsissa. Sosiologinen tutkimus Ruotsiin vuosina 1945–1959 muuttaneiden suomenkielisten siirtolaisten kulttuurin muuttumisesta. Porvoo/Helsinki.
Lainio, J. (1996): Finskans ställning i Sverige och dess betydelse för sverigefinnarna. In: Jarmo Lainio (Hg.): Finnarnas historia i Sverige 3. Tiden efter 1945. Helsingfors/Stockholm.
Löfgren, O. (1996): Ett ämne väljer väg. In: Ehn, B./Löfgren, O. (Hg.): Vardagslivets etnologi. Reflektioner kring en kulturvetenskap. Stockholm.
Mason, S. (2001): Strategier på träckbänken. In: Lundgren, B./Martinsson, L. (Hg.): Bestämma, benämna, betvivla. Kulturvetenskapliga perspektiv på kön, sexualitet och politik. Lund, 17–45.
Rahikainen, M. (2007): Anticipating the globalisation of Labour: Finnish Women as Immigrant and Offshore Labour for the Swedish Economy. In: Journal of Ethnic and Migration Studies, Bd. 33/1, 95–112.
Scollon, R./Scollon, S. W. (2004): Nexus Analysis: Discourse and the emerging internet. London.
Silvén, E. (2004): Samtiden eller för framtiden. Om ett kunskapsbygge i senmoderniteten. In: Hammarlund-LarssonC./Nilsson, B. G./Silvén, E. (Hg.): Samhällsideal och framtidsbilder. Perspektiv på Nordiska museets dokumentation och forskning. Stockholm, 140–219.
Snellman, H. (2005) The Road Taken. Inari.

Snellman, H. (2006a) Going to school in a diaspora. In: Lähteenmäki, M./Snellman, H. (Hg.): Studia Fennica Ethnologica 9 (Passages Westward). Helsinki, 79–98.

Snellman, H. (2006b): Lapplandsborna i Göteborg. In: Junila, M./Westin, C. (Hg.): Mellan majoriteter och minoriteter. Om migration, makt och mening. Helsingfors, 103–123.

Snellman, H. (2010a): Performing Ethnography and Ethnicity. An Early Documentation of Finnish Immigrants in Nordiska museet. In: Ethnologia Europaea. Journal of European Ethnology 40/2, 47–59.

Snellman, H. (2010b): „I just left": Narrated female Migration Experiences. In: Bibliotheca religionis Popularis Szegediensis 26, 838–846.

Snellman, H. (2014): Everyday Language Policies: Embodiment of Language-Related Experiences of Finnish Women in Sweden. In: Halonen, M./Ihalainen, P./Saarinen, T. (Hg.): Language Policies in Finland and Sweden: Interdisciplinary and Multi-sited Comparisons. Multilingual Matters.

Todd, S. (2005): Young Women, Work, and Family in England 1918–1950. Oxford.

Weckström, L. (2011): Representations of Finnishness in Sweden. In: Studia Fennica Linguistica 16.

Virkamäki, S. (2005): „Att få ett got hem"…in Finska krigsbarnsadoptioner I Stockholm 1946 – 1947. Webraports Bd. 7. Turku. http://www.migrationinstitute.fi/pdf/webreports.htm.

Ågren, M. (2006): „Hello, my name is Pirkko and I am…" In: Lähteenmäki M./Snellman, H. (Hg.): Studia Fennica Ethnologica 9, 99–111.

Der Beitrag der interkulturellen Psychologie zur Entwicklung der Schlüsselqualifikation *interkulturelle Handlungskompetenz*

8

Alexander Thomas

8.1 Einleitung

Im Verlauf der Internationalisierung und Globalisierung nahezu aller Lebens- und Arbeitsbereiche in den europäischen und vielen anderen Gesellschaften weltweit hat sich die Schlüsselqualifikation ‚Interkulturelle Handlungskompetenz' als unverzichtbarer Bestandteil der Qualifikation für Fach- und Führungskräfte erwiesen. Betrachtet man das Zusammenleben von Menschen unterschiedlicher kultureller Herkunft als eine Selbstverständlichkeit für moderne Gesellschaften, wird diese Schlüsselqualifikation gewissermaßen für alle Staatsbürger relevant, wenn das Zusammenleben friedlich und für den Erhalt der Lebensqualität aller Beteiligten produktiv verlaufen soll.

Da sich interkultureller Handlungskompetenz wie andere Schlüsselqualifikationen, z. B. Sozialkompetenz, Führungskompetenz, Teamkompetenz, Konfliktlösungskompetenz, nicht von allen alleine entwickelt, sondern erarbeitet werden muss, stellt sich die Frage nach den Beiträgen, die von sozial-, human- und kulturwissenschaftlichen Disziplinen zur Entwicklung interkultureller Handlungskompetenz erwartet werden können.

Da interkultureller Handlungskompetenz die Begegnung, Kommunikation, Interaktion und Kooperation von Menschen aus unterschiedlichen Kulturen betrifft, sind Beiträge der Psychologie zum Verständnis der interpersonalen und intra- sowie intergruppalen psychischen Prozesse einerseits sowie zur Qualifizierung der interpersonalen Handlungen andererseits von zentraler Bedeutung. Dazu leistet dieser Artikel einen Beitrag.

A. Thomas (✉)
Psychologie, Universität Regensburg (i. R.), Regensburg, Deutschland
E-Mail: alexander.thomas@psychologie.uni-regensburg.de

© Springer-Verlag GmbH Deutschland, ein Teil von Springer Nature 2020
H. W. Giessen und C. Rink (Hrsg.), *Migration, Diversität und kulturelle Identitäten,*
https://doi.org/10.1007/978-3-476-04372-6_8

8.2   Zugänge der Psychologie zur Kulturthematik

8.2.1   Einleitung

Verglichen mit anderen wissenschaftlichen Disziplinen hat die Psychologie-
tradition bis heute drei unterschiedliche Zugänge zur Kultur eröffnet, die unter den
Begriffen:

1. Kulturvergleichende Psychologie;
2. Kulturpsychologie;
3. Interkulturelle Psychologie

firmieren. Von ihren Zielsetzungen und ihren methodischen Ansätzen her unterscheiden sind alle drei Zugänge recht deutlich voneinander.

8.2.2   Kulturvergleichende Psychologie

Weitgehende Übereinstimmung unter Psychologen besteht darin, dass die kulturvergleichende Psychologie darauf abzielt, menschliches Verhalten und Erleben und
ihre Veränderungen unter Berücksichtigung der sie charakterisierenden und beeinflussenden sozialen und kulturellen Determinanten zu untersuchen (Thomas 2005;
Trommsdorff/Kornadt 2007). Kulturvergleichende Forschungen werden mithilfe
adäquater (im günstigsten Fall kulturell adäquater) Methoden an Personen und
Gruppen aus zwei oder mehr Kulturen durchgeführt, mit dem Ziel, herauszufinden,
welche psychologischen Theorien und Konzepte als universell gültig bezeichnet
werden können, also für alle Menschen auf der Welt zutreffen bzw. welcher Modifikationen sie bedürfen, um universelle Gültigkeit beanspruchen zu können (siehe
ethischer Forschungsansatz in der kulturvergleichenden Psychologie). Diesem
Anspruch genügen beispielhaft die Forschungen von Ekman u. a. (Wallbott 2005;
Meier/Pekrun 2003) über den mimischen Ausdruck der sieben Grundemotionen:
Freude, Angst, Trauer, Ärger, Ekel, Scham und Schuld. Entsprechend dem nomo-
thetischen Paradigma sind Experimente, Verhaltensbeobachtungen, Fragebogen-
erhebung und wesentlich seltener Interviewverfahren gängige Methoden der
Hypothesenprüfung. Der Forscher nimmt dabei einen Standpunkt außerhalb des
untersuchten Systems ein, schafft von sich aus eine Untersuchungsstruktur, wobei
die Ordnungsgesichtspunkte als absolut und universell gültig angesehen werden,
obwohl meist mehrere Kulturen miteinander verglichen werden (Berry 1980). Dieses für die Kulturvergleichende Psychologie typische Vorgehen unterscheidet sich
klar von dem der Kulturpsychologie (Fiedlmeier 2007).

8.2.3   Kulturpsychologie

Für die Kulturpsychologie ist charakteristisch, dass der Forscher seinen Standpunkt
innerhalb des Systems einnimmt. Er versucht, eine bestehende Ordnungsstruktur

aufzudecken und zu erkennen, welche ‚systemimmanente' Merkmale jeweils für
die Ordnungsgesichtspunkte bestimmend sind. Die Untersuchung beschränkt sich
meist auf eine Kultur. Die Kulturpsychologie ist der geisteswissenschaftlichen
Tradition verpflichtet und stellt Kultur als integralen Bestandteil psychischer Prozesse so in den Mittelpunkt, dass sie und das Individuum keineswegs scharf voneinander zu trennen sind und somit biographisch bzw. empirisch ausgerichtete
Forschungskonzepte zur Anwendung kommen. Die Kulturpsychologie als Teil-
disziplin der Psychologie befasst sich demnach interpretativ-hermeneutisch mit
dem Individuum sowohl als Kultur-, als auch als Naturwesen. Sie analysiert es
einerseits in seiner Interaktion mit und in einem bedeutungshaltigen Kontext und
andererseits bei seiner Konstruktion und Rekonstruktion kontextbezogener kogni-
tiver und affektiver Schematisierungen. Die Kulturpsychologie versucht, menschliches Verhalten und Erleben sowie deren Resultate als psychologisches Korrelat
kulturspezifischer Orientierungssysteme zu verstehen (Chakkarath 2007).

8.2.4   Interkulturelle Psychologie

Im Zuge der Internationalisierung der Gesellschaften weltweit und den aus der
Globalisierung heraus sich ergebenden Anforderungen hat sich gezeigt, welchen
Einfluss kulturelle Orientierungssysteme auf die psychisch relevanten Aspekte
menschlichen Handelns (definiert als erwartungsgesteuertes, internationales
und motiviertes Verhalten) ausüben. Dabei sind sie im Handlungsvollzug nicht
bewusstseinswichtig, können aber unter bestimmten Umständen bewusst (gemacht)
werden. Hieraus ergibt sich für die Psychologie ein Zugang zur Kultur über die
Entwicklung einer Psychologie des interkulturellen Handelns (Thomas 2005).

Die interkulturelle Psychologie befasst sich mit der Analyse psychischer Prozesse, ihren Bedingungen, Vollzügen und Resultaten beim Aufeinandertreffen von
Menschen aus verschiedenen Kulturen. Dabei geht es um die Bewältigung kultureller Überschneidungssituationen, die ähnliche Funktionen aufweisen wie die
von Kurt Lewin (1982) beschriebenen sozialen Überschneidungssituationen. In
diesen kulturellen Überschneidungssituationen treffen unterschiedliche kulturelle
Orientierungssysteme aufeinander. Bei der Analyse der zur Bewältigung kultureller Überschneidungssituationen stattfindenden psychischen Prozesse wird Kultur
als ein Bedeutungs- und Symbolsystem aufgefasst, das einen sinnhaft strukturier-
ten Bereich des ‚Eigenen' ausbildet, aus dem der Handelnde Orientierung gewinnen kann. Zugleich bildet sich aber auch ein Bereich des ‚Fremden' aus, was
insbesondere in der Begegnung mit Menschen aus anderen Kulturen Irritation und
Desorientierung auslösen kann.

Die mehr grundwissenschaftlich orientierte interkulturelle Psychologie analysiert die psychischen Bedingungen, Verlaufsprozesse und Wirkungen des
Aufeinandertreffens einer Kultur auf spezifische Orientierungssysteme in der
interpersonalen Begegnung.

Die mehr anwendungswissenschaftlich orientierte interkulturelle Psychologie konzentriert sich auf die Analyse der Schwierigkeiten, die an der Schnittstelle zwischen Eigenem und Fremden in der Interaktion zwischen Menschen aus

unterschiedlichen Kulturen entstehen. Zudem befasst sie sich mit der Entwicklung und Überprüfung geeigneter Problemlösungsmethoden.

Sie unterstellt dabei, dass in kulturellen Überschneidungssituationen über den Prozess der Selbstreflexivität eigenkulturelle Werte, Normen und Kulturstandards bewusst werden, fremdkulturelle erkannt werden und über eine gegenseitige Wertschätzung kultureller Unterschiede eine Synthese oder sogar Formen von Synergien zwischen den Kulturen entwickelt werden können (Thomas 2003).

8.3   Kulturdefinitionen

Für das Verständnis der Wirkungsweisen interkultureller Handlungskompetenz, der Entwicklung und Qualifizierung dieser Schlüssel Qualifikation sind zwar grundsätzlich Ergebnisse aus allen drei Forschungszugängen wichtig, aber Forschungen im Rahmen der interkulturellen Psychologie liefern zweifelsohne die wichtigsten und zielführensten Erkenntnisse. Das betrifft auch die Fülle an Kulturdefinitionen, die in den letzten Jahren explosionsartig zugenommen hat. Bereits 1952 hatten die Psychologen Kroeber/Kluckhohn über 150 Kulturdefinitionen gezählt und miteinander verglichen. Die UNESCO definierte 1996: „Kultur ist die Gesamtheit der Formen menschlichen Zusammenlebens". Der amerikanische Psychologe Harry Triandis (1989) definierte: „By culture I mean the human made part of the environment." und der bekannte holländische Psychologe Geert Hofstede definierte 1991 Kultur als: „The collective programming of the mind". Für empirisch wissenschaftliches Arbeiten im Bereich der interkulturellen Psychologie sowie für die Praxis der Entwicklung interkultureller Handlungskompetenz sind diese Definitionen zwar durchaus passend aber zu allgemein.

Ich selbst habe (Thomas 2005: 22) Kultur folgendermaßen definiert:

> Kultur ist ein universelles Phänomen. Alle Menschen leben in einer spezifischen Kultur und entwickeln sie weiter. Kultur strukturiert ein für die Bevölkerung spezifisches Handlungsfeld, das von geschaffenen und genutzten Objekten bis hin zu Institutionen, Ideen und Werten reicht. Kultur manifestiert sich immer in einem für eine Nation, Gesellschaft, Organisation oder Gruppe typischen Orientierungssystem. Dieses Orientierungssystem wird aus spezifischen Symbolen (z. B. Sprache, Gestik, Mimik, Kleidung, Begrüßungsritualen) gebildet und in der jeweiligen Gesellschaft, Organisationen oder Gruppe tradiert, d. h. an die nachfolgende Generation weitergegeben. Das Orientierungssystem definiert für alle Mitglieder ihre Zugehörigkeit zur Gesellschaft oder Gruppe und ermöglicht ihnen ihre ganz eigene Umweltbewältigung. Kultur beeinflusst das Wahrnehmen, Denken, Werten, die Emotionen, die Motivation und das Handeln aller Mitglieder der jeweiligen Gesellschaft. Das kulturspezifische Orientierungssystem stellt einerseits Handlungsmöglichkeiten und Handlungsanreize bereit, setzt aber andererseits auch Handlungsbedingungen und Handlungsgrenzen fest.

Nach dieser Definition bekommt Kultur im menschlichen Verhalten und Erleben und seinen theologischen Grundlagen eine bedeutungshaltige und sinnstiftende Funktion zu.

Die Bedeutung der oben angeführten Definition von Kultur wird im Folgenden an zwei Beispielen aus der internationalen Entwicklungszusammenarbeit
demonstriert.

8.4 Wirkungen kulturspezifischer Determinanten im Kontext der Entwicklungszusammenarbeit

8.4.1 Das Wiederaufforstungsprogramm in Afghanistan

Protokoll aus dem Kontext des Wiederaufforstungsprogramms in Afghanistan:

Eines Morgens stand ich im Erziehungsministerium in Kabul einem deutschen Land-
wirt, Herrn Müller, gegenüber und unterhielt mich mit ihm über seine fünfjährigen
Erfahrungen mit einem Wiederaufforstungsprogramm in Afghanistan. Die vormals
bewaldeten Landflächen, die durch Rodung vernichtet worden waren sollten großflächig
wieder aufgeforstet werden um die landwirtschaftlichen und klimatischen Bedingungen
zu verbessern. Im Verlauf des Gesprächs erklärte er mir, wie gut es ihm gelungen sei, einheimische Arbeitskräfte für die Wiederaufforstung zu gewinnen, und wie erfolgreich seine
Arbeit voran gegangen ist. Dann kam folgender Satz:
   *„Ich habe allerdings ein wichtiges und ungelöstes Problem bei dem Sie mir als
Psychologe sicher helfen könnten: Technisch ist Wiederaufforstung kein Problem: Man
gräbt ein Loch, pflanzt den Setzling hinein und wässert die Stelle so lange bis die Wurzeln
gegriffen haben. Wenn nun die Anpflanzung herangewachsen ist und die Stämme Daumen-
dicke erreicht haben, kommt es immer wieder vor, dass Leute aus der einheimischen
Bevölkerung die Stämme abschneiden und als Brennholz im Basar verkaufen. Können Sie
mir sagen wie man das verhindern kann damit die Neuanpflanzung nicht zerstört wird?"*
   Ich habe dann vorgeschlagen, Informationsveranstaltungen für die einheimische
Bevölkerung durchzuführen, auf denen man ihnen einschärft, dass diese Aufforstung
geschont werden muss, damit ihre Enkel und Urenkel bessere Lebensbedingungen vor-
finden, und dass man sie über die Bedeutung der Anpflanzung für die Verbesserung der
klimatischen Bedingungen und der dann möglichen landwirtschaftlichen Nutzung der
ausgetrockneten Böden aufklären sollte. Herr Müller aber hatte für diese Vorschläge nur
ein müdes Lächeln und mir wurde klar, dass man all dies der ansässigen bäuerlichen
Bevölkerung nicht so vermitteln könnte, dass die Anpflanzung langfristig erhalten blieb.
   Eines wurde mir dabei klar: eine in jeder Hinsicht sinnvolles Entwicklungsprojekt, das
der lokalen Bevölkerung in Jahrzehnten eine landwirtschaftliche Nutzung hätte ermöglichen können, drohte zu scheitern, weil es mit den aktuellen Bedürfnissen und Hand-
lungsgewohnheiten der dort lebenden Menschen nicht oder nur schwer vereinbar war. Das
Scheitern war absehbar und keiner konnte es verhindern. Als Reaktion auf diese und ähnliche Erfahrungen habe ich dann einen Artikel in einer für die Entwicklungszusammenarbeit maßgeblichen Zeitschrift veröffentlicht zum Thema: *Der ‚Faktor Mensch' als
zentrales Problem in der Entwicklungshilfe* (Thomas 1996).
   Während meiner Forschungen zur kulturvergleichenden und interkulturellen Psychologie habe ich immer wieder dieses Beispiel und die von mir nicht zu Stande gebrachte
Lösung des Problems thematisiert. Erst 30 Jahre später kam mir während der Diskussion
mit einem ägyptischen Dozenten die Idee, wie einer Lösung hätte aussehen können: Die
muslimischen Autoritäten der Region hätten für das Aufforstungsprogramm gewonnen
werden müssen. Sie hätten in ihrem Freitagsgebet in der Moschee, im Alltag und bei
Festtagen immer wieder darauf hinweisen müssen, dass die Natur ein Geschenk Gottes

ist, dass frühere Generationen das Geschenk missbraucht haben und dass nun die Zeit gekommen ist, mit Allahs Hilfe die Natur wieder zu heilen. Der ägyptische Dozent suchte mir dazu dann noch die entsprechenden Koranstellen heraus, auf die man hätte verweisen können, um die Aufforstungsanlage zu schonen, z. B. Koran Sure Nr. 6, Vers 100:

„Er ist es, der Wasser vom Himmel sendet; durch diese bringen wir die Keime aller Dinge hervor und alles grün und das Innereien wachsende Koran und die Palmbäume, an deren Zweigen die Stadt Köln gedrängt voll hängen, und Werten mit Trauben, Oliven und Granatäpfeln aller Art. Seht nur ihre Früchte an, wenn sie hervor wachsen und heranreifen. Hierin sind gewisse Zeichen genug für gläubige Menschen" (Der Koran: 114).

8.4.2   Die Unterschlagung in Nairobi

Ein auf Auslandsgeschäfte spezialisierter Unternehmensberater berichtet Folgendes:

Eine weltweit tätige NGO (Nicht-Regierungs-Organisation) beschäftigt einen Afrikaner, der in Nairobi das Afrikabüro der Organisation leitet. Bei einer Überprüfung der Buchhaltung dieser afrikanischen Repräsentanz wurde festgestellt, dass der bisher immer korrekte und loyale Leiter die für das Studium seiner Tochter in den USA anfallenden Kosten über eines der Konten der Organisation finanziert hat. Ohne viel Aufsehen zu machen und um das Ansehen der NGO nicht zu beschädigen, wurde dem Leiter mit sofortiger Wirkung gekündigt, denn Unterschlagungen und korruptes Verhalten duldet die Organisation in keinem der Länder, in denen sie tätig ist. Das Headquarter in Deutschland ist nun auf der Suche nach einem Nachfolger des entlassenen Repräsentanten und fragt bei einer Unternehmensberatung an, ob sie einen Afrikaner vermitteln könnten, der nunmehr die Leitungsposition übernehmen kann. Der verantwortliche Personalleiter der NGO betont gegenüber dem Unternehmensberater, dass es sich bei dem afrikanischen Mitarbeiter um eine fachlich gut qualifizierte Kraft gehandelt habe, die ihre Aufgaben immer korrekt und auf hohem Niveau erledigt hätte. Aber grundsätzlich gebe es aus Sich der Organisation keine Toleranz in Bezug auf Unterschlagungen und Korruption. Dies sei ein moralischer Standard, den sie nicht zu unterlaufen gedächten und deshalb gebe es keine Ausnahmen.

Der Unternehmensberater meinte dazu, es sei schade, einen so qualifizierten Mitarbeiter zu entlassen, denn niemand wüsste so genau, wen man als nächstes für diese Stelle gewinnen könnte. Besser wäre es gewesen, man hätten sich die Mühe gegeben, einmal mit dem Mitarbeiter über den offensichtlich gravierenden Konflikt zu diskutieren, den er zu bewältigen hatte. Es ist zu vermuten, dass er in einem Loyalitätskonflikt (oder man könnte auch sagen: einem moralischen Dilemma) stand: Einerseits sei er aufgrund seiner afrikanischen Stammestradition absolut seiner Familie gegenüber verpflichtet. Das Wohlergehen, der Fortschritt, der soziale Aufstieg, die Erhöhung des Lebensstandards usw. seiner Familie müsse aus afrikanischer Sicht für ihn oberste Priorität haben. Andererseits wusste er, dass im Unternehmen Unterschlagungen nicht geduldet werden und entsprechendes Fehlverhalten streng geahndet werde. Offenbar hatte er nicht versucht, alle ihm zur Verfügung stehenden Möglichkeiten zur Unterschlagung von Geld zu nutzen, sondern er hat die Unterschlagung auf einen Einzelfall, nämlich der Gebührenbezahlung für das Studium seiner Tochter in den USA begrenzt. Der Unternehmensberater meinte, man hätte vielleicht in einem Gespräch mit ihm herausfinden können, wie sehr er in diesem Dilemma gefangen war und dabei auch das Interesse der NGO in seinen Überlegungen zur Lösung des Dilemmas berücksichtigt hat. Man hätten dann mit ihm eine Vereinbarung treffen können, die für beide Seiten zu einer Lösung des Dilemmas und zu einer vertieften vertrauensvollen Zusammenarbeit für die Zukunft hätte führen können.

So wurde im konkreten Fall zwar ein Fehlverhalten aufgedeckt und entsprechend der geltenden Regeln moralisch-ethisch korrekten Verhaltens reagiert, zugleich aber hat man einen qualifizierten Mitarbeiter verloren, der womöglich am Ende einer solchen, auf die Lösung seines Dilemmas hin geführten Diskussion, ein höheres Maß an Vertrauen, Dankbarkeit und Bindung dem Unternehmen gegenüber aufgebracht hätte.

8.4.3   Konsequenzen aus den Fallbeispielen

Beide Fälle zeigen die Bedeutung kulturspezifischer Einflussfaktoren auf das menschliche Verhalten, die Notwendigkeit, in der Zusammenarbeit mit Menschen unterschiedlicher kultureller Herkunft solche Determinanten zu berücksichtigen und sie in die Planung, Entscheidungen, Ausführung und das konkrete eigene Handeln mit einzubeziehen. In beiden Fällen werden deutsche Fachkräfte von dem unerwarteten Verhalten ihrer ausländischen Partner irritiert, verunsichert und empfinden eine gewisse Ratlosigkeit. Dies führt bei den Entwicklungsexperten aber nicht zum Nachdenken, Nachfragen oder zur Erkundung bei Experten, die sich in der jeweiligen Kultur auskennen. Stattdessen reagieren beide so, wie sie es aus ihrer kulturspezifischen, lebensbiographischen Sozialisationserfahrungen gewohnt sind. Von selbst entwickeln sie keine Entscheidungs-, Beurteilungs- sowie Handlungsalternativen, mit denen sie den kulturellen Selbstverständlichkeiten ihren Partner entgegenkommen könnten. Ihr eigenes kulturelles Orientierungssystem bestimmte ihre Wahrnehmung, ihre Kognitionen, ihr Urteilsverhalten, ihre Emotionen und Motive sowie ihre Handlungsstrategien und ihr konkretes Verhalten. Dabei sind alle diese Prozesse nicht bewusstseinspflichtig, sie vollziehen sich gleichsam automatisch, gewohnheitsmäßig und erscheinen den Handelnden als Selbstverständlichkeit.

Mithilfe einer auf die jeweiligen kulturellen Besonderheiten gerichteten interkulturellen Handlungskompetenz könnte es aber gelingen, solche kulturellen Überschneidungssituationen, bei denen zwei und mehr unterschiedliche kulturelle Orientierungssysteme im interpersonalen Handlungsgeschehen wirksam werden und ineinandergreifen, zu meistern.

8.5   Bedeutung psychologischer Theorien zum Verständnis interkulturellen Handelns

8.5.1   Einleitung

In der Psychologie als wissenschaftliches Fach gibt es einige nicht infrage zu stellende Grundannahmen:

1. Jeder Mensch ist in seiner Individualität einmalig.
2. Jede interaktive soziale Beziehung zwischen Personen und zwischen Personen innerhalb von Gruppen ist einmalig.

3. Es gibt eine unendliche Vielfalt an Varianten in den psychologisch fassbaren
   Determinanten menschlichen Verhaltens und Erlebens, nämlich auf den Ebenen
   der Wahrnehmung, der Kognitionen, der Emotionen, der Motive und Motivationen und des Verhaltens.

Also besteht die Aufgabe der Psychologie darin, Regelmäßigkeiten und Gesetzmäßigkeiten zu erfassen, zu formulieren und auf theoretischer Ebene zu definieren, wie Menschen mit dieser Vielfalt umgehen (z. B. wie es ihnen gelingen
kann, schon nach relativ kurzer Zeit einen Eindruck von einer ihnen bislang völlig unbekannten Person zu gewinnen – und zwar so, dass sie dieser Person ein
gewisses Maß an Vertrauen entgegenbringen können). Dieser Prozess der Ver-
trauensbildung und die folgenden psychologisch bedeutsamen Prozesse in interkulturellen Überschneidungssituationen lassen sich mithilfe sozialpsychologischer
Theorien zutreffend beschreiben und erklären.
   Zum Verständnis dieser Prozesse liefern z. B. die

- Hypothesentheorie der sozialen Wahrnehmung und die
- Theorie der sozialen Vergleichsprozesse

relativ gut experimentell abgesicherte Erkenntnisse.
   Wie gelingt es einer Person sich relativ schnell in einem für sie bislang völlig
unbekannten Restaurant, Büro, Bahnhof, Konferenzraum, in einer sozialen Gruppierung usw. zurechtzufinden? Dazu bieten die

- Theorien intergruppalen Verhaltens (Vorurteile), die
- Hypothesentheorie der sozialen Wahrnehmung (Schematheorie, Stereotype)
  und die
- Theorie der konzeptgesteuerten Informationsverarbeitung (Scripts)

gesicherte Erkenntnisse.
   Wie schafft man es, seinen Selbstwert und sein Selbstbewusstsein trotz häufi-
ger Einbrüche und Niederlagen auf dem subjektiv erwünschten Niveau zu halten?
Dazu stehen zur Erklärung der relevanten Prozesse die

- Theorie der psychologischen Reaktanz, die
- Theorie der sozialen Interdependenz, die
- Theorie der interpersonalen Attraktion, die
- Impression-Management-Theorie, die
- Theorie des Selbstwertschutzes und der Selbstwerterhöhung
- Theorie der sozialen Identität

mit experimentalpsychologisch gut abgesicherten Erkenntnissen zur Verfügung
(Frey/Irle 2002).

8.5.2 Psychologische Theorien und die Bewältigung kultureller Überschneidungssituationen

Bewältigung heißt hier zunächst einmal nur, sich in einer kulturellen Überschneidungssituation zurechtzufinden, seine intendierten Ziele zu erreichen und
im Verlauf der situativen und interpersonalen Prozesse ein möglichst hohes Maß
an Zufriedenheit zu erfahren. Viele sozialpsychologische Theorien belegen, dass
Menschen nach Ähnlichkeiten, Identitäten, Vertrautem und Gewohntem suchen
und alles daran setzen, kognitive Dissonanzen zu vermeiden *(Theorie der kognitiven Dissonanz).*

Nun weisen zwar kulturelle Überschneidungssituationen ein gewisses Maß an
Ähnlichkeit, Vertrautem und Gewohntem auf. Im üblichen beruflichen und privaten Alltag mit seinen vielfältigen kulturellen Überschneidungssituationen sind
sie aber zweifellos sehr häufig von Merkmalen geprägt, die unerwartet auftreten,
fremdartig, ungewohnt und irritierend sind und einfach auch falsch, unbegründet
usw. daherkommen. Sie lassen sich nicht zufrieden stellend nachvollziehen, fallen
aus dem Rahmen und erzeugen ein Gefühl der Verunsicherung und des Kontroll-
verlustes. Es entstehen ganz unerwartet massive kognitive Dissonanzen, die nicht
schnell zu verstehen und schon gar nicht zu beheben sind. Sie wirken lange nach.
Sind sie in vergleichbaren Handlungsfeldern, z. B. in Verhandlungssituationen,
Lehr-Lernkontexten, Konfliktbearbeitungssituationen, beim Aussprechen von
Lob und Kritik immer wieder zu beobachten, erzeugen immer von neuem Ver-
wunderung, Irritation und führen nicht selten zur Verärgerung und zum Abbruch
der Beziehungen. So wurde beispielsweise über Jahrzehnte hinweg immer wieder festgestellt, dass 50 % der langfristigen Auslandseinsätze von Fach- und
Führungskräften (3–5 Jahre) vorzeitig beendet werden – in der Mehrzahl aufgrund
psychischer Belastungen.

Die *Theorie der kognitiven Dissonanz* in Verbindung mit der *Theorie des überlegten Handelns und des geplanten Verhaltens* (Frey/Stahlberg/Gollwitzer 1993)
liefern wissenschaftlich gesicherte Erkenntnisse dazu, wie Menschen auf kognitive
Dissonanzen reagieren und ihren Wunsch nach konsonanten Kognitionen zu verwirklichen suchen.

Der kulturvergleichenden Psychologie fällt nun die Aufgabe zu, zu prüfen,
inwieweit die Postulate der *Theorie der kognitiven Dissonanz* und alle anderen
genannten sozialpsychologische Theorien universelle Gültigkeit beanspruchen
können oder ob sie nur eingeschränkte, relative Gültigkeit besitzen und kulturspezifisch modifiziert und erweitert werden müssen.

Jedenfalls liefert die Sozialpsychologie Theorien und Konzepte und damit
belastbare Erkenntnisse, mit denen die Bedingungen, Verlaufsprozesse und Wirkungen menschlichen Verhaltens und Erlebens im Kontext kultureller Überschneidungssituationen erklärt und besser verstanden werden können.

Der Gewinn schlägt sich dann in der Qualifizierung interkultureller Ausbildung
und Trainings zur Vorbereitung auf Auslandseinsätze und zur Entwicklung der

Schlüsselqualifikation *interkulturelle Kompetenz* nieder (Thomas 2001: 2015). Die theoretischen und methodischen Grundlagen zur Entwicklung dieser Kompetenz bestehen in der Reflexion und Bearbeitung authentischer Fallbeispiele typischer und alltäglich erlebbarer, kultureller Überschneidungssituationen am Arbeitsplatz und im Lebensalltag und der Analyse dabei stattfindender Prozessabläufe mithilfe sogenannter *Kulturstandards.*

8.5.3   Theoretische Grundlagen des *Kulturstandard*-Konzepts

Auf der Grundlage der Definition von Kultur (als Bedeutung gebendem, Sinn stiftendem und Orientierung gebendem System) werden Kulturstandards folgendermaßen definiert:

1. Unter Kulturstandards werden *hypothetische Konstrukte* verstanden, die kulturspezifische Arten der Wahrnehmung, des Denkens, des Wertens, des Empfindens und Handeln determinieren, welche von der Mehrzahl der Mitglieder einer bestimmten Kultur für sich persönlich und für andere Personen als normal, typisch, selbstverständlich und verbindlich angesehen werden.
2. Eigenes und fremdes Verhalten wird auf der Grundlage von Kulturstandards. beurteilt und reguliert.
3. Kulturstandards wirkt als *Maßstab,* ein *Gradmesser,* ein *Bezugssystem* für richtiges und kulturell akzeptiertes Handeln.
4. Kulturstandards erfüllen einerseits die Funktion einer Norm, stellen also einen Idealwert dar und enthalten andererseits einen Toleranzbereich, innerhalb dessen Abweichungen von Normwerten noch akzeptiert werden. So kann der individuelle und gruppenspezifische Umgang mit Kulturstandards zur Handlungssteuerung innerhalb eines gewissen Toleranzbereichs variieren (z. B. Verbindlichkeit von Vereinbarungen). Verhaltensweisen, die Grenzen des Toleranzbereichs überschreiten, werden von der sozialen Umwelt abgelehnt und sanktioniert.
5. Kulturstandards, die in einer Kultur von großer Bedeutung sind können in einer anderen Kultur zwar auch vorhanden sein, aber eine andere Funktionalität besitzen. So ist der Kulturstandard *Sachorientierung* im Alltagsleben und im beruflichen Handeln in Deutschland von zentraler Bedeutung, wenn es um die Erbringung von Leistung geht. Für Menschen in süd- und osteuropäischen sowie asiatischen und afrikanischen Kulturen schreibt der Kulturstandard *Beziehungs- und Personenorientierung* vor, sich zunächst einmal um ein gutes, harmonisches, motivierendes Klima in der interpersonalen Begegnung und Kooperation zu bemühen, den Partner näher kennen zu lernen und ihm *Gesicht* zu geben, bevor man sich mit sachbezogenen Details befasst.
6. Das den geltenden Kulturstandards gemäße Verhalten wird im Verlauf des individuellen Sozialisationsprozesses in einem sozialen Umfeld mit kollektiv geteilten spezielle Normen, Werten und Verhaltensregeln, also in einer Kultur (Enkulturation) gelernt.

7. Die Wirkungen von Kulturstandards sind im Alltagsverhalten nicht mehr bewusstseinspflichtig, da die Regel- und Steuerungsprozesse automatisch ablaufen (Thomas 2005; Schroll-Machl, 2007).

Da der Begriff *Kulturstandard* in einigen Aspekten missverstanden werden kann, ist es angebracht, auf *Kulturstandard als hypothetisches Konstrukt* in Angrenzung zu *Kulturstandard als Maßstab, Gradmesser und Bezugssystem* näher einzugehen.

Kulturstandards als hypothetisches Konstrukt: Konstrukt (wie hypothetisches Konstrukt, theoretisches Konstrukt) ist ein nicht unmittelbar fassbarer Begriff, der sich auf nicht direkt beobachtbare Entitäten und Eigenschaften bezieht. Konstrukte sind in der reinen Beobachtungssprache nicht definierbar, werden durch Postulate eingeführt und sind häufig nicht völlig interpretiert. (Hypothetische) Konstrukte sind nicht frei erfundene Vermutungen, sondern werden aus einem theoretischen Zusammenhang heraus sowie mithilfe von beobachtbaren Ereignissen erschossen. Deskriptive Konstrukte versuchen, konkretes Verhalten etc. in begrifflichen Klassen beschreibend einzuordnen. Explikative Konstrukte suchen nach einer Erklärung des unterschiedlichen Verhaltens von Individuen (z. B. Persönlichkeit, Intelligenz, Tüchtigkeit sind solche Konstrukte) (Bergius 2014: 920).

Eine Hypothese beinhaltet eine Aussage, die eine noch nicht bestätigte Vermutung ausdrückt, meist zum Zweck der Erklärung eines Sachverhalts. So sind Kulturstandards nicht erfunden, sondern aus einem theoretischen Zusammenhang und auf der Grundlage beobachteter Ereignisse erschlossen und als Explikationskonstrukte zur Erklärung unterschiedlichen Verhaltens von Individuen herangezogen. Der theoretische Zusammenhang ergibt sich daraus, dass sozialpsychologische Theorien Erklärungen für die Bedingungen, Verlaufsprozesse und Wirkungen liefern, die stattfinden, wenn Individuen füreinander bedeutsam werden, interagieren, kommunizieren und kooperieren (wie z. B. die *Hypothesentheorie der sozialen Wahrnehmung* und die *Attributionstheorie*).

Grundlage zur Gewinnung von Kulturstandards sind kulturell bedingt kritische Interaktionssituationen, die von Auskunftspersonen, im Umgang mit wechselnden Partnern aus einer fremden Kultur, im beruflichen und privaten Alltag immer wieder beobachtet und erlebt wurden. Personspezifische Merkmale der Partner, also einerseits der Person, die die Situation erlebt hat und schildert und andererseits der beobachteten, interagierenden Person beeinflussen zwar das konkrete Geschehen, haben aber keinen maßgeblichen Einfluss auf die verblüffende Tatsache, dass die Situation immer wieder als irritierend und kontrovers erlebt wird. Solche kritischen Interaktionssituationen werden interkulturell erfahrenen Experten vorgelegt mit der Aufgabe, die Ursachen dafür zu benennen, was in der Situation das irritierende Verhalten auslöst. Das zu beurteilende Material stammt von folgenden Personen:

- der Person, die die Situation als irritierend erlebt und geschildert hat,
- zwei Personen die aus der Kultur des Berichters stammen, die Kultur des Partners aber aus eigener Erfahrung gut kennen,

- zwei Personen die aus der Kultur des Partners stammen aber die Kultur des Berichters aus eigener Erfahrung gut kennen,
- der Person, die die kritischen Interaktionssituationen per Interview erhoben und die genannten Experten befragt hat.

Die aus der Sicht diese sechs unterschiedlichen Experten zusammengetragenen Ursachenbeschreibungen für das als kulturell bedingt kritisch erlebte Verhalten in den entsprechenden Situationen werden auf Gemeinsamkeiten und Unterschiede hin miteinander verglichen und in Bezug auf Plausibilität bezüglich des Interaktionsgeschehens überprüft. Danach wird dann der Kulturstandards definiert und mit einem passenden Begriffen formuliert.

Kulturstandards wirken als Maßstab, als Gradmesser, als Bezugssystem für richtiges und kulturell akzeptiertes Handeln.

Zum besseren Verständnis ist es sinnvoll an dieser Stelle beispielhaft eine kritische Interaktionssituation aus der Zusammenarbeit zwischen deutschen und französischen Fach- und Führungskräften zu schildern und eine Ursachenzuschreibung für die aus deutscher Sicht irritierenden Ereignisse in Form eines entsprechenden Kulturstandards vorzunehmen:

Situationsschilderung – Es wird folgender Vorgang berichtet:

Herr Meier ist Maschinenbauingenieur in einem angesehenen deutschen Unternehmen. Die Unternehmensleitung hat von einem französischen Kunden den Auftrag bekommen, eine recht komplizierte Fertigungsanlage zu erstellen und zu einem bestimmten Zeitpunkt auszuliefern. Um die Arbeiten an diesem komplizierten Projekt sachgerecht und auf dem neuesten technischen Stand zu verwirklichen, wurde zwischen der deutschen und französischen Geschäftsleitung beschlossen, ein Expertenteam aus erfahrenen Ingenieuren beider Unternehmen zusammenzustellen, die sich mit den anfallenden Details auskennen und in der Lage sind, auftretende Probleme zu lösen. Die Zusammenarbeit in diesem deutsch-französischen Expertenteam funktioniert über mehrere Monate hinweg sehr gut. Schließlich kommt das Expertenteam zu einem Ergebnis, das sowohl die deutsche wie die französische Unternehmensleitung akzeptieren. Nachdem die Abschlussdiskussion zwischen dem Expertenteam und den letztlich verantwortlichen Chefs des deutschen und französischen Unternehmens erfolgreich beendet und zu Protokoll gegeben wurden, betrachtete die deutsche Seite die Planung der Fertigungsanlage als abgeschlossen und man wollte nun mit der Erstellung der Anlage beginnen.

Wenige Tage später erhielt das deutsche Unternehmen einen Brief der französischen Unternehmensleitung in dem ihm mitgeteilt wurde, dass die im Protokoll festgehaltenen Ergebnisse der Abschlussdiskussion nicht zu akzeptieren seien. Der Chef des französischen Unternehmens werde noch eine Reihe von Veränderungen und Modifikationen zu einzelnen Punkten vornehmen müssen, bevor mit Erstellung der Anlage begonnen werden kann.

Sowohl die deutschen Teilnehmer an dem Expertenteam wie der Chef des deutschen Unternehmens sind völlig konsterniert, da aus ihrer Sicht alle Details ausgiebig diskutiert und einvernehmlich, wie im Protokoll vermerkt, beschlossen sind.

Sie fragen sich, welche Gründe es geben könnte, das Ganze wieder neu aufzurollen, kommen aber zu keinem Ergebnis. Sie sind ratlos, was Sie jetzt tun sollen.

Erläuterungen aus deutscher Sichtweise: Für die Experten des deutschen Maschinenbauunternehmens verlief die Zusammenarbeit mit den französischen Partnern sehr positiv. Alle waren fachlich qualifiziert und arbeiten sachlich so gut zusammen, dass relativ schnell eine tragfähige Vereinbarung für den Bau und Betrieb der zu liefernden Fertigungsanlagen zu Stande kam. Nun waren nur noch die juristischen Vertragsangelegenheiten zu klären. Alles verlief in geordneten Bahnen – so wie deutsche Unternehmen sich das wünschen und gewohnt sind.

Wirksam wurden hier die beiden deutschen Kulturstandards:

1. *Sachorientierung:* Für die berufliche Zusammenarbeit ist unter Deutschen die Sache, um die es geht, für die Rollen und die Fachkompetenz der Beteiligten ausschlaggebend. Die Motivation zum gemeinsamen Tun entspringt der Sachlage oder den Sachzwängen. In geschäftlichen Besprechungen *kommt man zur Sache* und *bleibt bei der Sache*. Ein „sachliches" Verhalten ist es, was Deutsche als professionell schätzen (Schroll-Machl 2007: 49).
2. *Wertschätzung von Strukturen und Regeln:* Regeln und Strukturen gelten als hilfreich. Dahinter steckt das Bedürfnis nach einer klaren und zuverlässigen Orientierung für alle Beteiligten, nach Kontrolle über eine Situation, nach Risikominimierung und prophylaktischer Ausschaltung von Störungen und Fehlerquellen (Schroll-Machl 2007: 72).

Erläuterungen aus französischer Sichtweise: Die Zusammenarbeit im deutsch-französischen Expertenteam verlief auch aus französischer Sicht recht gut. Auch an den Ergebnissen der Schlussdiskussion und dem Abschlussbericht, als Resultat der Zusammenarbeit zwischen deutschen und französischen Experten im Team mit den Chefs beider Unternehmen, war zunächst nichts auszusetzen, bis der französische Chef gleichsam über Nacht eigene Modifikationen, Veränderungen und Nachbesserungen ankündigte und verlangte.

Er handelte entsprechend dem für Franzosen so wichtigen Kulturstandard:

Autoritätsorientierung: Die meisten französischen Unternehmen verfügen unabhängig von der Größe, über klare vertikale sowie stark hierarchische Strukturen. Der Aufbau der Unternehmensorganisation gleicht der Form einer Pyramide, an deren Spitze der Generaldirektor steht. Von zentraler Bedeutung ist dabei, dass die Entscheidungsmacht stark in dieser Führungsspitze zentriert ist. Aufgrund seiner herausragenden Stellung wird der Generaldirektor oft als *Patron* bezeichnet. Aus dem Selbstverständnis und der Erwartung an ihn als Führungspersönlichkeit, die eigene Visionen hat und diese umsetzen will, entscheidet er allein und selbstverantwortlich über die Unternehmensgeschicke. Aufgrund dieser hierarchischen Struktur in französischen Betrieben müssen die meisten Entscheidungen erst die Führungsspitze durchlaufen, um in einem langen top-down Prozess zur Durchführung zu gelangen. Für den Generaldirektor ist es zudem wegen seiner autoritären Stellung selbstverständlich, direkt auf allen Unternehmensebenen einzugreifen. (Mayr/Thomas 2008: 87–88)

Es geht hier also nicht so sehr darum, an den sachlichen Aspekten des erreichten Ergebnisses inhaltliche Veränderungen vorzunehmen. Es ist vielmehr wichtig, dass die Arbeitsergebnisse für alle sichtbar über den französischen Chef, in die Hierarchiespitze des französischen Unternehmens, in der die Machtbefugnisse konzentriert sind, verankert werden und auch die Handschrift des französischen Chefs tragen. Die deutsche Seite ist gut beraten, diesen Prozess zu (er)tragen und nicht zu blockieren.

Schlussfolgerungen: Dieses Fallbeispiel illustriert, wie handlungswirksam Kulturstandards sind und wie nützlich es ist, sie zu kennen (Thomas 1996). Für die deutschen Experten und den deutschen Chef ist das Verhalten des französischen Chefs völlig unverständlich, frustrierend und ärgerlich. Er war bei allen Diskussionen und Entscheidungen dabei, ohne Einwände zu erheben und will nun, aus heiterem Himmel und ohne erkennbaren Grund, die gefassten Beschlüsse modifizieren und verändern. „Was bildet sich der eigentlich ein wer er ist?!", fragt sich die deutsche Seite zu Recht empört.

Wer die Bedeutung und die Wirkungen des Kulturstandards *Autoritäts-orientierung* in französischen Unternehmen, Organisationen und der französischen Gesellschaft generell kennt, hat ein solches Verhalten erwartet. Er weiß auch, dass man diesen Wunsch erfüllen muss, um die Geschäftsbeziehungen nicht zu beschädigen. Er weiß aber auch, dass diese Aktion des französischen Chefs keine wesentlichen Änderungen an den vereinbarten Beschlüssen zur Folge haben wird. Das Produkt bleibt wie es ist, für die französische Seite bekommt es nur noch ein angemessenes Etikett verpasst. Die Aktion bestärkt den französischen Chef in seiner herausragenden Position und seiner Funktion als letztlicher Entscheider. Den kulturspezifischen Gewohnheiten und Traditionen beider Seiten ist somit genüge getan worden, eine reibungslose Zusammenarbeit auf Chefebene ist gewährleistet und alle können mit dem Ergebnis gut leben.

8.6 Interkulturelle Handlungskompetenz und ihrer Entwicklung

8.6.1 Einleitung

Im Unterschied zu den beiden ersten Fallbeispielen *Aufforstungsprojekt* und *Unterschlagung,* in denen keinerlei Anzeichen interkultureller Handlungskompetenz zu registrieren sind, zeigen die Akteure im deutsch-französischen Maschinenbauprojekt schon ein ausreichendes Maß an interkultureller Handlungskompetenz, womit beide Partner zufrieden gestellt sind und ihre gesetzten Ziele erreichen können.

8.6.2 Definition interkultureller Handlungskompetenz

Die Schlüsselqualifikation interkulturelle Handlungskompetenz lässt sich folgendermaßen definieren:

1. Interkulturelle Handlungskompetenz ist die notwendige Voraussetzung für eine angemessene, erfolgreiche und für alle Seiten zufrieden stellende Begegnung, Kommunikation und Kooperation zwischen Menschen unterschiedlicher kultureller Herkunft.
2. Interkulturelle Handlungskompetenz ist das Resultat eines Lern- und Entwicklungsprozesses.
3. Die Entwicklung interkultureller Handlungskompetenz setzt die Bereitschaft zur Auseinandersetzung mit fremdkulturellen Orientierungssystemen voraus.
4. Interkulturelle Handlungskompetenz zeigt sich in der Fähigkeit, die kulturellen Bedingtheiten der Wahrnehmung und Kognitionen, des Urteilens und der Motivationen sowie des Empfindens und des Handelns bei sich selbst und bei anderen Personen zu erfassen, zu respektieren, zu würdigen und produktiv zu nutzen.

Ein hoher Grad an interkultureller Handlungskompetenz ist dann erreicht,

1. wenn differenzierte Kenntnisse und ein vertieftes Verständnis des eigenen und fremden kulturellen Orientierungssystems vorliegen,
2. wenn aus dem Vergleich der kulturellen Orientierungssysteme kulturadäquate Reaktions-, Handlungs- und Interaktionsweisen generiert werden können,
3. wenn aus dem Zusammentreffen kulturell divergenter Orientierungssysteme synergetische Formen interkulturellen Handelns entwickelt werden können,
4. wenn in kulturellen Überschneidungssituationen alternative Handlungspotenziale, Attributionsmuster und Erklärungskonstrukte für erwartungswidrige Reaktionen des fremden Partners kognizierbar sind,
5. wenn die kulturspezifisch erworbene interkulturelle Handlungskompetenz mithilfe eines generalisierten interkulturellen Prozess- und Problemlöserverständnisses und Handlungswissens auf andere kulturelle Überschneidungssituationen transferiert wird werden kann,
6. wenn in kulturellen Überschneidungssituationen das interaktive Handeln von einem hohen Maß an Handlungskreativität, Handlungsflexibilität, Handlungssicherheit und Handlungsstabilität bestimmt ist,
7. wenn Persönlichkeitsmerkmale und situative Kontextbedingungen so ineinander verschränkt sind, dass zwischen den handelnden Personen aus unterschiedlichen Kulturen, eine von Verständnis und gegenseitiger Wertschätzung getragene Interaktion, Kommunikation und Kooperation möglich wird.

Wissenschaftliche Forschungsarbeiten und Praxiserfahrungen haben immer wieder belegt, dass interkulturelle Handlungskompetenz nicht von alleine entsteht – auch nicht, wenn man längere Zeit im Ausland tätig war –, sondern das Resultat eines gezielten Lern- und Entwicklungsprozesses ist.

Die Entwicklung interkultureller Handlungskompetenz setzt die Bereitschaft voraus, sich mit fremden und unvertrauten kulturellen Orientierungssystemen auseinanderzusetzen und zwar basierend auf der Grundhaltung kultureller Wertschätzung. Toleranz und Respekt gegenüber Fremdheit und Andersartigkeit reichen hier nicht aus, vielmehr muss ein Bewusstsein dafür geschaffen werden, dass kulturelle Unterschiede ein wichtiges und kreatives Entwicklungspotenzial beinhalten, welches zur Bereicherung der Lebensqualität und zur Steigerung der Effizienz in Arbeits- und Lebenskontexten genutzt werden kann. Dies setzt allerdings voraus, dass man in der Lage ist, die Werthaltigkeit der kulturell bedingten Unterschiede zu erkennen. Oftmals ist das Erfassen und das sich Bewusstwerden des eigenkulturellen Orientierungssystems mit seinen sehr spezifischen Werten, Normen, Bezugsmaßstäben, Verhaltensregeln und verinnerlichten Handlungsroutinen schwieriger als die Erfassung und das Vertrautmachen mit fremden kulturellen Orientierungssystemen (Thomas 2011a).

8.6.3   Entwicklung interkultureller Handlungskompetenz

Aufbau und Stabilisierung interkultureller Handlungskompetenz bis auf ein arbeits- und leistungsfähiges Niveau ist sehr anspruchsvoll. Die Entwicklung, Erprobung, Evaluation und Qualifizierung von Ausbildungsverfahren und Trainingsmethoden zur Förderung interkultureller Handlungskompetenz hat deshalb international, besonders unter Psychologen, zu einer Fülle wissenschaftlicher Publikationen geführt (Landis et al. 1983, 1996, 2004; Thomas 2001–2015). Besonders auf der Grundlage lernpsychologischer, wissenspsychologischer, kognitionspsychologischer, sozialpsychologischer und handlungspsychologischer Erkenntnisse wurden verschiedene Ausbildungs- und Trainingskonzepte entwickelt und auf ihre nachhaltigen Wirkungen hin erprobt. Dabei konnten folgende Erkenntnisse gewonnen werden:

1. Personen mit einer biographischen Entwicklung und Sozialisationsgeschichte, die nicht nur monokulturell, sondern eher plurikulturell geprägt ist und Personen die schon in frühen Entwicklungsstadien mit kulturellen Divergenzen konfrontiert waren, z. B. Teilnahme an internationalen Kinder- und Jugendbegegnungen, profitieren in besonderem Maße von interkulturellen Ausbildungs- und Trainingsangeboten.
2. Personen mit spezifischen, gut ausgeprägten Persönlichkeitsmerkmalen können sich nicht nur schnell und effizient in kulturellen Überschneidungssituationen zurechtfinden sondern profitieren ebenfalls in besonderem Maße von entsprechenden Ausbildungsangeboten. Zu diesen förderlichen Persönlichkeitsmerkmalen gehören: Offenheit/Neugier, Selbstsicherheit, soziale- und kommunikative Kompetenz, Empathie, Perspektivenwechsel, Ambiguitätstoleranz (also Mehrdeutigkeiten und Widersprüchlichkeiten ertragen können) und psychische und physische Belastbarkeit.
3. Zum Aufbau handlungswirksamer interkultureller Handlungskompetenz hat sich besonders die *Intercultural Assimilator-/Intercultural Sensitizer-Methode* erwiesen (Kammhuber 2000; Kinast 2005). Diese Methode gehört zur Kategorie der verstehensorientierten Trainings. Das Ziel besteht darin, kognitive Merkmale interkultureller Handlungskompetenz aufzubauen und zwar so, dass

die Fähigkeit erworben wird, das Verhalten eines fremdkulturellen Partners in einer kulturellen Überschneidungssituation isomorph zu attribuieren, d. h. aus der Sicht des Partners verstehen und zu interpretieren zu können. Dazu passt die Analyse und Interpretation kulturell bedingt kritischer Interaktionssituationen in Verbindung mit dem, was das Kulturstandardkonzept (Thomas 2011b) an Orientierungshilfe zu bieten hat. Ein anschauliches Beispiel für den Aufbau und die Struktur dieser Lernmethode bieten die Trainingsmaterialien für deutsche Fach- und Führungskräfte zur Vorbereitung auf den Auslandseinsatz in 40 unterschiedlichen Nationen (Thomas 2001–2015).

4. Die theoretischen und methodischen Grundlagen des Culture-Assimilator-Konzepts, in Verbindung mit dem Kulturstandard-Konzept lassen sich in dem interkulturellen Kulturkreismodell (Abb. 8.1) darstellen, das auf dem Konzept des *Experiential Learning* von Kolb (1984) basiert und auf interkulturelle Lernprozesse erfolgreich angewandt werden konnte (Kammhuber 2000).

Die sieben Stufen des Lernzirkels beginnen mit dem sich Hineinversetzen in die kulturell bedingt kritisch verlaufende Interaktionssituation und die vermuteten Intentionen der handelnden Personen. Als nächstes soll der Lernende eine eigene Interpretation des Handlungsgeschehens, einschließlich passender Kausalattributionen vornehmen und diese im folgenden Schritt durch multiple Interpretationsperspektiven anreichern. So kann er sich vielfältige Erklärungsalternativen einholen mithilfe von Literaturquellen oder durch Gespräche mit Experten der jeweiligen Zielkultur, in der die kritische Interaktionssituation stattfindet,

Interkultureller Lernzirkel nach Kammhuber 2000

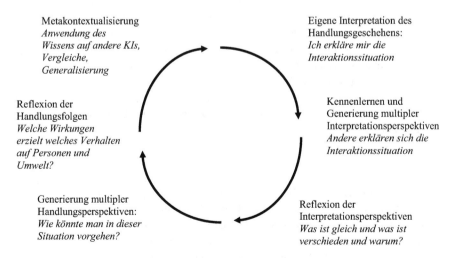

Abb. 8.1 interkultureller Lernzirkel nach Kammhuber (2000)

oder durch Diskussionen innerhalb der Lerngruppe. Dieser Vorgang regt den Perspektivenwechsel an und führt zum nächsten Schritt, der Reflexion der Interpretationsperspektiven, des Vergleichs der Erklärung alternativen unter einander und der Suche nach Begründungen. Die darauffolgende Generalisierung multiple Handlungsperspektiven zwingt den Lernenden eigenständig Handlungsstrategien und Handlungsmöglichkeiten zur Problemlösung zu entwickeln. Die Reflexion der Handlungsfolgen, also ihren Wirkungen in Bezug auf das individuelle Verhalten der handelnden Personen und auf die Umwelt, liefert in Verbindung mit der Hinzuziehung von Kulturstandards und ihrer Wirkungen Hinweise, wie isomorphes Handeln gegenüber dem Partner zielführend sein könnte. Die Metakontextualisierung führt vom konkreten Fallbeispiel weg hin zur Verallgemeinerung der gewonnenen Erkenntnisse und einem generellen Verständnis dafür, wie eine kulturelle Überschneidungssituation so zu gestalten ist, dass die beteiligten Personen ihre Ziele erreichen können und dabei ein hohes Maß an Zufriedenheit erfahren. Diese Metakontextualisierung ist eine effiziente Methode zu lernen, wie man sich generell in fremde Kulturen einarbeiten und wie interkulturelle Handlungskompetenz entwickelt werden kann (Thomas 2011b).

1. Wer die interkulturelle Handlungskompetenz für den Lebensalltag und die Arbeitstätigkeit benötigt, kann auf die 2500 Jahre alte Weisheit des chinesischen Kriegsphilosophen Sun Tsu (1970) zurückgreifen: „Nur wer den Gegner (ausländischen Partner) und sich selbst gut kennt kann in 1000 (allen) Schlachten siegreich sein". Sich selbst zu kennen ist, wie bereits erwähnt, der schwierigere Teil, denn die Wahrnehmung einer unerwarteten Verhaltensreaktion des ausländischen Partners wird sofort, automatisch und nicht bewusstseinspflichtig Ursachen zugeschrieben (Kausalattribution). Sie baut-auf den Erfahrungen auf, die aus den bisherigen Enkulturations- und Sozialisationsprozessen und damit dem einkulturellen Orientierungssystem entsprechen und die somit die fremdkulturell geprägten Sozialisationserfahrungen des ausländischen Partners nicht berücksichtigen. Dieser Automatismus führt unweigerlich zu Fehlurteilen. Um dies zu verhindern, isomorphe Kausalattributionen zu ermöglichen und den Blick für entsprechende Einsichten in das fremdkulturelle Orientierungssystem zu fördern und zum Perspektivenwechsel anzuleiten, ist die Anwendung folgender *Selbstkommandos zur effizienten Gestaltung interkultureller Begegnungsprozesse* nützlich:

1. Stopp den automatischen Bewertungsprozess!
2. Präzisiere, was dich irritiert und was den Partner irritieren könnte!
3. Reflektiere und präzisiere deine eigenen Erwartungen!
4. Analysiere die individuellen und situativen Bedingungen!
5. Antizipiere die Wirkungen deines eigenen Verhaltens!
6. Reflektiere die möglichen Erwartungen des Partners!

7. Erkenne die eigenen Kulturstandards und reflektiere ihre Wirkungen!
8. Nutze das Wissen um die fremden Kulturstandards, zur Konfliktlösung und zur Herstellung beiderseitiger Zufriedenheit!

Literatur

Bergius, R. (2014): Stichwort: Konstrukt. In: Wirtz, M. A. (Hg.): Dorsch Lexikon der Psychologie. 17. Aufl. Bern, 920.

Berry, J. W. (1980): Ecological analysis for cross-cultural psychology. In. Warren, N. (Hg.): Studies in coss-cultural psychology. Bd. 2. London, S. 157–189.

Chakkarath, P. (2007): Kulturpsychologie und indigene Psychologie. In: Straub, J./Weidemann, A./Weidemann, D. (Hg.): Handbuch interkulturelle Kommunikation und Kompetenz. Stuttgart, S. 237–249.

Fiedlmeier, W. (2007): Kulturvergleichende Psychologie. In: Straub, J./Weidemann, A./Weidemann, D. (Hg.): Handbuch interkulturelle Kommunikation und Kompetenz. Stuttgart, S. 225–237.

Frey, D./Irle, M. (Hg.) (1998/2002/2009): Theorien der Sozialpsychologie. Bd. 1: Kognitive Theorien; Bd. 2: Gruppen-, Interaktions- und Lerntheorien; Bd. 3: Motivations-, Selbst- und Informationsverarbeitungstheorien. Bern.

Frey, D./Stahlberg, D./Gollwitzer, P. M. (1993): Einstellung und Verhalten: die Theorie des überlegten Handelns und die Theorie des geplanten Verhaltens. In: Frey, D./Irle, M. (Hg.): Theorien der Sozialpsychologie. Bd. 1. Bern, S. 361–398.

Hofstede, G. (1991): Culture and Organization. Software of the Mind. London.

Kammhuber, S. (2000): Interkulturelles Lernen und Handeln. Wiesbaden.

Kinast, E.-U. (2005): Interkulturelles Training. In: Thomas, A./Kinast E.-U./Schroll-Machl, S. (Hg.): Handbuch interkulturelle Kommunikation und Kooperation. Grundlagen und Praxisfelder, Bd. 1, 2. Aufl. Göttingen, S. 181–203.

Kolb, D. A. (1984): Experiential Learning. Englewood Cliffs.

Koran, der. München: Beck (Übersetzung 1999: Moustafa Maher).

Kroeber, A. A./Kluckhon, C. (1952): Culture: A Critical Review of Concepts and Definitions. Cambridge, Mass.

Landis, D. (Hg.) (1983/1996/2004): Handbook of Intercultural Training. 3 Bde. Thousand Oaks.

Lewin, K. (1982): Feldtheorie. In: Lewin, K./Graumann, C. F. (Hg.): Feldtheorie. Bd. 4. Bern/Stuttgart.

Mayr, S./Thomas, A. (2008): Beruflich in Frankreich. Trainingsprogramm für Manager, Fach- und Führungskräfte. Göttingen: Vandenhoeck & Ruprecht.

Meier, M. A./Pekrun R. (2003): „Emotionen im Kulturvergleich". In: Thomas, A. (Hg.): Kulturvergleichende Psychologie. 2. Aufl. Göttingen, S. 281–308.

Schroll-Machl, S. (2007): Die Deutschen – Wir Deutsche. Fremdwahrnehmung und Selbstsicht im Berufsleben. 3. Aufl. Göttingen.

Sun Tsu (1970): Wahrhaft siegt, wer nicht kämpft. Die Kunst der richtigen Strategie. Bearbeitung: Cleary, T; Übersetzung: Fischer-Schreiber, I. Freiburg.

Thomas, A. (1996): Analyse der Handlungswirksamkeit von Kulturstandards. In: Thomas, A. (Hg.) (1996): Psychologie interkulturellen Handelns. Göttingen, S. 107–135.

Thomas, A. u. a. (2001–2015): Handlungskompetenz im Ausland: „Beruflich in… Trainingsprogramm für (deutsche) Manager, Fach- und Führungskräfte". 40 Bde. für 40 Nationen/Kulturen. Göttingen.

Thomas, A. (Hg.) (2003): Kulturvergleichende Psychologie. 2. Aufl. Göttingen.

Thomas, A. (2005): Theoretische Grundlagen interkultureller Kommunikation und Kooperation. In: Thomas, A./Kinast E.-U./Schroll-Machl, S. (Hg.): Handbuch interkulturelle Kommunikation und Kooperation: Grundlagen und Praxisfelder. Bd. 1, 2. Aufl. Göttingen, S. 19–31.

Thomas, A. (2011a): Das Kulturstandardkonzept. Versiert, angemessen und erfolgreich im internationalen Geschäft. Göttingen.

Thomas, A. (2011b): Das Kulturstandardkonzept. In: Dreyer, W./Hössler, U. (Hg.): Perspektiven interkultureller Kompetenz. Göttingen, S. 97–124.

Triandis, H. (1989): Intercultural education and training. In: Funke, P. (Hg.): Understanding the USA: A Cross-Cultural Perspective. Tübingen, S. 305–322.

Trommsdorff, G./Kornadt, H.-J. (Hg.) (2007): Kulturvergleichende Psychologie. Enzyklopädie der Psychologie, 3 Bde.

Wallbott, H. G. (2005): Nonverbale Kommunikation im Kulturvergleich. In: Thomas, A. (Hg.): Kulturvergleichende Psychologie. 2. Aufl. Göttingen, S. 415–432.

Nancy Huston und Marica Bodrožić: Zwei Autorinnen der Migration?

Überlegungen zu ihrer Rezeption in Deutschland und Frankreich, mit besonderem Augenmerk auf *Nord perdu* (1998) und *Sterne erben, Sterne färben. Meine Ankunft in Wörtern* (2007)

Britta Benert

9.1 Einleitung

Mit Nancy Huston und Marica Bodrožić, respektive Jahrgang 1953 und 1973, werden zwei Autorinnen im Mittelpunkt stehen, deren Werk jeweils in unterschiedlichen Sprachräumen literarisch überaus erfolgreich angekommen ist (Indikatoren dieses literarischen Erfolgs beider Autorinnen sind: 1) ihre Aufnahme in renommierten Verlagshäusern, 2) ihr Einzug in Nachschlagewerken für gegenwärtige Literatur, 3) die Vielzahl an literarischen Preisen, mit denen sowohl Nancy Huston wie auch Marica Bodrožić ausgezeichnet worden sind). Mein Ansatz ist so, entsprechend den Wünschen der Organisatoren, ein vergleichender – und vielleicht ist ja die Komparatistik tatsächlich hilfreich, einer Sackgasse zu entkommen?

Denn Tatsache ist, dass es weiterhin als schwierig empfunden wird, adäquate Begriffe für jene Literatur zu finden, um die es hier geht; eine Literatur, die sich zudem vielfach weder konkret benennen noch verorten lassen möchte.

Hinsichtlich dieser bislang (seit den 90er Jahren) vergeblichen und zugleich geradezu obsessiven Suche der Literaturwissenschaft, *diese* (?) Literatur auf einen zufriedenstellenden Nenner zu bringen, liegt es nahe, den Versuch an sich, nämlich einen bestimmten Genre-Begriff finden zu wollen, als absurd zu erkennen. Das ist freilich schon vielfach angemerkt worden; ich stieß rund um diesen Punkt auf eine Dissertation, in der sich die Problemlage wie folgt dargestellt findet:

> Sobald man über die Literatur von Autoren nichtdeutscher Herkunft oder Muttersprache spricht, wird deutlich, dass jeder bisher verwendete Begriff einschränkende Konnotationen evoziert, faktisch inkorrekt oder vereinnahmend ist, bzw. affirmativ oder

B. Benert (✉)
ESPE d'Alsace, Université de Strasbourg, Strasbourg, Frankreich
E-Mail: britta.benert@unistra.fr

© Springer-Verlag GmbH Deutschland, ein Teil von Springer Nature 2020
H. W. Giessen und C. Rink (Hrsg.), *Migration, Diversität und kulturelle Identitäten*,
https://doi.org/10.1007/978-3-476-04372-6_9

diminuierend/diskriminierend [...]. Bei der bestehenden Verschiedenheit sowohl inhaltlicher, stilistischer, formaler und ästhetischer oder kultureller, sozialer, politischer und biographischer Natur, ist es fraglich, ob ein generischer Terminus für diese Literatur überhaupt gefunden werden kann oder sollte. Bei jeder Benennung würde es sich automatisch um eine Klassifizierung als spezifische Literatur einer Gruppe handeln, gegen die sich viele Autoren wehren. Was sie verbindet ist allein die Tatsache, dass sie aus anderen Heimatländern kommen und/oder mit einer anderen Muttersprache aufgewachsen sind. (Hintz 2002: 53)

Dieses Zitat fasst, wie mir scheint, sehr schön die Problemlage zusammen:

- Es wird so auf die Benennungskrux angespielt mit ihren marginalisierenden Verortungen (bei Immacolata Amodeo finden wir diese aufgelistet als: „Gastarbeiter-, Ausländer-, Gast-, Migranten-, Immigranten-, Emigrationsliteratur"; „inter-multi-, mehrkulturelle oder nicht nur deutsche Literatur"; „deutsche Gastliteratur"; „Literatur der Fremde" oder „deutsche Literatur von außen" (vgl. Amodeo 2010: 1).
- Das Zitat erinnert außerdem an Stellungnahmen von Autoren zu diesen Verortungsversuchen; erinnert sei an S. Tufiqs spöttischen Ausspruch „Ich schlage vor, unsere Literatur mit Literatur zu bezeichnen" (vgl. *Deutsche Literaturgeschichte. Von den Anfängen bis zur Gegenwart* 2008a: 734); auch Marica Bodrožić hat sich immer wieder sehr entschieden dagegen ausgesprochen, auf ihre Herkunft und ihren mehrsprachigen Hintergrund, der durch ihren Namen anklingt, reduziert und zugleich auch thematisch sofort eingeordnet – festgeschrieben – zu werden: „Niemand schreibt, um so einem häßlichen Wort wie Migrant anzugehören" schreibt sie in diesem Sinne (Bodrožić 2008a: 75); oder auch: „Unsere Aufgabe als Schreibende ist es, zu differenzieren und die Dinge noch einmal zu zerlegen und genauer hinzuschauen. Deswegen – vielleicht ist das übertrieben von mir – ist schon das Wort Migrantenliteratur für mich fast wie eine Kränkung" (Bodrožić zitiert in Amodeo u. a. 2009: 230–231).

Neben diesem Hinweis auf eine literaturwissenschaftliche Sackgasse legt obiges Zitat die Spur zu einem *Lösungsansatz,* der sich um den Begriff der „Muttersprache" dreht. Seine gleich zweifache Erwähnung fiel mir auf. Klar ist, dass mit dem Zitat eine deutsche Problemlage umrissen wurde – und so habe ich auch (noch) nicht auf Nancy Huston und/oder eine französische Perspektive Bezug genommen – diese schien mir hier nicht hineinzupassen. Mit französischer Brille kann ich sagen, dass mich der Rückgriff auf die „Muttersprache" (fast) befremdet, obgleich dieser im Französischen in der Wissenschaft durchaus aufzufinden ist. Ja, wie im Deutschen, ist man sich der Ungenauigkeit und Ideologiedurchsetztheit der Formulierung „langue maternelle" wohl bewusst, weswegen vielfach das weniger beladene Synonym „Erstsprache/langue première" benutzt wird. Ich werde in einem ersten Teil meine Befremdung zum Anlass nehmen, das Konzept Muttersprache in deutsch-französischer Perspektive zu hinterfragen und erst in einem zweiten Teil auf die beiden Texte *Nord perdu* (Bodrožić 1998) und *Sterne erben, Sterne färben* (Bodrožić 2007) zu sprechen kommen.

9.2   Über das Konzept „Muttersprache",
in deutsch-französischer Perspektive

Meiner Befremdung möchte ich anhand eines vielleicht überraschenden Rückgriffs auf die Berufsbezeichnung „Fremdsprachensekretärin" und ihrer französischen Entsprechung *(secrétaire bi/trilingue)* nachgehen, ein Beispiel, das uns nur vordergründig von unseren Autorinnen entfernt, tatsächlich jedoch durchaus nähert, denn für beide ist das Reflektieren sprachlicher Differenzen mittels Übersetzungsfragen ein zentrales Anliegen (*Nord perdu* und *Sterne erben, Sterne färben* weisen jeweils zahlreiche Passagen auf, in denen die Verschiedenheit von Sprachen mit der Möglichkeit verbunden ist, unterschiedliche Blicke auf die Welt zu eröffnen. So ist Bodrožić zu Recht als Humboldtianerin bezeichnet worden (Albath 2008) und auch Huston schreibt sich klar in diese sprachphilosophische Tradition ein, Sprachen als „world views" zu verstehen, „c'est-à-dire des façons de voir et de comprendre le monde" (*Nord Perdu:* 51). Auch in ihrer Rolle als Übersetzerinnen bzw. Selbstübersetzerinnen ist das Reflektieren von sprachlichen Differenzen Hauptanliegen beider Autorinnen, was rekurrent in ihre Texte eingegangen ist (z. B.: „Can of worms était une banalité jusqu'à ce que j'apprenne ‚panier de crabes': ces deux façons de dire un grouillement déplaisant et inextricable me sont devenues intéressantes en raison de l'écart entre elles", *Nord Perdu:* 46).

Die französische Formulierung „*tri*lingue" geht auf den Begriff *mono*lingue/einsprachig zurück, damit ist gesetzt, dass es beispielsweise, wie hier aus beruflichen Gründen, notwendig sein kann, mehrere Sprachen, also eine Zwei, Dreisprachigkeit zu erwerben, mit dem Ergebnis, sich ggf. mit einem „je suis secrétaire trilingue" vorzustellen. Warum nun funktioniert die Eins-zu-Eins-Übersetzung ins Deutsche nicht („ich bin dreisprachige Sekretärin" ist keine korrekte Formulierung)?

Sich zwei/dreisprachig zu bezeichnen hat, wie mir scheint, etwas Gewagtes, das allgemein mit einer sehr hohen – einer muttersprachlichen – Kompetenz in Zusammenhang gebracht wird, d. h. man sollte sich seiner Mehrsprachigkeit schon sehr sicher sein, bzw. *eigentlich* scheint die Formulierung nur dann Gültigkeit zu haben, wenn diese im Rahmen eines *frühen, familiären* Kontexts erscheint, worauf zurückzuführen wäre, weshalb die Formulierung „ich bin zweisprachig aufgewachsen" akzeptabler klingt als ein (prätenziös-angehauchtes) „Ich bin zweisprachig".… Worauf ich hinaus will, ist nun sicherlich klar, nämlich die Tatsache, dass in den beiden Sprachen unsere Berufsbezeichnung auf einem jeweils unterschiedlichen Referenzrahmen fußt: den der Muttersprache in Opposition zur Fremdsprache in deutscher, den des *monolinguisme* in französischer Sicht. Was sich so in dem Begriffspaar *secrétaire trilingue*/Fremdsprachensekretärin widerspiegelt, sind unterschiedliche Schwerpunktsetzungen innerhalb der Sprachauffassung, die selbstredend mit unterschiedlichen Schwerpunktsetzungen bei den Bemühungen um die Ausbildung des Französischen und Deutschen als Nationalsprachen zu tun haben, also historisch zu begründen sind. Entsprechend können wir bei Trabant lesen, wie sich in Frankreich die nationalsprachliche Abwendung vom Lateinischen in „*politischer* Absicht" vollzieht. Bei den Bemühungen, eine gemeinsame Norm für die französische Sprache festzuschreiben, soll diese sich

> an der Sprache des Hofes und des Parlaments, also der *Macht* in ihren beiden Formen von Regierung und Gerichtsbarkeit, bzw. an den tragenden gesellschaftlichen Säulen des Königsreichs, an Adel und gehobenem Bürgertum, orientieren. Von vornherein wird die Frage nach der Sprache in Frankreich in einen *politischen* Rahmen gestellt. (Trabant 2006: 113, Hervorh. im Original)

Dieser politischen Schwerpunktsetzung Frankreichs steht eine religiös-orientierte Akzentuierung auf deutscher Seite gegenüber:

> Dagegen sind es in Deutschland weniger politische Ereignisse, die die Abgrenzung vom Lateinischen motivieren, bzw. zu einer Normierung des Deutschen führen werden, sondern die Erneuerung des Glaubens mit Luther. Anders gesagt, es ist die religiöse Erneuerung in Deutschland, die für die Volkssprache ausschlaggebend ist. (Trabant 2006: 111–113)

Festzuhalten bezüglich unseres Beispiels (und der Darstellung bei Trabant) ist die Verankerung/Langlebigkeit und Diffusion sprachlichen Denkens über die Jahrhunderte hinweg. Die stets präsente Rolle, die das religiös fetischisierte Konzept der Muttersprache in Deutschland einnimmt (vgl. Grutman (2005) und Weissmann: „[...] l'idée selon laquelle [l'allemand] serait la propriété exclusive d'un peuple-ethnie spécifique reste présente et empêche de concevoir que des œuvres majeures puissent être écrites en allemand par des non natifs, plurilingues et pluriculturels" (2011: 54)) bzw. das politische Konzept des *monolinguisme,* wie es Frankreich inne hat, stellt bei der Rezeption (beispielsweise) von Marica Bodrožić und Nancy Huston eindeutig schwer zu überwindende Hürden dar. Anders gesagt, beide Bezugsrahmen führen zu Abwehrhaltungen gegenüber mehrsprachigen Autoren, jedoch zu unterschiedlichen: es ist die im Vergleich zu Deutschland andere Geschichte Frankreichs – oder: der politische Horizont des *monolinguisme* – der erklärt, dass *traditionell* diejenigen Autoren, die von anderswoher kamen, jedoch das Französische als Sprache übernahmen, zu großem Ansehen gelangen konnten: d. h.: *traditionell* löst individuelle Mehrsprachigkeit von Autoren Bewunderung bei dem im Monolinguismus verstrickten Frankreich dann aus, wenn diese in *literarische Französischsprachigkeit* (bzw. schriftstellerische *Einsprachigkeit*) mündet (Lebsanft 2004: 175); das wohl, weil die Wahl des Französischen als Beweis der Universalität des Französischen interpretiert und damit als Treuekundtat ausreicht, um, obgleich als fremd dahergekommen, in den Schoß der französischen Nation aufgenommen, wenn nicht annektiert zu werden (entsprechend dieses Ansatzes, *gehört* Madame de Ségur zur französischen Literatur, ihre russische Herkunft ist belanglos und vergessen). Es ist damit durchaus vorstellbar, dass eine französischschreibende, in Paris etablierte Marica Bodrožić – auch insbesondere, weil die Mehrsprachigkeit ihrer Texte vorrangig latent ist – von der französischen Kritik „integriert/annektiert" worden wäre bzw., so meine

Hypothese, bei Besprechung ihrer Werke *nicht* in dem Maße auf ihre Erst/Muttersprache verwiesen werden würde, wie das in der deutschsprachigen Rezeption so überaus prägnant der Fall ist. In der Presse erschienene Besprechungen zu der Autorin zeugen tatsächlich von einer frappierenden Fokussierung auf das Konzept Muttersprache. Zahlreiche Beispiele könnten hier angeführt werden (siehe die Pressesammlung von Braun 2010). In einer Besprechung aus der *Süddeutschen Zeitung* (2007) lesen wir etwa, dass das Benutzen der Muttersprache für den „Einheimischen" fast wie „der Reflex eines zuckenden Knies" sei – die Dinge derart darzustellen, geht wohl durchweg einher mit einem völligen Verkennen, was literarisches Schreiben beinhaltet, nämlich eine eigene, neue Sprache zu schaffen, weg von der Alltagssprache, die wir tatsächlich oft reflexartig, und deshalb auch hülsenhaft benutzen. Weiter im Text der SZ ist vom „einheimischen Sprecher" die Rede, der der „Kroatin" gegenübergestellt wird, wobei der Journalist zudem hervorhebt, dass Marica Bodrožić ohne jegliche „Schnitzer" im Ausdruck das Deutsche schreibe, was auf ein essentialistisches Verständnis von Muttersprache zurückgeht, gegen das Marica Bodrožić immer wieder anschreibt: „Ich habe von Anfang an Gedichte, dann auch Prosa geschrieben, jeweils immer in meiner zweiten Sprache, die ich meine zweite Muttersprache nenne – auch wenn das gegen die allgemeine Regel verstößt" (Bodrožić 2008b: 23).

In Frankreich eckt derjenige Autor an, der, anstatt das Spiel der *literarischen Französischsprachigkeit* (Lebsanft 2004) zu spielen, seine Mehrsprachigkeit literarisch verwendet bzw. thematisiert; es ist Hustons literarische Mehrsprachigkeit, die störend ist, wie in *Nord perdu* nachzulesen, d. h. die Tatsache, dass sie sich nicht hat einverleiben lassen. Hingegen wurde Hustons Wahl des Französischen (ihre Absage an die englische Muttersprache bzw. ihr Sprachwechsel), solange sie sich an die literarische Französischsprachigkeit hielt, nicht hinterfragt (vgl. hierzu das Interview, das Aleksandra Kroh mit Nancy Huston geführt hat. Die Frage, ob Huston für ihren ersten, in französischer Sprache, publizierter Roman von der Kritik auf ihre Sprachwahl angesprochen wurde, bzw. ob ihr die Legitimität französisch zu schreiben abgesprochen wurde, beantwortet die Autorin klar negativ: „On me faisait plutôt des remarques sur ma manière d'aborder le sujet, c'était ma vision des choses qui choquait [...] Non, il n'y a jamais eu de remise en question de mon droit d'écrire en français, au contraire, à l'époque où je commençais à écrire [en 1981], le thème des écrivains étrangers s'exprimant en français était absent, on n'en parlait pas [...] Quand je pense au dossier de presse de mon premier roman, *Variations Goldberg,* il n'y avait pas un seul journaliste qui mentionne que c'était écrit par une Canadienne. Voilà un livre, un livre des livres français de la rentrée, basta" (Nancy Huston in Kroh 2000: 92–93).

Fazit Der Horizont der Verortungen bleibt das nationale Paradigma, wovon der Rückgriff auf die Konzepte Muttersprache einerseits, *monolinguisme* andrerseits zeugen konnte. Klar ist, dass diese nationalen Folien kaum erlauben, einer literaturwissenschaftlichen Sackgasse zu entgehen, sondern dass die Rezeption der Literatur, die uns interessiert, immer wieder in zwei Fehlschlüssen verfangen bleibt, den der Aneignung und/oder der Festschreibung ins Exotische oder in bestimmte Thematiken.

9.3   Geschichte neu/anders schreiben

Die Kritik an den Etikettierungen sollte allen Raum eingenommen haben, so dass kein Platz mehr sei für die Texte unserer Autorinnen? Anders gefragt: Was ergäbe wohl eine nähere Analyse von *Nord perdu,* erschienen erstmals 1998 und bislang nicht ins Deutsche übertragen, und *Sterne erben, Sterne färben* aus dem Jahre 2007, das wiederum noch keine französische Übersetzung gefunden hat? Klar ist, es würden sich Parallelen herauskristallisieren und klar ist auch, dass diese erneut einer Verortung Vorschub leisten könnten. Stichworte zu den auffälligsten Parallelen sind:

- Beide Texte könnten als *literarische Sprachbiographien* gelesen werden, bei denen, wie bei Thüne betont (2010: 58), diese nicht an das konkrete Ich des Autos zu knüpfen sind, sondern es vielmehr darum geht, das erzählende Ich als eine Konstruktion des Autors zu erfahren. So gilt unbedingt für *Nord perdu,* wie auch für *Sterne erben, Sterne färben,* dass es sich jeweils um fiktionale Texte handelt, bei denen Sprache ein zentrales, metaphysisches Thema ist, wobei insbesondere die Haltung, die man gegenüber Sprache einnehmen kann, reflektiert wird (Benert 2016), bzw. gegen versimplifizierende Dichotomien ins Feld gezogen wird, wie etwa jene, die Mutter und Fremdsprache klar voneinander abgrenzen.
- Beide Texte haben stark *fragmentarischen Charakter* (Bodrožić nennt Wörter, umkreist sie, kommt auf sie zurück, beleuchtet sie neu; darin ist ihr Text (das Essai?) dem Aufbau eines Gedichtes so ähnlich – dazu Marie-Hélène Quéval (2012: 83), die sehr schön die Verbindungslinie Bodrožićs zur französischen Moderne darlegt und deren Spiel mit Gattungsgrenzen, „comme [Baudelaire], elle procède à un décloisement des genres littéraires, surmontant l'opposition prose/poésie pour choisir une prose poétique décomposée en fragments de visions et de sensations olfactives, plus même qu'auditives")
- Beide Texte zeichnen sich durch eine hohe Anzahl *intertextueller Bezüge* aus

Damit ließen sich beide Texte einer „poétique de la migrance" zuordnen, wie sie kürzlich in dem voluminösen Nachschlagwerk *Dictionnaire des écrivains migrants de langue française (1981–2011)* dargelegt wurde:

> […] les écrits de nombreux auteurs migrants témoignent d'une hybridité textuelle et générique: au lieu de créer des textes homogènes, unifiés et linéaires, ils jouent avec la fragmentation, la contradiction, l'hétérogénéité et la pluralité des voix et des perspectives. Le mélange des genres est fréquent, les fragments d'autobiographie, de critique, de textes journalistiques, d'entrevues ou d'émissions de télé s'intercalant et rompant le rythme du récit. Intertextualité et intermédialité sont à l'ordre du jour et s'inscrivent majoritairement dans une logique de la différence et de la transculture. (Mathis-Moser/Mertz- Baumgartner 2012: 15)

Angemerkt sei, dass die zwei letzteren Punkte (Fragmentierung und Intertextualität) Charakteristika umschreiben, die so für die Literatur der Moderne in ihrer

Gesamtheit, d. h. generell, Gültigkeit hat (Joyce, Rilke, usw.) und damit zu weitgefasst erscheinen – und, könnte man hinzufügen, ist nicht die Literatur gleichfalls *insgesamt* seit der Moderne eine Auseinandersetzung mit Sprache bzw. ihrer Unzulänglichkeit? (Siehe hierzu auch Monika Schmitz-Emans (2006) und ihre Ausführungen zu Autobiographie und Poetik.) Legitim erscheinen mir die Charakteristika der *poétique de la migrance,* wenn diese als *vorherrschend/vorstechend* angesehen werden. So scheinen mir tatsächlich oben genannte Punkte als *Haupt*charakteristika beider Texte gelten zu können.

Die Idee, Nancy Huston und Marica Bodrožić in Beziehung zu bringen, beruht auf einer intertextuellen Bezugnahme der einen auf die andere; dieser nachspüren, führt zu einer weiteren Parallele beider Texte, nämlich der Hinterfragung der (jüngsten) Geschichte: „Pas d'ici/Du mystère, quelque part/Autour de ces mots" sind die Zeilen, die Nancy Huston neben Zitaten von Hopkins und Eliot *Nord perdu* vorausschickt.

Es ist ein rechtes Versteckspielen, das Nancy Huston hier treibt, denn zum Zeitpunkt der Publikation von *Nord Perdu,* ist Marica Bodrožić noch nicht die anerkannte Autorin, wie wir sie heute kennen (noch ist keines ihrer Bücher erschienen). Und auch die Kürze des Verses gibt mehr Rätsel auf, als dass er es lüftet… es ist eine interessante *mise en abyme* rund um die Idee des sprachlichen Mysteriums, die uns Nancy Huston hier liefert und mit der sie uns auf Spurensuche schickt – erinnernd an Nabokovs' Vorliebe für Versteckspiele mit seinen Lesern und Kritikern …

Auf Bodrožićs Text ist Nancy Huston in dem *Bulletin de Lettre Internationale* gestoßen, einer Zeitschrift, in der sie selbst regelmäßig mitgearbeitet hat. Erschienen ist er im Herbst 1998, d. h. kurz vor Indruckgabe von *Nord Perdu.* Das Gedicht lautet insgesamt:

Roulent les roues
Traversé
Pays
„Mais vous la parlez si bien, cette langue"
„C'est que je vis ici,
dans ce pays"
Roulent les roues
Traversé
Pas la langue
Ou si
Maintenant
Ici
A la frontière
Peut-être
„Oui
Mais
Vous n'êtes pas allemande"
„Non"

„Je m'en doutais
Parce que les valises
Elles n'avaient pas l'air d'ici"
Les valises
Eh oui
Si seulement elles étaient à moi
Alors
Théorie aryenne
Le mythe
Mais c'est comme ça
Le voyage en train
Les roues qui roulent
Advenu
Davantage que cette question
De l'identité
Encore plus de voyages en train
Traversé
Pays
„Mais vous la parlez si bien, cette langue"
Valises argentées sur le quai
L'air pas d'ici
Etrangères
En route
Vers un autre pays
Pas d'ici
Du mystère, quelque part
Autour de ces mots

Anmerkung: Das Gedicht, ins Französische übertragen von Rolf Wintermeyer, hatte Marica Bodrožić ursprünglich in deutscher Sprache verfasst; es führte, laut freundlicher Auskunft der Autorin, den Titel „Das Rattern der Räder". Den deutschsprachigen Originaltext hatte Marica Bodrožić in einem Pariser Taxi versehentlich zurückgelassen und zwar zur Zeit ihres Aufenthalts in der französischen Hauptstadt, von dem auch *Sterne erben, Sterne färben* erzählt. Mit der Geschichte dieses Verlusts – der sicherlich nicht zwingend definitiv sein muss und ja auch über die französische Übersetzung eine gewisse Rettung erfahren hat – lässt sich „Das Rattern der Räder" den Hunderten von Beispielen zureihen, die der zeitgenössische Poet Henri Lefebvre in seinem Text *Les unités perdues* dichterisch aufgelistet hat und aus dem uns erlaubt sei kurz zu zitieren:

[…] Jude Stéfan envoya son premier manuscrit à Maurice Blanchot; accepté par Galli-mard, le manuscrit fut égaré par Jean Paulhan dans un taxi […] L'ex-amant de Valérie Mréjen, dit l'„Agrume", perd un scénario dans une rame du RER B […] *La Belle Jar-dinière*, tableau de Max Ernst, brûlé par les nazis; *Forêt*, tableau du même, oublié par sa femme dans un bus à Saint-Germain-des-Prés en 1953 et perdu […]. (Lefebvre (2004), 2011: 23, 34, 88–89)

Ich möchte mich an dieser Stelle herzlich bei der Autorin bedanken für Ihre Bemühungen, das Gedicht in seiner deutschen Fassung wieder ausfindig zu machen – und bleibe voller Hoffnung es noch wiederzufinden – gestärkt insbesondere durch eine Notiz Henri Lefebvres anlässlich einer Neuauflage seines Melos, in der er betont, dass einige, bei ihm als verloren genannte Werke, inzwischen wieder aufgefunden worden seien.

Das Gedicht gehört einer Abteilung der Zeitschriftennummer an, die, „L'affaire du citoyen" betitelt, sich politischen und gesellschaftlichen Fragen der Gegenwart widmet. Es geht um das Nachdenken über neue Grenzziehungen (wie die im ehemaligen Yugoslawien), es geht um Abgrenzungen, Ausgrenzungen, worauf auch die Identitätszuweisungen in Bodrožićs Gedicht verweisen („Vous n'êtes pas allemande"). Und es geht um NS-Zeit: Théorie aryenne/Le mythe im Zentrum des Gedichts, gleichfalls das Zentrum, vor dessen Hintergrund hier nachgedacht wird.

„Vergangenheitsspuren" (Koiran 2010) finden sich auch in *Nord perdu* und in *Sterne erben, Sterne färben*. Diese Spuren sind in beiden Fällen äußerst subtil, auch spärlich, dennoch in den Texten stets mitschwingend, gleich einem unabdinglichen Hintergrund, vor dem nachgedacht wird. Halten wir fest: *Nord Perdu* ist ohne Zweifel *vor allem* eine ironische Abrechnung mit puristischem Sprachdenken (Benert 2016), wie Bodrožićs' Text *vorrangig* eine Eloge an die europäische Romantik, an Humboldts Sprachverständnis ist, sowie an die literarische Moderne und ihrem radikal neuen/revolutionären Umgang mit Sprache. Gleichfalls dieser Eloge bzw. Hustons Abrechnung implizit ist die scharfe Zurückweisung jeglicher politischer Instrumentalisierung von Sprache, die ein mörderisches Extrem in der NS-Zeit findet. So spricht dann auch Bodrožićs' Text die Einführung des Judensterns durch die Nazis an (*Sterne erben*: 142): wie so viele Wörter im Nationalsozialismus ist auch der symbolreiche, poetische Stern politisch missbraucht worden, herangezogen worden, um auszugrenzen und zu morden, so dass auch das Wort „Stern" mit dem Holocaust assoziiert werden kann/muss.

Nord perdu setzt an mit dem mehrdeutigen Begriff „Envoi", der als anfangs auftretende Kapitelüberschrift auf einen sportlichen *coup d'envoi* verweist (und damit auf Ereignisse wie z. B. die Fussballweltmeisterschaft von 1998, die später im Text reflektiert wird); die Anfangslinien selbst, mit ihrer zweifachen Referenz an Sviatoslav Richter und Roman Gary laden ein, den Begriff *envoi* in seiner poetologischen Verwendung anzugehen, nämlich als zweifache *hommage* an den Pianisten und den Romancier, die gleichfalls beide, in Hustons Augen, das 20. Jahrhundert mit seiner gewaltsamen Geschichte inkarnieren. „Wie nach Auschwitz leben" fragt Roman Gary leitmotivisch in seinen Büchern, womit *envoi* an *convoi* denken lässt: d. h. an die mörderischen Transporte, die, von den Nazis organisiert, nach Auschwitz führten. Auf das Exterminationslager verweist Huston dann ganz am Ende des Textes, wenn sie Primo Levy zitiert („Hier ist kein Warum", *Nord Perdu*: 108).

Diese (angerissene) geschichtliche Dimension verweist so meines Erachtens auf eine bemerkenswerte, weitere Schnittstelle unserer beiden Autorinnen: *Vielleicht* insbesondere weil von anderswoherkommend, tragen Bodrožić wie Huston dazu bei, die Geschichte ihrer jeweiligen Wahlländer neu zu durchleuchten. Diese Rolle ist hinsichtlich deutschschreibender Autoren (der Migration) schon unterstrichen worden (Koiran 2010). In Frankreich wird der Themenkreis der Shoa neu angegangen, seitdem in den neunziger Jahren (sehr spät also) offiziell mit dem auf De Gaulle zurückreichenden Mythos eines hundertprozentig dem Widerstand verpflichteten Frankreichs gebrochen wurde. Und darüber hinaus wird dieser Neuangang mit Autoren *venus d'ailleurs* – also Autoren der Migration – in Zusammenhang gebracht (vgl. Porra 2011: 54) – Nancy Hustons Werk muss vor diesem Hintergrund gelesen werden, insofern es generell, aber ganz besonders mit *Nord perdu* einen wichtigen Beitrag darstellt, die offizielle/nationale Geschichte (Frankreichs) zu hinterfragen und neue Perspektiven zu eröffnen. Ganz klar haben Nancy Hustons Texte hier eine vergleichbare Funktion wie Werke, die mit ihrem interkulturellen Ansatz verhelfen, deutsche Geschichte unter anderen Gesichtspunkten anzugehen.

Um auf meine Ausgangsfrage zurückzukommen (Nancy Huston und Marica Bodrožić, zwei Autorinnen der Migration?), möchte ich abschließend Tzvetan Todorov anführen. In *Devoirs et Délices. Une vie de passeur*, das auf Gesprächen mit dem Literaturtheoretiker aufbaut, definiert dieser sich und seine Frau Nancy Huston als *homme* und *femme dépaysés* (2002: 172–173). Und auf die Frage, ob es einer realen Erfahrung von Exil bedarf, um die Fähigkeit einer Außenperspektive, einer besonderen Sensibilität zu erlangen, antwortet er mit einem klaren Nein:

> Non, bien sûr: on peut connaître le dépaysement en suivant de tout autres voies [que l'expérience réelle, physique de l'exil]. Quand je parle de singularité, je ne pense pas seulement au statut d'étranger. Elle peut être le résultat d'un franchissement de barrières sociales, ou tout simplement d'un parcours individuel, qui, pour des raisons diverses vous conduit hors la norme [...]. Nous sommes tous des métis culturels; simplement, certains cas sont plus visibles et plus parlants que d'autres. (Todorov 2002: 172–173)

Entsprechend fokussiert die Formulierung „Autoren der Migration" auf eine Materialität, die (irritierend) zu platt erscheint, denn wie verortet wirkt außerhalb jeglicher metaphorisch-literarischen Ebene – derselben metaphorisch-literarischen Ebene, die ohne Zweifel jene ist, die Nancy Huston und Marica Bodrožić mit so herausragendem künstlerischen Talent begehen.

Literatur

Albath, Maike (2008): Laudatio auf Marica Bodrožić. In: Glück, Helmut/Krämer, Walter/Schöck, Eberhard (Hg.): Kulturpreis deutsche Sprache. Ansprachen und Reden. Paderborn, 17–21.
Amodeo, Immacolata (2010): Verortungen: Literatur und Literaturwissenschaft. In: Asholt, Wolfgang/Hook-Demarle, Marie-Claire/Koiran, Linda/Schubert, Katja (Hg.): Littérature(s) sans domicile fixe – Literaturen ohne festen Wohnsitz. Tübingen, 1–12.
Amodeo, Immacolata/Hörner, Heidrun/Kiemle, Christiane (Hg.) (2009): Literatur ohne Grenzen. Interkulturelle Gegenwartsliteratur in Deutschland – Porträts und Positionen. Sulzbach.

Benert, Britta (2016): Plurilinguisme et migrations dans Nord perdu de Nancy Huston. In: Carnets: revue électronique d'études françaises. https://journals.openedition.org/carnets/918 (10.07.2019).

Bodrožić, Marica (1998): Roules les roues. In: Le Bulletin de Lettre Internationale, 12/1998, 29.

Bodrožić, Marica (2007): Sterne erben, Sterne färben. Meine Ankunft in Wörtern. Frankfurt a. M.

Bodrožić, Marica (2008a): Die Sprachländer des Dazwischen. In: Pörksen, Uwe/Busch, Bernd (Hg.): Eingezogen in die Sprache, angekommen in der Literatur. Positionen des Schreibens in unserem Einwanderungsland. Göttingen, 67–75.

Bodrožić, Marica (2008b): Dank. In: Glück, Helmut/Krämer, Walter/Schöck, Eberhard (Hg.): Kulturpreis deutsche Sprache. Ansprachen und Reden. Paderborn, 22–25.

Braun, Michael (2010): Marica Bodrožić. In: Arnold, Heinz Ludwig (Hg.): KLG – Kritisches Lexikon zur deutschsprachigen Gegenwartsliteratur. München, 1–8.

Grutman, Rainier (2005): Langue maternelle/paternelle. In: Beniamino, Michel/Gauvin, Lise (Hg.): Vocabulaire des études francophones. Les concepts de base. Limoges, 113–114.

Hintz, Saskia (2002): Schreiben in der Sprache der Fremde. Zeitgenössische deutsche ‚Migrantenliteratur' und kreatives Schreiben im Fach Deutsch als Fremdsprache. New York.

Huston, Nancy (1999): Nord perdu (1998). Suivi de Douze France. Arles.

Koiran, Linda (2010): Ecrire sans l'ombre du passé? Sur les traces de l'oubli dans les textes allemands de Yoko Tawada. In: Asholt, Wolfgang/Hook-Demarle, Marie-Claire/Koiran, Linda/ Schubert, Katja (Hg.) (2010): Littérature(s) sans domicile fixe – Literaturen ohne festen Wohnsitz. Tübingen, 95–114.

Kroh, Aleksandra (2000): L'aventure du bilinguisme. Paris.

Lebsanft, Franz (2004): Frankreichs Mehrsprachigkeit. Jakobiner gegen Girondisten: Die Debatte um die Europäische Charta der Regional-und Minderheitensprachen (1996–1999). In: Schmitz-Emans, Monika (Hg.): Literatur und Vielsprachigkeit. Heidelberg.

Lefebvre, Henri (2011): Les unités perdues. Paris.

Mathis-Moser, Ursula/Mertz-Baumgartner, Birgit (2012): Passages et ancrages en France. Dictionnaire des écrivains migrants de langue française (1981–2011). Paris.

Porra, Véronique (2011): Langue française, langue d'adoption. Une littérature ‚invitée' entre création, stratégies et contraintes (1946–2000). Hildesheim, Zürich, New York.

Quéval, Maire-Hélène (2012): Marica Bodrožić, l'un et le multiple. Germanica, LI. 75–87.

Schmitz-Emans, Monika (2006): Autobiographie als Transkription und Verwandlung: Yoko Tawada in den Spuren Kafkas. In: Breuer, Ulrich, Sandberg, Beatrice (Hg.): Grenzen der Identität und Fiktionalität. Autobiographisches Schreiben in der deutschsprachigen Gegenwartsliteratur. München.

Süddeutsche Zeitung (13. Juni 2007): Rezension zu Sterne erben, Sterne färben.

Thüne, Eva-Maria (2010): Sprachbiographien: empirisch und literarisch. In Michaela Bürger-Koftis, Hannes Schweiger, Sandra Vlasta (Hg.): Polyphonie – Mehrsprachigkeit und literarische Kreativität. Wien.

Todorov, Tzvetan (2002): Devoirs et délices. Une vie de passeur. Entretiens avec Catherine Portevin. Paris.

Trabant, Jürgen (2006): Europäisches Sprachdenken. Von Platon bis Wittgenstein. München.

Weissmann, Dirk (2011): Une littérature transnationale et transculturelle de langue allemande. Allemagne aujourd'hui, n° 197, juillet-septembre. 52–62.

Reeducation, eigener Wandel oder transkulturelle Konstellation Blicke auf Ausgangssituationen der westdeutschen Nachkriegsliteratur

10

Edgar Platen

10.1 Einleitung

Dass Phänomene und Strukturen eines Transkulturellen gerade in der sogenannten Migrationsliteratur sichtbar sein müssten, scheint zunächst auf der Hand zu liegen. Damit sind jedoch zugleich mindestens zwei Probleme impliziert. Erstens ist zwar gegenwärtig in nahezu allen europäischen Literaturen eine Aktualität einer Literatur von Migranten wahrnehmbar, aber daraus kann nicht umgekehrt geschlossen werden, dass transkulturelle Verfasstheiten ein neues, eben nur aktuelles Phänomen beschreiben. Bereits Wolfgang Welsch hat in seinem vielzitierten Aufsatz „Transkulturalität. Zur veränderten Verfassung heutiger Kulturen" auf die historische Dimension von Transkulturalität verwiesen: „Was einst nur für exquisite Subjekte wie Montaigne, Novalis, Whitman, Rimbaud oder Nietzsche gegolten haben mag, scheint heute zur Wirklichkeit von jedermann zu werden", oder: „Für jemanden, der die europäische Geschichte – insbesondere die Kunstgeschichte – kennt, ist diese historische Transkulturalität ohnehin evident. Die Stile waren länder- und nationenübergreifend, und viele Künstler haben ihre besten Werke fern der Heimat geschaffen" (Welsch 1997: 73 f.).

Zunächst einmal ist damit zu fragen, ob das populäre Geschichtsbild, nach dem es Nationen gab und gibt, die heutzutage durch Migrationsbewegungen herausgefordert, gar von Vermischungen ‚bedroht' sind, historisch nicht ganz einfach falsch ist? Standen am Anfang nicht doch Bewegungen, die sich erst in den letzten 200/300 Jahren zu festen Gebilden wie Staaten oder Nationen im heutigen Sinne zu formieren begannen, die wir heute als Normalzustand und damit als Ausgangspunkt der Beurteilungen von Migrationsbewegungen nehmen? Nach Welsch ist

E. Platen (✉)
Tyska, Universität Göteborg, Göteborg, Schweden
E-Mail: edgar.platen@sprak.gu.se

© Springer-Verlag GmbH Deutschland, ein Teil von Springer Nature 2020   177
H. W. Giessen und C. Rink (Hrsg.), *Migration, Diversität und kulturelle Identitäten*,
https://doi.org/10.1007/978-3-476-04372-6_10

jedenfalls anzunehmen, dass Transkulturalität keineswegs ein neues Phänomen darstellt, sondern vielmehr zumindest in weiten Teilen der Kunst immer schon der Normalfall war.

Neben dieser historischen Problematik beinhaltet die naheliegende Bindung transkultureller Fragestellungen an migrationsliterarische Texte zugleich zweitens eine literaturtheoretische, denn diese würde transkulturelle Zustände allein auf einen Sonderfall bzw. eine Sondergruppe von Autoren und Autorinnen beschränken und damit das Beschreibungsmodell insgesamt begrenzen. Ein ähnliches Problem hat 2003 bereits Armin Nassehi im Kontext von Diskussionen um postkolonialistische Ansätze hervorgehoben:

> Die wirkliche Arbeit […] ist freilich die, nicht den postkolonialen Araber, den Schwarzen oder den Indonesier als Hybriden zu entlarven – das dürfte uns nicht schwer fallen. Wirklicher und härter ist es, dies auch bei Westfalen, Bayern, bei Deutschen und Franzosen und Wallisern, bei Schotten, Andalusiern und Lombarden, bei Eidgenossen […] zu tun. Die Weltgesellschaft und ihre Verwerfungen zwingen geradezu zum ethnologischen Blick auf uns selbst. (Nassehi 2003: 207)

Übertragen auf Phänomene literarischer Transkulturalität folgt hieraus, dass diese nicht allein in der sogenannten Migrationsliteratur aufgesucht werden können, sondern sowohl historisch wie theoretisch umfassender auffindbar sein müssen. Deshalb werden im Folgenden auch eher nationalliterarisch formulierte Phänomene, konkret Autorschaften der frühen deutschen Nachkriegsliteratur in den Vordergrund gerückt – nämlich Alfred Andersch, Wolfgang Koeppen und Günter Grass, die ja allesamt zunächst kaum einer Migrationsliteratur zugerechnet werden –, denn diese gehen historisch einher mit dem Versuch einer (Re-)Konstruktion eines demokratischen Deutschlands nach 1945, also einem eher nationalen oder neutraler gesagt: eigenkulturellen, jedenfalls auf dem ersten Blick kaum transkulturellen Unternehmen. Doch zunächst scheinen einige Vorbemerkungen zur frühen Nachkriegsliteratur notwendig.

10.2 Zur literarischen Situation der frühen Nachkriegsliteratur

Ein Blick in gängige Literaturgeschichten zeigt, dass man in der Beschreibung der frühen westdeutschen bzw. bundesrepublikanischen Literatur nach dem Ende des Zweiten Weltkrieges allgemein von drei (nicht organisierten) Gruppen ausgeht, nämlich der Literatur des Exils, der Inneren Emigration und der ‚jungen Generation', wobei gleich anzumerken ist, dass die Exilliteratur eigentlich „ausgegrenzt [blieb]" (Schnell 2003: 68) und die damals ‚junge Generation' noch einige Jahre brauchte, um sich zu etablieren. Letztere drang eigentlich erst im legendären Literaturjahr 1959 halbwegs ins öffentliche Bewusstsein – festgemacht am Erscheinen von Günter Grass' *Blechtrommel*, Heinrich Bölls *Billard um Halbzehn* und Uwe Johnsons *Mutmaßungen über* Jakob, mit denen man, so eine immer wieder zitierte

Formulierung Enzensbergers, nun wieder „das Klassenziel der Weltkultur [...]
geschafft" (Enzensberger 1968: 190) zu haben glaubte.

Aber auch wenn wir heute vor allem Autoren/innen der damals jungen Generation mit dem Beginn der Nachkriegsliteratur verbinden, so waren es dennoch die
traditionellen Autorschaften der Inneren Emigration, die damals das breite Publikum fanden, worauf auch Ralf Schnell hinweist:

> Schon ein erster [...] Blick auf die Anfänge der westdeutschen Nachkriegsliteratur macht
> denn auch deutlich, dass nicht in erster Linie die Autoren des *Ruf* oder der „Gruppe 47"
> die literarische Szene beherrschten. Vielmehr dominierten – auch hinsichtlich der Werk-
> vielfalt und der Auflagenhöhe – gerade jene Autoren, die an ästhetische Traditionen der
> Zeit vor 1933 anknüpften: Hans Carossa, Georg Britting, Ernst Penzoldt, Stefan Andres,
> Josef Weinheber, Werner Bergengruen, Ernst Wiechert, Gertrud von Le Fort, Rudolf Alex-
> ander Schröder und Albrecht Goes, um nur einige Namen von Autoren der Inneren Emig-
> ration zu nennen. (Schnell 2003: 68)

Diese öffentliche Dominanz der Inneren Emigration gilt auch noch 1959. Eine
‚Unterscheidung' der Autoren „nach Altersgruppen ergibt eine Überraschung",
wie Günter Häntzschel gezeigt hat:

> [D]enn während in den Literaturgeschichten der fünfziger Jahre im wesentlichen die
> Autoren der ehemaligen ‚jungen Generation' repräsentieren, ergibt die empirische Unter-
> suchung, dass annähernd 37 Prozent der 1959 publizierten Autoren 60 Jahre und älter
> sind, 39 Prozent von ihnen im fünften und sechsten Lebensjahrzehnt stehen und somit
> die bis zu 40-Jährigen nur 24 Prozent ausmachen (Irmtraud Morgner und Peter Härtling
> mit 26, Uwe Johnson mit 25 Jahren sind die Jüngsten). [...] Der Bestseller des Jahres
> 1959 waren nicht die Romane von Böll oder Grass, die sich ernsthaft mit der NS-Diktatur
> auseinandersetzten, sondern Ina Seidels Roman „Michaela. Aufzeichnungen des Jürgen
> Brook" [...], mit dem die Autorin in gefährlicher Weise den Nationalsozialismus ver-
> harmlost und verfälscht, indem sie seine Verbrechen als eine Art Naturkatastrophe wertet,
> Deutschland als Gemeinschaft von Opfern darstellt, die man, von Schuld entlastet, nicht
> zur Verantwortung ziehen kann [...]. (Häntzschel 2009: 60)

Angesprochen ist hier erstens die Differenz zwischen literarischer Öffentlichkeit
und nachträglicher Literaturgeschichtsschreibung, wobei zweitens die Frage nach
den Bewertungen, nach dem Geschichtsbild und dem Umgang mit dem Nationalsozialismus nach 1945 in den Vordergrund gerät. Während die Innere Emigration
zur Naturmetaphorik und Mythisierung neigt, quasi als wäre der Nationalsozialismus wie ein plötzliches Gewitter eingebrochen, hätte getobt und sich dann wieder
verzogen, erlebt die ausgewanderte Literatur ein doppeltes Exil, nämlich erstens
das der Flucht ins Exil sowie zweitens das der als verhindert empfundenen Rückkehr, wie es sich ausdrücklich bei Autoren wie Thomas Mann oder Alfred Döblin
formuliert. Die ‚junge Generation' hingegen spürt – vielleicht auch altersbedingt –
einer „Stunde Null" nach, die es selbstverständlich geschichtlich nicht geben kann,
worauf auch die spätere Kritik an dieser Setzung hinweist.

Die historische Frage nach Kriegsende 1945 scheint also, ob man den am
Nationalsozialismus erkrankten Patienten bzw. den fehlentwickelten Schüler Deutschland durch Hilfe von außen, insbesondere amerikanischer heilen

bzw. umerziehen kann, oder ob Veränderungen durch einen eigenen Wandel im Bewusstsein geschehen müssen. Nimmt man den letzten Fall, denn gegen den ersten hatte sich direkt nach Kriegsende eine Vielzahl Intellektueller, nicht zuletzt Exilanten, die selbstverständlich keine Notwendigkeit einer Umerziehung einsehen konnten, skeptisch geäußert, bleibt zu fragen, *wie* ein ‚eigener Wandel‘ zu bewerkstelligen sein sollte.

Die These im Folgenden ist, dass dieser ‚eigene Wandel‘ innerhalb der Literatur – die politische und gesellschaftliche Realität sah und sieht etwas anders aus – durch internationale, gar transnationale Orientierungen geschah, die sich nicht auf Vorgaben der Besatzungsmächte verließen, sowie durch ‚Deplatzierungs‘-Erfahrungen geprägt waren, zu der Exil, Flucht, Wanderungen und andere Kriegserfahrungen gehörten. Der ‚eigene Wandel‘ konnte also nicht als eine Rückbesinnung auf die eigene demokratische Tradition geschehen, denn dafür war die junge Generation zu jung und zu wenig sozialisiert in der deutschen Kulturtradition, vielmehr sollte dieser durch eine internationale Orientierung versucht werden, wobei insbesondere zu fragen ist, inwiefern diese ein Bewusstsein zeigte, das nach heutigen Theoriediskussionen als transnational bzw. sogar als transkulturell bezeichnet werden kann.

10.3   Alfred Andersch und die Flucht

Am ersten März 1945, also noch vor Kriegsende, erschien die erste Nummer der Zeitschrift *Der Ruf,* wobei bereits der Untertitel den kulturpolitischen Ort der Zeitschrift verdeutlicht: *Zeitung der deutschen Kriegsgefangenen in den USA.* Die Zeitschrift in dieser Form war Bestandteil der amerikanischen Idee einer ‚reeducation‘ Deutschlands. Mitarbeiter waren unter anderem Alfred Andersch und Hans Werner Richter. Am 15. August 1946 erschien dann die erste Nummer der deutschen Ausgabe von *Der Ruf,* herausgegeben zunächst von Andersch, aber schon bald kam Richter als Mitherausgeber hinzu. Wichtig für die hier vorliegende Fragestellung ist die Änderung des Untertitels der deutschen Ausgabe in *Unabhängige Blätter der jungen Generation.* Auffallend an dieser Änderung ist erstens das Wort „unabhängig“, das auf die zunehmende Kritik der Idee einer ‚reeducation‘ zurückgeführt werden kann, welche eine deutsche Kollektivschuld voraussetzte und entsprechende Zensurmaßnahmen mit sich führte. Zweitens kündigt diese Änderung eine „offen ausgesprochene Kritik an der amerikanischen Besatzungspolitik und das Eintreten für humanistisch-sozialistische Vorstellungen“ (Arnold 2004: 25) jenseits eines Stalinismus an. Daraufhin folgte „bereits im April 1947 das Verbot der Zeitschrift wegen *Nihilismus*“ (ebd., Hervorh. im Original). Die zweite Änderung betrifft die Formulierung einer „jungen Generation“, aus der sich später, nachdem „Richter die Lizenz für die Literaturzeitschrift *Der Skorpion* verweigert[ ] und dies ebenso wie beim *Ruf* mit Nihilismus begründet[ ]“ (ebd., 26) wurde, die Gruppe 47 entwickelte.

Da entsprechende Vorarbeiten vorliegen, brauchen diesen Entwicklungen an dieser Stelle nicht in ihrer Gesamtheit nachgegangen werden (vgl. in ebd. die

„Bibliographie zur Gruppe 47": 325–344). Zu fragen ist jedoch, wie man sich, wenn nicht als reeducation, einen ‚eigenen Wandel' des Bewusstseins nach 1945 vorstellte – „*re-education*" ist jedenfalls, so Andersch in „Das junge Europa formt sein Gesicht",

> [k]ein schönes Wort. Jedenfalls nicht viel schöner als das nationalsozialistische Wort von der ‚Umschulung'. Hat man sich wirklich vorgestellt, *wen* man rückerziehen will? Können junge Menschen, die sechs Jahre lang fast ununterbrochen dem Tod gegen-übergestanden, noch einmal zu Objekten eines Erziehungsprozesses gemacht werden? (Andersch 2004, Bd. 8: 20; Hervorh. im Original)

Für Andersch „bleibt also nur der andere Weg, der selbständige, der, den die junge Generation Deutschlands allein zu gehen hat. Die Wandlung als eigene Leistung" (ebd.: 21). Damit ist man aber wieder zurück bei der Ausgangsfrage, wie diese Wandlung vor sich gehen sollte. Immerhin war den meisten jungen Autoren eine Rückbesinnung auf demokratische Traditionen aufgrund ihres Alters zunächst nicht aufgrund einer eigenen Erfahrung möglich. Die älteren Autoren der Inneren Emigration waren ihr zumindest teilweise verdächtig, die Exilautoren kehren nur langsam zurück und auch der sich schnell zwischen beiden Gruppen entzündende Streit (Frank Thieß vs. Thomas Mann) war wenig produktiv, weshalb die junge Generation zunächst auf sich selbst verwiesen schien.

Sie suchte, so Andersch, nach Verbündeten in Europa, und programmatisch wirkt dabei Anderschs gerade erwähnter Essay „Das junge Europa formt sein Gesicht", der 1946 an prominenter Stelle, nämlich in der ersten Nummer des (deutschen) *Ruf* als Leitartikel auf den ersten beiden Seiten erschien. Es geht hier nicht um die junge Generation in Deutschland, sondern ausdrücklich um das „junge Europa": „In dem zerstörten Ameisenberg Europa, mitten im ziellosen Gewimmel der Millionen, sammeln sich bereits kleine menschliche Gemein-schaften zu neuer Arbeit. […] Neue Gedanken breiten sich über Europa aus" (ebd.: 17). Doch wer waren diese Menschen und welche ihre „Gedanken": „Die Träger dieses europäischen Wiedererwachens sind zumeist junge, unbekannte Menschen. Sie kommen nicht aus der Stille von Studierzimmern – dazu hatten sie keine Zeit –, sondern unmittelbar aus dem bewaffneten Kampf um Europa, aus der Aktion" (ebd.). Konkret genannt werden aus Frankreich die Existenzialisten (Sar-tre, Camus, de Beauvoir) und Vertreter der Résistance, Beispiele aus Italien und England (Labour Party) werden ebenso angeführt wie solche aus Skandinavien (vgl. ebd.: 17 f.). Dadurch entsteht das Bild einer europäischen Bewegung, an der auch „das junge Deutschland" beteiligt ist, konkret die damals „zwischen 18 und 35"-Jährigen, also die Generation von Andersch selbst, „getrennt von den Älteren durch ihre Nicht-Verantwortlichkeit für Hitler, von den Jüngeren durch das Front- und Gefangenschaftserlebnis" (ebd.: 19 und 22).

Auch die eingangs angesprochenen ‚neuen Gedanken' dieser europäischen Bewegung werden benannt, obwohl sie vielleicht gar nicht so neu sind: „Das Gesetz, unter dem sie antritt, ist die Forderung nach europäischer Einheit. Das Werkzeug, welches sie zu diesem Zweck anzusetzen gewillt ist, ist […] ein

sozialistischer Humanismus" (ebd.: 18). Diese Positionierung in einem europäischen Zusammenhang und einem „sozialistischen Humanismus" missfällt selbstverständlich den Besatzungsmächten in Ost und West zu Beginn des Kalten
Krieges. Diese Gedanken bilden keinen „Nihilismus" (ebd.: 22), der ja ohnehin
nicht strafbar sein kann, sondern widersprechen den Wünschen der amerikanischen Besatzungsmacht. Andersch kennt jedenfalls bereits die Vorwürfe derselben,
aber der angesprochene Sozialismus ist auch kein Sozialismus sowjetischer Prägung, sondern entspricht eher der Haltung des Existenzialismus und der Résistance. Der Europagedanke schafft hierbei gerade den Raum, in dem sich diese
‚neuen Gedanken' ohne Einmischung der „Erzieher" (ebd.: 23) aus Ost und West
verwirklichen lassen sollten (was diesen natürlich nicht annehmbar sein konnte).

Anderschs nachkriegspolitische Haltung steht einerseits im Kontext der Zeit,
andererseits resultiert sie auch aus seiner (Auto-)Biographie, die er 1952 mit dem
„Bericht" *Die Kirschen der Freiheit* vorlegte und die in seiner Desertion an der
italienischen Front am 7. Juni 1944 ihren Höhepunkt und ihr vorläufiges Ende
findet. Ob diese tatsächlich so wie von Andersch beschrieben geschehen ist oder
nachträglich stilisiert wurde (siehe dazu Döring/Römer/Seubert 2015), kann hier
dahingestellt bleiben. In jedem Fall wird sie von Andersch selbst in *Die Kirschen der Freiheit* (1952) existenzialistisch gedeutet: „Aus dem Nu der Freiheit –
ich wiederhole: niemals kann Freiheit in unserem Leben länger dauern als ein
paar Atemzüge lang, aber für diese leben wir –, aus ihm allein gewinnen wir die
Härte des Bewußtseins. Die sich gegen das Schicksal wendet und neues Schicksal setzt" (Andersch 2004, Bd. 5: 410 f.). Die Desertations- oder allgemeiner
Fluchterfahrung überträgt sich nach 1945 auch auf seine Naturauffassung, insbesondere aber auch auf seine Vorstellungen vom Reisen: So antwortet er noch
1970 in seinem Essay „Vom Reisen lesend" auf die selbstgestellte Eingangsfrage
„Warum reist man": „In Wirklichkeit reist man aus Ungenügen, aus Neugier, aus
Unruhe. Jede Reise ist ein kritisches Unternehmen, eine Form der Selbstkritik,
der Kritik an den Zuständen, in denen man lebt, der schöpferischen Unruhe, des
Zwanges, sich der Welt zu stellen" (Andersch 2004, Bd. 10: 48 und 50 f.). Dieses Verständnis resultiert in Anderschs „Nachwort" zu *Wanderungen im Norden*
(1962) in der Beschreibung des Touristen als „eine Schlüsselfigur des [20.] Jahrhunderts" (Andersch 2004, Bd. 9: 160). Der Tourist „eilt durch die Städte und
Landschaften und blickt flüchtig um sich. Er photographiert. Er erfährt wenig oder
gar nichts von dem fremden Leben, das ihn umgibt" und wird „verachtet, wegen
seiner Flüchtigkeit" (ebd.). Aus der Flucht des Soldaten ist Flüchtigkeit der Wahrnehmung des Reisenden geworden.

Jedoch ist dieser Tourist bei Andersch nicht der Massentourist, wie er einige
Jahre zuvor in Enzensbergers *Eine Theorie des Tourismus* (1958) kritisiert wurde –
eine Schrift, die Andersch allein aufgrund ihrer Zusammenarbeit kennen musste –,
vielmehr ist in der Figur des Touristen bei Andersch wiederum der Existenzialismus aufgegriffen als Fluchtbewegung, Flüchtigkeit der Wahrnehmung und Augen-
blickshaftigkeit:

und dann geschieht das einzige Wichtige und Wesentliche, das ihm, dem Touristen, widerfahren kann: er wird von Stimmungen berührt, von Farben, von Gerüchen, von Formen, von der Essenz fremden menschlichen Lebens oder der Substanz toter Steine. Sein flüchtiger Blick wird für Momente brennend und intensiv, und der Geist der Länder entschleiert sich in ihm, ehe er sich wieder verhüllt und ihn aufs neue zum Touristen macht: zu einem ruhelosen und verachteten Menschen, der Geheimnisse durcheilt. Aber nun eilt er nicht mehr nur an ihnen vorüber, sondern er weiß, daß sie Zeichen aussenden, und er achtet auf sie: ein Jäger des Augen-Blicks. (Ebd.: 161)

So lässt sich auch in dieser Reiseauffassung sowie der damit verbundenen Figur des Touristen die existenzialistisch gedeutete Grunderfahrung der Desertion erkennen. Nach Enzensberger war die „Flucht" Anderschs „Lebensthema" (Enzensberger 2008: 26).

Wie dem auch sei, so geht es hier nicht um biographische Faktizität oder gar moralische Beurteilung, sondern um die Frage nach der Basis eines ‚eigenen' Wandels. Dieser gründet bei Andersch nicht in einer Gesundung einer ‚eigenen' Wesensart, sondern in einer radikalen Ausrichtung auf zeitgenössische, insbesondere auf Europa bezogene Internationalität, die in ihrer Selbstverständlichkeit durchaus Züge dessen trägt, was wir heutzutage als transkulturell bezeichnen. Dies bezieht sich weniger auf realpolitische Strategien und gesellschaftliche Verfasstheiten der frühen Nachkriegszeit, wohl aber auf literarische Entwürfe, die ohnehin selten an nationalen Grenzen Halt machen. Bei Andersch zeigt sich dies in Bewegungen wie Desertion und Flucht, aber auch in grenzüberschreitender Rezeption und dem Versuch eines zumindest europäischen Denkens.

10.4   Wolfgang Koeppen und das Fremdsein

Zwar veröffentlichte Wolfgang Koeppen bereits in den 1930er Jahren zwei Romane und gehört somit streng genommen nicht zur ‚jungen Generation' nach 1945. Dennoch gilt er literaturhistorisch zu Recht als Hauptvertreter der frühen deutschen Nachkriegsliteratur, nämlich aufgrund seiner Nachkriegstrilogie *Tauben im Gras* (1951), *Das Treibhaus* (1953) und *Der Tod in Rom* (1954). Verbunden ist in dieser Trilogie sein transitorisches Denken mit Erfahrungen der Moderne, der Zeit des Nationalsozialismus und der frühen Nachkriegszeit. Dies gilt ebenso für sein späteres Werk. So antwortet er 1980 auf die mehr oder weniger merkwürdige Frage: „Welche militärische Leistung bewundern sie am meisten?", ganz einfach: „Die Flucht" (Koeppen 1995: 133).

Solche Voraussetzungen mögen zu einem Verstummen führen, was man dem Autor seit den 1960er Jahren auch vorgeworfen hat, da man zunächst nicht seine seit Mitte der 1950er Jahre einsetzende Reiseliteratur zur Kenntnis nahm. Gerade aber auch in dieser zeigt sich Koeppens nahezu systematische Transitorik, die Walter Erhart insbesondere aus Koeppens Wahrnehmen ableitet: „Die moderne Literatur ist auch und besonders für den jungen Koeppen, der sich aus seiner Geburtsstadt bereits mit Hilfe der expressionistischen Literatur regelrecht

‚wegliest', eminent ortlost", was umgekehrt eine *„Topographie"* schafft, die das „Schreiben von Orten impliziert" (Erhart 2005: 17 und 12). In Koeppens Reisen geht es also um eine grenzauflösende, neue und eigene Ordnung von Orten, wobei diese Orte eben nicht nur geographische, sondern immer auch durch Lektüreerfahrungen vorgeprägt sind. Die Erwartung von Authentizität ist bei Koeppen von vornherein abgewehrt, so lautet der Untertitel zu seiner Sammlung *Nach Russland und anderswohin* (1958) auch in Anlehnung an Laurence Sterne *Empfindsame Reisen* (vgl. Platen 2003). Wie aber sieht dieses Reisen bei Koeppen aus?

In „Herr Polevoi und sein Gast" aus der gerade erwähnten Sammlung ist das reisende Ich ein eingeladener Gast „des Verbandes der Sowjetischen Schriftsteller" (Koeppen 1986, Bd. 4: 102), wobei die Brisanz der Reise zur Zeit des Kalten Krieges direkt präsent ist. So ist denn zunächst auch nur von permanenten Grenzüberschreitungen die Rede: die Reise nach Bonn ins Botschaftsgebäude der UDSSR, um die nötigen Reisepapiere zu besorgen, die Vorstellung des „Eiserne[n] Vorhang[s]" – „war er hinter Bamberg, an der Saale, vor Thüringens grünen Bergen?" –, die nochmalige Überschreitung der deutsch-deutschen Grenze bei der Einreise nach Westberlin, die dann nochmals beim Übertritt von West- nach Ostberlin überschritten wird, die Grenzkontrolle in Frankfurt an der Oder auf dem Weg in die „östliche[ ] Welt" sowie die Reflexion des

> Mißverstehen[s] zwischen Europa und Asien, zwischen Deutschen und Polen, Polen und Russen, ein Traum von Unterdrückungen, Aufständen, Niederwerfungen und Teilungen, ein Traum von verdammten Heerzügen, von sinnlos geopferten Toten, von Napoleons Gespannen und der Wehrmacht Panzern, und in der Luft, im Fahrtwind, im Schrei der Lokomotive kämpften noch immer Dschingis Khans Reiter und schlugen noch immer ihre Katalaunische Schlacht. (Ebd.: 103–111)

Schließlich wird die Grenze zwischen Polen und der Sowjetunion überschritten und die Reise geht Richtung Moskau.

Die etwa fünfzehnseitige Exposition, in der immer wieder neue Grenzübertritte beschrieben und reflektiert werden, weisen den Raum dieser Anreise sowohl in geographischer als auch in historischer Hinsicht als einen nicht nur mehr-, sondern vor allem transkulturellen aus:

> In solchen Momenten empfindet man wahrhaft das Wunder des Reisens! Es war Fremde, in der ich weilte, es war Abenteuer und doch des Menschen Erde. Kein Krieg hatte mich hergeworfen, und kein Feldherr soll jemals meine Schritte lenken. Hier hatten Kanonen gegeifert. Ich kam nicht als Feind. Es war ein Augenblick des Glücks, und die Welt schien ohne Grenzen zu sein. (Ebd.: 114)

Auch der vermeintliche Zielort Moskau bietet keine Einheitlichkeit, in der man ankommen könnte, sondern besteht in den Wahrnehmungen des Reisenden aus der Gleichzeitigkeit einer Vielzahl von Widersprüchen. Dies gilt auch für die Rundreise durch die Sowjetunion, wodurch sich das bereiste Land für den Erzähler keinesfalls als Homogenität, sondern eher als Hybridität gestaltet, die kaum seinen Vorstellungen bzw. Erwartungen an Russland entspricht. Es stellen sich sogar

Zweifel ein, überhaupt „in Moskau zu sein", die gegen Ende des Textes in der grundsätzlichen Frage nach den Verstehensmöglichkeiten resultiert: „Sah ich die Hauptstadt nun anders nach meiner Reise, begriff ich sie?" (Ebd.: 146 und 187).
Ohne weiter konkret auf Koeppens Darstellung der Reise durch Russland bzw. die Sowjetunion einzugehen, sei darauf hingewiesen, dass Koeppen, die zeitgenössischen Vorurteile, aber auch seine eigenen Erwartungen gegenüber dem bereisten Land kennt und diese sogar bewusst in die Textgestaltung einbezieht. So belebt der Text schon direkt zu Beginn nach wenigen Zeilen über die plötzliche Ankunft des Einladungsschreibens und damit den metafiktional angegebenen Reise- und Schreibanlass übergangslos die Imagination: „Sogleich sah ich mich, in Pelze gehüllt, eine Pelzmütze auf dem Kopf, zusammen mit Polevoi in einem Schlitten sitzen. In einer Troika glitten wir durch die winterliche Weite. In der Luft klirrte der Frost", die ebenso abrupt abbricht: „Ach, es war das Rußland der Postkarten, der bunten Wandbilder in den kleinen russischen Restaurants von Berlin und Paris" (ebd.: 102). Mit der Imagination und der sehr schnell darauffolgenden erkenntniskritischen Reflektion eigener Erwartungen, die sich zunächst fortsetzt, dann aber wiederum politische Zeitgeschichte aufnimmt, um sich selbst, um sich und seine Ästhetik als Widerstand eines Transitorischen zu etablieren:

> Es gibt Leute, die mich schelten werden. Aber hat Dante nicht die Einladung in die Hölle angenommen? Und die Hölle auf Erden? Ist sie ein geographisch zu erfassender Ort, ein begrenztes Territorium? Gibt es irgendwo ein Schild: Hier beginnt die Hölle, hier endet das Paradies? Und wenn es dieses Schild geben sollte, – wer hat es aufgestellt? Darf man ihm trauen? Ich halte nichts von Schildern. Ich reiste in die Sowjetunion. (Ebd.: 103)

Koeppen bzw. sein literarisch schreibendes Alter Ego widersetzen sich realpolitischen Vorgaben („Schildern") zugunsten eines Transitorischen.
Diese transitorische Beweglichkeit zeigt sich aber nicht nur bezogen auf nationale oder kulturräumliche Grenzen und ihre Überschreitungen im Koeppenschen Reisen, und auch nicht nur hinsichtlich der Reflexion von Vorurteil und Erwartung(senttäuschung), sondern sie betrifft auch die Bewegung zwischen Imaginärem und Realem, die Wolfgang Iser in seiner triadischen Ordnung als Fiktives bestimmt hat, also auch einer Bewegung zwischen (fiktionaler) Literatur und einer jeweils als solcher aufgefassten Realität (vgl. Iser 1991). Gerade diese triadische Bestimmung Isers scheint an dieser Stelle relevant, denn bei Koeppen wird Literatur nicht durch den Grad ihrer realen Authentizität bestimmt, sondern umgekehrt wird die Realität nach Kriterien eines geschichtlich geschulten Rezeptions- und damit vorgebildeten kulturellen Erwartungshorizontes wahrgenommen, der zudem auch noch als solcher reflektiert ist. Gerade die literarischen Gestaltungen des Fiktiven sind der Maßstab, an dem das Reale gemessen wird und nicht umgekehrt. So wird in „Herr Polevoi und sein Gast" angemerkt, dass die Menschen in Moskau „gar nicht östlich-mythisch [wirkten], gar nicht slawisch, es waren weder Russen von Dostojewskij noch von Gogol, kein Oblomov war unter ihnen" und den „Sagen […] von den Wolga-Räubern, die einst in diesen Bergen und Wäldern gehaust hatten" stehen den heutigen „Baustelle[n] riesigsten Ausmaßes"

(Koeppen 1986: 124 und 167) gegenüber. Die extreme Literarisierug des Reisens und Wahrnehmens bei Koeppen ist frühzeitig erkannt und auch kritisiert worden, so meinte Hans Mayer bereits 1976: „In Koeppens Reisebüchern besucht man nicht Städte und Landschaften, sondern Bücher und Autoren" (Mayer 1976). Wie man diese Kritik bewertet, kann an dieser Stelle offenbleiben, dahinter verbirgt sich aber in jedem Fall auch Mayers eigener Literaturbegriff, der sich kaum mit Koeppens vereinbaren lässt, denn für diesen geht es gar nicht um ein anvisiertes Ziel des Reisens. So heißt es in seinem Spanien-Text „Ein Fetzen von der Stierhaut" (ebenfalls aus der Sammlung *Nach Rußland und anderswohin*), der ebenso wie „Herr Polevoi und sein Gast" mit der Beschreibung der Anreise beginnt, zur Ankunft in Spanien: „Genau genommen ist man am Ende seiner Reise. Hier wollte man hin. Hier ist man nun. Es stimmt wie alles Erreichte melancholisch" (Koeppen 1986: 16). Angestrebt ist also keineswegs eine Darstellung des Reiseziels: „Es gibt nichts mehr zu entdecken. Jedenfalls nicht auf dem Meer. Die Karavelle des Columbus liegt am Pier vertäut. Eine Nachbildung des Originals, für irgendeine Filmaufnahme hergestellt", und diese Erkenntnis ist dann aber direkt auch auf das ‚entdeckende' oder auch nur reisende Ich gewendet: „Wenn ich Columbus wäre, ich stiege von meiner hohen albernen Säule, vom wackligen Erdball unter meinen Füßen herab und ginge in die Stadt, ginge die freundliche Rambla entlang und tränke einen Schnaps" (ebd.: 19 f.). Mit diesem Schnaps wird die auch für die kulturelle Moderne so wichtige Tradition des Kolonialismus ganz einfach ‚runtergespült', d. h. als Tradition nicht verdrängt, wohl aber als eigenes Reiseziel abgelehnt.

Jedoch sind nicht nur keine Entdeckungen mehr zu erwarten, vielmehr hebt Koeppen zugleich jeglichen Anspruch auf Authentizität der Fremddarstellung innerhalb der ‚Reiseliteratur' auf. So fragt er sich bei seiner Abfahrt in München angesichts der „auf dem Bahnhof" angetroffenen „Fußballfreunde und [...] Sparvereine", ob er als „unzeitgemäße[r] Individualist [...] nicht klüger täte, zu Haus in seinem Bett zu bleiben und den Don Quijote zu lesen, statt wirklich nach Spanien zu reisen" (ebd., 14). Auch an diesem Beispiel wird deutlich, wie in Koeppens Erzählen vom Reisen das dargestellte Bereiste an literarischen Erfahrungen ausgerichtet wird. Dass sich dieses Erzählen vom Reisen auch gegen den Massentourismus und seine Kolonialisierungstendenzen wendet, ist in „Ein Fetzen von der Stierhaut" auch im historischen Kontext verdeutlicht:

> Spanien wirbt um Besucher, aber an seiner Tür spielt es verschlossenes Paradies. Die Reisenden drängen durch eine Unterführung. Sie drängen in den Saal der Kontrollen. Es ist die große Stunde der Reiseleiter. Sie sammeln ihre Schafe und fordern Gehorsam. Die Verheißungen der Prospekte verwandeln sich in die Heeresdienstvorschrift. Sie gibt auch in diesem Fall dem Massenmenschen den Glauben an den Endsieg, und mutig drängt er die paar Alleinreisenden gegen die Wand. (Ebd.: 16 f.)

Hier werden gleich mehrere zentrale Aspekte von Koeppens Reisen deutlich, nämlich erstens die nahezu programmatische Trennung von touristischem „Massenmenschen" und den „Alleinreisenden", zu denen natürlich Koeppen selbst gehört bzw. gehören möchte. In jedem Fall zeigt sich hier ein Individualismus, der sich in seiner Haltung durchaus auf die Kritik der Masse seit der Moderne berufen kann.

Zweitens erscheint dieser Massentourist der Nachkriegszeit in deutlicher Tradition des ‚nationalsozialistischen Touristen‘, und zwar nicht nur des KdF-Touristen, sondern auch desjenigen, dessen Reiseerfahrungen in dem historischen Glaubenskontext stehen, die Welt erobern und dadurch einen ‚Endsieg‘ bewerkstelligen zu können. Somit gilt nicht nur für die politische Situation der deutschen Nachkriegszeit, sondern auch für das Reisen während dieser, dass es keine Diskontinuität der Geschichte, etwa im Sinne einer ‚Stunde Null‘, geben konnte.

Drittens wird ein Kennzeichen der Poetik Koeppenschen Reisens deutlich in der ausdrücklichen Thematisierung der Grenze und des Grenzübertritts. Alles was man auf den ersten Seiten von „Ein Fetzen von der Stierhaut" lesen kann, auch die oben zitierte Stelle, welche die Grenze zwischen Frankreich und Spanien beschreibt, sind ebenso wie in „Herr Polevoi und sein Gast" Reflexionen von gegenwärtigen oder bevorstehenden Grenzübertritten. Die Ausgangssituation des Reisens (Reflexion des Vorwissens, intertextuelle Bezugnahmen, vor allem die Beschreibung der Anreise selbst) steht an einer der zentralen Stellen der Koeppenschen Reisepoetik, denn sie ist Voraussetzung dafür, Überschreitungen von Grenzen überhaupt darstellen zu können. Diese Grenzüberschreitungen sind in Koeppens Poetik wichtiger als irgendwelche Ziele, denn die Ankunft ist, wie bereits oben zitiert, eigentlich das „Ende seiner Reise". Wozu dann aber das schriftstellerische Reisen, wenn dies nicht in einem mehr oder weniger authentischen Reisebericht resultieren soll?

Ohne auf die Reiseliteratur Koeppens ausführlicher einzugehen, seien an dieser Stelle doch einige Aussagen aus seiner Selbstauskunft „An Ariel und den Tod denken. Warum ich reise" von 1968 erwähnt (vgl. dazu ausführlicher Platen 2005, 2006). Bezogen auf das Authentizitätsproblem formuliert der Autor hier: „Ich kannte nicht Baudelaire, aber ich ahnte bald, daß man nicht in Indien gewesen sein mußte, um von Indien zu erzählen. Später lernte ich, daß ein Aufenthalt, irgendwo in der Welt, es leichter machte, von sich zu sprechen. Es sind andere Spiegel, vor die man sich stellt" (Koeppen 1986, Bd. 5: 279). Fünfundzwanzig Jahre später formuliert Koeppen recht ähnlich in einem Interview: „Ich habe fremde Länder gesehen und über sie geschrieben. Baudelaire sagt zwar, man muß nicht in Indien gewesen sein, um über Indien zu schreiben. Das ist wahr, doch es ist auch wahr, in Indien gewesen zu sein. Ich versuche nicht, die Sachbücher zu bestätigen. Ich finde die Wahrheit in meiner angeregten Phantasie, wenn ich dort bin" (Koeppen 1995: 267). Koeppens Reisen ist also von vornherein immer auch imaginierend und auf Literatur verweisend, und zwar über nationale und kulturelle Grenzen hinweg.

Dies bleibt nicht ohne Auswirkungen auf das reisende und wahrnehmende Ich, das zunächst einmal fremd im Eigenen ist: „Ich bin überall zu Hause und fremd auch in meiner Straße, auf dem Markt, wo ich mein Brot kaufe" (Koeppen 1986, Bd. 5: 280), was auch heißt, dass „zu Hause" und „fremd" in Koeppens Selbstauskunft „An Ariel und den Tod denken" gleichbedeutend verhandelt werden.

Das „zu Hause" ist also nicht das Gegenteil einer (kulturellen) Fremde, vielmehr ist das Eigene selbst fremd geworden bzw. ist die Fremde zum „zu Hause" geworden. Damit ist die Fremde umfassend und letztendlich ist nicht nur die Welt fremd, sondern auch das Ich selbst. Diese Gemeinsamkeit von Welt und Ich ist auch in folgender Selbstaussage des kurzen Textes angesprochen:

> Was ich auf Reisen suche, ist das Fremdsein ganz und kraß, der Schein der Vertrautheit ist gewichen, die Welt ist neu, sie ist mir nicht Freund und nicht Feind, ich wohne nicht, ich bin nicht eingestuft, man erwartet mich nicht, ich habe keine Geschäfte in der Stadt, ich verstehe nichts, und das bedeutet die Möglichkeit des Begreifens. Ich reise allein und gern in Länder, deren Sprache ich nicht spreche, ich bemühe mich nicht um die fremde Grammatik, jedenfalls nicht vor der Fahrt, manchmal nachher, ich bereite mich nicht vor, ich will neu geboren werden, ich will vom Himmel fallen; gibt es, wo ich lande, Menschen, denen ich empfohlen bin, so meide ich sie. (Ebd.)

Versucht ist also keine Ankunft im Fremden. Das reisende Ich bei Koeppen bleibt unterwegs auch dann, wenn es ins vermeintlich Eigene zurückkehrt. Nur deshalb kann es auch in der Fremde „zu Hause" sein. Reisen, insbesondere ein derart literarisiertes wie bei Koeppen, steigert in erster Linie die existenzielle Erfahrung von Fremdheit. Es vollzieht wie das Lesen und Erzählen Grenzüberschreitungen in Permanenz, so dass Welt zumindest im Akt der Überschreitung „ohne Grenzen" erscheinen kann, was bei Koeppen „ein Augenblick des Glücks" bedeutet, wie es in „Herr Polevoi und sein Gast" heißt (Koeppen 1986, Bd. 4: 114).

10.5   Günter Grass und der Verlust des ‚Migranten'

Die zentrale Bedeutung von Danzig für Grass' Erzählen ist seit Jahrzehnten bekannt, und zwar nicht zuletzt, weil Grass selbst immer wieder auf diese hingewiesen hat. So sagt er 1977 in einem Gespräch mit Heinz Ludwig Arnold über sein „Stück endgültig verlorene[r] Heimat, aus politischen, geschichtlichen Gründen verlorene[r] Heimat":

> [E]s ist etwas anderes, ob jemand drei Bücher über Danzig schreibt, das weg ist, als Danzig weg ist – das heutige Danzig hat einen ganz anderen Bezug, ein ganz anderes Herkommen –, oder ob jemand ein dreibändiges Erzählwerk über Regensburg schreibt, um eine andere historische Stadt zu nennen. (Grass 1978: 11)

Damit sind diverse Konsequenzen für Grass' Erzählen direkt benannt. Es geht nicht um die heutige Stadt Gdansk, sondern um die verlorene Stadt Danzig, die Heimat seiner Kindheit mit ihrer Gleichzeitigkeit von deutscher, kaschubischer und polnischer Kultur. Danzig ist bei Grass von Anfang an ein transitorischer und hybrider Raum des permanenten Übergangs, so heißt es im Blechtrommel-Kapitel *„Soll ich oder soll ich nicht"* zu Beginn:

> Zuerst kamen die Rugier, dann kamen die Goten und Gepiden, sodann die Kaschuben, von denen Oskar in direkter Linie abstammt. Bald darauf schickten die Polen den Adalbert von Prag. Der kam mit dem Kreuz und wurde von den Kaschuben oder den Pruzzen

mit der Axt erschlagen. Das geschah in einem Fischerdorf, und das Dorf hieß Gyddanyzc. Aus Gyddanyzc machte man Danczik, aus Danczik wurde Dantzig, das sich später Danzig schrieb, und heute heißt Danzig Gdansk.

[…]

Ein zerstörerisches und wiederaufbauendes Spielchen treibend wechselten sich jetzt mehrere Jahrhunderte lang die Herzöge von Pommerellen, die Hochmeister des Ritterordens, die Könige und Gegenkönige von Polen, Grafen von Brandenburg und die Bischhöfe von Wloclawek ab. Baumeister und Abbruchunternehmer hießen: Otto und Waldemar, Bogussa, Heinrich von Plotzke – und Dietrich von Altenberg, der die Ritterburg dorthin baute, wo man im zwanzigsten Jahrhundert, am Heveliusplatz, die Polnische Post verteidigte. (Grass 1987, Bd. II: 487)

Kulturelle Bewegungen und entsprechende transkulturelle Konstellationen schaffen diesen Raum Danzig, der in Grass' *Blechtrommel* sein Zentrum in der „Polnischen Post" findet, die ähnlich einem Bahnhof ein Raum des Verkehrs und Transits ist. Diese ist Zentrum der Romanhandlung, weil Oskar hier erkennt, dass es mit seinem Danzig zu Ende geht. Das Ende bzw. ein Verlust ist bei Grass (und auch bei anderen Autoren/innen) gerade immer auch Erzählanlass, also der Beginn des erinnernden Erzählens.

Darüber hinaus kann das im Roman dargestellte Danzig zeigen, wie wichtig es ist, bei der kulturwissenschaftlichen Erforschung des kollektiven Gedächtnisses weniger von nationalen Erinnerungsorten […], sondern deutlicher von „[t]ranskulturelle[n] Erinnerungsräume[n] [auszugehen]" (Reif 2011: 35). Tanja Morstein bemerkt dazu: „In historischer Perspektive […] stellt sich kulturelles Erinnern als ein fundamental transkulturelles Phänomen dar, als ‚effect of the travel' of representations across time, space and cultures", oder wie sie Morstein ihre Argumentation unterstützend Grass zitiert: „Als Romanautor und überhaupt als Schriftsteller habe ich nicht mit Wirklichkeit, sondern mit Wirklichkeiten im Plural zu tun, mit Wirklichkeiten, die einander widersprechen, die einander regieren wollen" (Morstein 2011: 57 und 65; sie zitiert hier zunächst Astrid Erll, dann Günter Grass). Dies gilt auch für Danzig:

Es war einmal eine Stadt, die hatte neben den Vororten Ohra, Schidlitz, Oliva, Emaus, Praust, Sankt Albrecht, Schellmühl und dem Hafenvorort Neufahrwasser einen Vorort, der hieß Langfuhr. Langfuhr war so groß und so klein, daß alles, was sich auf dieser Welt ereignet oder ereignen könnte, sich auch in Langfuhr ereignete oder hätte ereignen können. (Grass 1987, Bd. III: 519; Hervorh. E. P.)

Neben der Konkretheit der Beschreibung fällt auf, dass hier nicht nur erinnert wird, sondern zugleich das Möglichkeitspotenzial des Erinnerten erhalten bleiben kann. Dies entspricht erstens Grass' „erweiterte[m] Wirklichkeitsbegriff, in dem die Phantasie ihren gleichwertigen Platz hat" (Grass 1987, Bd. X, 259) neben der Vernunft, wie Grass 1981 in einem Gespräch mit Siegfried Lenz äußerte, zweitens aber auch seinem Zeitkonzept der „Vergegenkunft", das eben nicht nur der Verknüpfung von Vergangenheit, Gegenwart und Zukunft dient, sondern, wie es in

Kopfgeburten oder Die Deutschen sterben aus (1980) heißt, als „vierte Zeit" auch
das Mögliche und Vorstellbare zulassen kann:

> Deshalb halte ich auch die Form nicht mehr reinlich. Auf meinem Papier ist mehr mög-
> lich. Hier stiftet einzig das Chaos Ordnung. Sogar Löcher sind Inhalt hier. Und nicht ver-
> zurrte Fäden sind Fäden, die gründlich nicht verzurrt wurden. (Grass 1987, Bd. VI: 233)

All das gehört zum erinnerten Erzählraum Danzig, der trotz seiner Genauig-
keit eben kein bloßes Abbild der Topographie oder der Vergangenheit ist. So
verwundert erstens nicht, dass Danzig nicht nur in der Blechtrommel bzw. der
Danziger Trilogie zentral ist, sondern auch in der Folge immer wieder zum Hand-
lungs- oder Bezugsraum in Grass Werken wird. Zweitens wird auch einsichtig wie
der Mikrokosmos Danzig Makrokosmos werden kann bzw. sich makrokosmisches
Geschehen in diesem Danziger Mikrokosmos ereignen kann (oder könnte). Dieses
Verfahren ist aus der Literaturgeschichte keineswegs unbekannt. In seiner „Lau-
datio auf Yaşar Kemal" (1997) nennt Grass selbst neben dem Gewürdigten weiter
Faulkner, Aitmatow und Joyce als Autoren, bei denen „alles Geschehen um den
Ort früher Verletzung [kreist]":

> Auch mir ist diese Besessenheit vertraut. Dieses Nichtloskommen von längst verlorenen
> Provinzen. Denn jede Satzperiode, die ich zu Papier brachte, wurzelte – sie mochte am
> Ende sonstwo hinführen – zwischen der Weichselniederung und den Hügeln der Kaschu-
> bei, in der Stadt Danzig und deren Vorort Langfuhr, an den Stränden der Ostsee. Dort lie-
> gen meine amerikanischen Südstaaten, dort habe ich mein Dublin verloren und weitet sich
> meine kirgisische Steppe, und dort liegt meine Çukurova. (Grass 2007: 14)

Fasst man diese Aspekte der raumzeitlichen Darstellung Danzigs bei Grass
zusammen – Mehrkulturalität Danzigs, Verbindung und Vermischung unterschiedlicher Zeiten und damit Kulturen in der „Vergegenkunft", Überschreitung
der Grenzen unserer „reduzierten Wirklichkeit" zugunsten einer durch Phantasie „erweiterte[n]" (Grass 1987, Bd. X: 258 f.) – dann liegt es durchaus auf der
Hand, Grass' raum-zeitliche Gestaltung unter dem Aspekt des Transkulturellen zu
lesen, wie dies vor einiger Zeit von Saartje Gobyn und Benjamin Biebuyck vorgeschlagen wurde, die sogar noch deutlicher wurden als in den hier vorgelegten
Überlegungen zu Grass' Danzig:

> In der deutschen Literatur des 20. Jahrhunderts hat wohl kein anderer Schriftsteller die
> Dringlichkeit des transkulturellen Raumes so prägnant ausformuliert wie Günter Grass.
> Pole und Deutscher, Düsseldorf und Paris, Danzig und Gdańsk, Bild und Wort. Seit
> Beginn seiner künstlerischen Laufbahn profiliert Grass sich als provokanter Grenzgänger
> zwischen den Räumen, ohne diesen eindeutig zuzugehören. (Gobyn/Biebuyck 2011: 8)

In diesem Zusammenhang fällt auf, dass gerade Salman Rushdie eine „Affinität"
(Rushdie 1992: 325) zu Grass empfindet, den er als Migranten beschreibt. Die
bezieht sich keineswegs allein auf die Flucht aus Danzig am Ende des Zweiten
Weltkrieges, die der Autor Grass ebenso wie seine Figur Oskar Matzerath in der
Blechtrommel vollzogen hat. Wenn Rushdie den Migranten durch den Verlust

seiner „Wurzeln, Sprache und Sozialnormen" definiert, ist Grass sicherlich „nur fast ein halber Migrant" (ebd.). Jedoch geht Rushdie einen Schritt weiter, indem er die migrantische Bewegung eben nicht nur räumlich an der Flucht aus Danzig in den Westen festmacht, sondern eben auch die geschichtliche Grenzüberschreitung heranzieht: Erstens verschwand mit dem Ende des Zweiten Weltkrieges Danzig und wurde Gdańsk, was nicht einfach nur einen Sprachwechsel ausmacht, sondern eher auf eine Neuschaffung der Stadt verweist, denn „das heutige Danzig hat einen ganz anderen Bezug, ein ganz anderes Herkommen", wie Grass bereits oben zitiert wurde; zweitens bedeutet die Flucht nicht einfach nur den Verlust des Kontaktes mit den „kaschubischen Dialekte[n] seiner Kindheit", sondern auch die deutsche Sprache war nach „der Nazi-Ära […] aus den Trümmern wieder aufzubauen; […] neu zu erfinden" (Rushdie 1991: 325 und 327); drittens vergleicht Rushdie den Übergang von „Nazi-Deutschland" in die deutsche Nachkriegszeit mit dem migrantischen Wechsel in „ein anderes Land" und damit in neue „soziale[ ] Codes": „Grass muß jenes Land, jene Vorstellung von der Gesellschaft vergessen und etwas völlig Neues lernen" (ebd., 327 f.). Grass ist somit „ein Migrant aus der eigenen Vergangenheit", und dies bezieht Rushdie eben nicht allein auf den ‚Raum' Danzig, womit zugleich gesagt ist, dass „Migration über nationale Grenzen hinweg […] durchaus nicht die einzige Form dieses Phänomens [ist]" (ebd.: 326).

Rushdie verweist hier nicht allein auf einen mehrkulturellen und mehr oder weniger migrantischen biographischen Hintergrund von Grass, sondern vor allem auch auf Grass' migrantische Bewegungen zwischen Wirklichkeiten, zwischen Schriftsteller und Zeichner, zwischen Phantasie und Vernunft, Mikro- und Makrokosmos usw. Solchen Bewegungen kennen aber kein Ankommen, etwa in einem ‚Dritten Raum' (Bhabha), sondern sind grenzüberschreitende Bewegungen in Permanenz. Gerade eine solche „Poetik der Bewegung" wird bei Ottmar Ette zum Kennzeichen des Transkulturellen (vgl. Ette 2005: bes. 18–20). Bei Rushdie heißt diese Bewegung zunächst noch Migration, wobei er aber kaum allein die traditionelle Migration von einem Land in ein anderes im Auge hat: „Wir alle überschreiten Grenzen; in diesem Sinne sind wir alle Migrantenvölker" (Rushdie 1991: 326). So wird der Migrant zur „zentrale[n] und bestimmende[n] Figur des 20. Jahrhunderts" (ebd.: 325), die sich so mit anderen Figuren der Bewegung des vergangenen, aber auch des neuen Jahrhunderts vergleichen ließe, z. B. mit dem Touristen bei Andersch, „eine Schlüsselfigur des Jahrhunderts" (s.o), oder dem nomadischen 20. „Jahrhundert der Flüchtlinge", von dem der Historiker Karl Schlögel (Schlögel 2008: 83) spricht.

10.6   Drei Schlussbemerkungen

Erstens: Bezogen auf Transkulturelles gingen in meinen angeführten Beispielen die Begriffe scheinbar durcheinander. Waren es im Fall von Andersch *Desertion, Internationalisierung,* konkret *Europäisierung,* so waren es bei Koeppen die Erfahrungen des *Fremdseins* sowohl beim *Reisen* wie auch *zuhause,* und bei Grass

Verlust, Flucht, nach Rushdie gar *Migration.* Gemeinsam ist den angesprochenen Erfahrungen jedoch ein Überschreiten von Grenzen und das Verlassen des Eigenen, wobei diesen Schritten und Übertretungen keine Ankunft mehr gelingen kann, auch nicht in irgendeinem Dritten Raum. Zwar haben die genannten Autoren als Personen konkrete Wohnsitze gefunden, ihr Schaffen mündete aber in einer „Literatur[ ] ohne festen Wohnsitz" (Ette 2005). Fasst man diese unterschiedlichen Bewegungen als Transkulturalität auf, dann ist Transkulturalität ein Horizont, der zunächst sehr unterschiedlich erscheinende Bewegungen einfangen bzw. konzeptionalisieren kann, z. B. Internationalisierung, Flucht, Reisen, Migration, usw. Solche Bewegungen können aber auch die Grundlage von Autorschaften bilden, die gemeinhin nicht der Migrationsliteratur, sondern einer ‚sesshaften' Nationalliteratur zugerechnet werden. Das heißt auch, dass transkulturelle Konzepte eine neue Perspektive auf die Nationalliteratur bieten können.

Zweitens: Historisch gesehen finden sich Konstellationen eines Transkulturellen keineswegs allein in unserer Gegenwart, die sich durch Migrationsströme herausgefordert fühlt (als wären diese etwas Neues). Zwar reichen die angesprochenen Beispiele nicht besonders weit in die Vergangenheit zurück, aber immerhin sind sie jenseits heutiger Gastarbeiter- Migrations- und Flüchtlingsdebatten angesiedelt. Sie bewegen sich sogar innerhalb von Diskussionen um einen Aufbau oder – wenn man so will – *Wieder*aufbau einer Kultur, einer Nation oder eines Landes – aber auch einer Literatur. Interessant dabei ist zu sehen, dass transkulturelle Erfahrungen unterschiedlichster Art die schriftstellerische Praxis und das Selbstverständnis von Autoren mitbestimmen, die später der nationalen Literaturgeschichtsschreibung zugeordnet werden, wodurch die transkulturellen Erfahrungen solcher Autorschaften wegfallen oder marginalisiert werden. In jedem Fall zeigen meine Beispiele, dass innerhalb von Literaturwissenschaft und -geschichte Transkulturalität nicht allein auf die Aktualität der sogenannten Migrationsliteratur beschränkt werden kann und braucht.

Drittens: Damit ist letztendlich zu fragen, inwiefern der Literatur bzw. der Kunst als ästhetische Formen grundsätzlich eine transkulturelle Dimension zukommt. Für den begrenzten Ausschnitt meines Arbeitsfeldes kann man jedenfalls die These aufstellen, dass fiktionale Literatur zu einem Transkulturellen neigen muss, denn in ihrer Fiktionalität überschreitet sie immer Grenzen, insbesondere die zwischen Realem und Imaginärem. Sie verwischt die Grenze zwischen beiden, indem sie beide miteinander vermischt, eben dies macht Fiktionalität aus. Insofern ist Literatur immer auch migrantisch – und der Begriff Migrationsliteratur, macht man ihn nicht allein am Biographischen fest, vielleicht nur tautologisch.

Literatur

Andersch, Alfred (2004): Gesammelte Werke in zehn Bänden. Kommentierte Ausgabe. Hg. von Dieter Lamping. Zürich.
Arnold, Heinz Ludwig (1978): Gespräche mit Günter Grass. In: Ders. (Hg.): Günter Grass. München: 5. Aufl, S. 1–39.

Arnold, Heinz Ludwig (Hg.) (2004): Die Gruppe 47. 3. und gründlich überarb. Aufl. München.

Döring, Jörg/Römer, Felix/Seubert, Rolf (Hg.) (2015): Alfred Andersch desertiert. Fahnenflucht und Literatur (1944–1952). Berlin.

Enzensberger, Hans Magnus (1968): Gemeinplätze, die Neueste Literatur betreffend. In: Kursbuch. 15, 187–197.

Enzensberger, Hans Magnus (2008): Flucht vor Deutschland. Ein Dialog. In: Marcel Korolnik/ Annette Korolnik-Andersch (Hg.): Sansibar ist überall. Alfred Andersch. München, S. 25–28.

Erhart, Walter (2005): Koeppen und Döblin. Topographien der literarischen Moderne. In: Walter Erhart (Hg.): Wolfgang Koeppen und Alfred Döblin. Topographien der literarischen Moderne. München, S. 9–31.

Ette, Ottmar (2005): ZwischenWeltenSchreiben. Literaturen ohne festen Wohnsitz. Berlin.

Gobyn, Saartje/Biebuyck, Benjamin (2011): Traum oder Schande. Nachdenken über transkulturelle Räume in den Werken Günter'. In: Gobyn, Saartje/Biebuyck, Benjamin (Hg.): Transkulturelle Räume in den Werken Günter Grass'. Gent, S. 7–14.

Grass, Günter (1987): Werkausgabe in zehn Bänden. Hg. von Volker Neuhaus. Darmstadt/Neuwied.

Grass, Günter (2007): Laudatio auf Yaşar Kemal. In: Grass, Günter (2007): Werkausgabe, Bd. 20: Essays und Reden IV, 1997–2007. Göttingen, S. 11–22.

Häntzschel, Günter (2009): Die deutschsprachige Literatur des Jahres 1959. Ein Überblick. In: Häntzschel, Günter/Hanuschek, Sven/Leuschner, Ulrike (Hg.): Treibhaus. Jahrbuch für die Literatur der fünfziger Jahre. Das Jahr 1959 in der deutschsprachigen Literatur. München, S. 47–74.

Iser, Wolfgang (1991): Das Fiktive und das Imaginäre. Perspektiven literarischer Anthropologie. Frankfurt a.M.

Koeppen, Wolfgang (1986): Gesammelte Werke. Hg. von Marcel Reich-Ranicki in Zusammenarbeit mit Dagmar von Briel und Hans-Ulrich Treichel. Frankfurt a.M. 1986.

Koeppen, Wolfgang (1995): Fragebogen. In: Koeppen, Wolfgang (1995): Einer der schreibt. Gespräche und Interviews. Hg. von Hans Ulrich Treichel. Frankfurt a.M., S. 132–133.

Koeppen, Wolfgang (1995): Mein Zuhause waren die großen Städte. In: Koeppen, Wolfgang (1995): Einer der schreibt. Gespräche und Interviews. Hg. von Hans Ulrich Treichel. Frankfurt a.M., S. 262– 267.

Mayer, Hans: (19.06.1976) Exkurs. Reisen mit Koeppen. In: Frankfurter Allgemeine Zeitung (19.06.1976).

Morstein, Tanja (2011): Günter Grass' Novelle „Im Krebsgang" als transkulturelle Raum und Erinnerungsort. In: Gobyn, Saartje/Biebuyck (Hg.): Transkulturelle Räume in den Werken Günter Grass'. Gent, S. 57–78.

Nassehi, Armin (2003): Geschlossenheit und Offenheit. Studien zur Theorie der modernen Gesellschaft. Frankfurt a.M.

Platen, Edgar (2003): Ein Hang zu Grenzsituationen. Hybrides Schreiben und Reisen am Beispiel von Wolfgang Koeppens „Herr Polevoi und sein Gast". In: Häntzschel, Günter/Leuschner, Ulrike (Hg.): Jahrbuch der Internationalen Wolfgang Koeppen-Gesellschaft 2. München, S. 185–199.

Platen, Edgar (2005): „Jedenfalls nicht, um anzukommen". Anmerkungen zu Wolfgang Koeppens Selbstauskunft „Warum ich reise". In: Parry, Christoph (Hg.): Erfahrungen der Fremde. Beiträge auf der 12. Internationalen Arbeitstagung „Germanistische Arbeiten zum literarischen Text", Vaasa, 8.–10.05.2003. Vaasa, S. 247–255.

Platen, Edgar (2006): Ausländer, Deserteure, Touristen und verhinderte Heimkehrer. Wolfgang Koeppens Poetologie des Reisens im Umfeld der frühen Nachkriegszeit. In: Häntzschel, Günter/Leuschner, Ulrike/Ulrich, Roland (Hg.): Treibhaus. Jahrbuch für die Literatur der fünfziger Jahre 2: Wolfgang Koeppen 1906–1996. München, S. 125–139.

Reif, Ingo (2011): Danzig als Gedächtnisort bei Günter Grass. Die erzählte Stadt in „Die Blechtrommel" und „Der Butt". In: Gobyn, Saartje/Biebuyck, Benjamin (Hg.): Transkulturelle Räume in den Werken Günter Grass'. Gent, S. 13–56.

Rushdie, Salman (1992): Günter Grass. In: Rushdie, Salman (1991): Heimatländer der Phantasie. Essays und Kritiken 1981–1991. München, S. 320–330.

Schlögel, Karl (2008): Planet der Nomaden. In: Schlögel, Karl: Die Mitte liegt ostwärts. Europa im Übergang. Frankfurt a.M., S. 65–123.

Schnell, Ralf (2003): Geschichte der deutschsprachigen Literatur seit 1945. 2. und überarb. und erw. Aufl. Stuttgart/Weimar.

Welsch, Wolfgang (1997): Transkulturalität. Zur veränderten Verfassung heutiger Kulturen. In: Schneider, Irmela/Thomsen, Christian W. (Hg.): Hybridkultur. Medien. Netze. Künste. Köln.

Wer bist du eigentlich? Saša Stanišić und das transkulturelle Einschreiben in die europäische Literaturtradition

Christian Rink

11.1 Die Bedeutung unterschiedlicher Kulturkonzepte

We pretend that we are trees and speak of roots. Look under your feet. You will not find gnarled growths sprouting through the soles. Roots… are a conservative myth, designed to keep us in our places. (Salman Rushdie 1983: 83–85)

Seit 2015 und der internationalen Konferenz *Migration in Deutschland und Europa. Interkulturalität – Multikulturalität – Transkulturalität* besteht innerhalb der germanistischen Forschung und Lehre an der Universität Helsinki der Schwerpunkt *Transkulturalität*. Ziel war und ist, und der vorliegende Band reiht sich in dieses Vorhaben ein, anhand konkreter Beispiele die Anwendbarkeit inter-, multi- und transkultureller Konzepte verschiedener Wissenschaftsdisziplinen zu prüfen, Einblicke in die Vielfalt inter- und transnationaler Literatur sowie universitärer Lehre und Forschung zu geben.

Während der Planung und Ausarbeitung der Konferenz 2014 und 2015 hielt auch für uns mit der sogenannten Flüchtlingskrise, die auch heute noch entgegen vieler politischer Bekundungen nicht gelöst ist, eine lange verdrängte Realität in den akademischen Diskurs. Viel wurde und wird damit zusammenhängend zu Migration, zur Frage, was denn eigentlich deutsch sein bedeutet, zur Rolle des Islams in Deutschland und somit allgemein zur Frage kultureller Identität in der Öffentlichkeit und im akademischen Diskurs geredet und geschrieben. Hier soll festgehalten werden, dass Fragen nach Inter-, Multi- und Transkulturalität erstens nicht rein akademisch sind bzw. sein sollten, sondern dass Kulturvorstellungen Auswirkungen auf die Realitäten der Flüchtlingskrise, auf die Einwanderungspolitik und auf die Einwanderungsgesellschaft haben – direkt, zur Frage, wie und

C. Rink (✉)
Institut für moderne Sprachen, Universität Helsinki, Helsingin yliopisto, Finnland
E-Mail: christian.rink@helsinki.fi

© Springer-Verlag GmbH Deutschland, ein Teil von Springer Nature 2020
H. W. Giessen und C. Rink (Hrsg.), *Migration, Diversität und kulturelle Identitäten*,
https://doi.org/10.1007/978-3-476-04372-6_11

als was wir Angehörige verschiedener kultureller Gruppen wahrnehmen und zweitens auch in Zukunft eine nicht geringe Rolle in einem eben solchen Zusammenhang einnehmen dürften. Festzuhalten ist auch, dass Kultur und Identität oftmals als Vehikel für machtpolitische Auseinandersetzungen missbraucht werden und auch die Frage nach der Grenze von Kultur zu stellen ist. Wo hört Kultur auf und fängt Gesellschaft an? Wo verdecken Beschreibungserklärungen, die sich auf kulturelle Prägungen berufen, Handlungsmotivationen, die sich aus gesellschaftlichen Faktoren ergeben? Und verdeckt das Reden über Kultur nicht dringendere Fragen über soziale Ungleichheit?

Nicht genug betonen kann man, dass Texte von Autorinnen und Autoren mit Migrationsgeschichte keinen Sonderfall bilden, sondern längst als Regelfall anzusehen sind. Auch dies sei an dieser Stelle besonders betont: Der Ausgangspunkt der literaturwissenschaftlichen Beiträge ist kein rein migrationssoziologischer, der die Texte nur als Ausdruck interkultureller Erfahrungen der Autorinnen ansieht und behandelt und somit bei der Biographie der Autorinnen und Autoren ansetzt. Ausgegangen wird von der literarischen Qualität der Texte und ihrer literarischen Behandlung inter- und transkultureller Fragestellungen. Sie werden als ästhetisch und thematisch anspruchsvolle Texte analysiert, die gerade durch ihre Literarizität einen reflektierten und reflexiven Zugang zu kulturwissenschaftlichen Fragstellungen ermöglichen, ohne darin aufzugehen. Angewandt wird ein Zugang der interkulturellen Literaturwissenschaft, der einen Bedeutungsaspekt der Texte, oftmals freilich den zentralen, analysiert. Nämlich die Auseinandersetzung mit kulturellen Beschreibungsmustern.

Längst hat sich zu einer allgemein bekannten Tatsache entwickelt, dass Literatur sowohl an der Konstruktion als auch Dekonstruktion des kulturell Eigenen, Anderen und Fremden beteiligt ist. So wie hier die Perspektive den Gegenstand konstruiert, kann dabei eine interkulturelle Literaturwissenschaft die Perspektivität und die zunehmende Reflexion der eigenen Perspektivität fiktionaler Texte den Lesern überhaupt erst sichtbar machen, sie kontextualisieren und deuten. Wenig überraschend ist, dass in vielen Texten interkulturellen Autoren eine ebensolche Reflexion und Dekonstruktion der Fremd- und Selbstwahrnehmung, der Kategorisierung und De-Kategorisierung von Individuen, die sich nicht länger mit national-kulturellen Begriffen erfassen, geschieht. Oftmals mit einer genauen Kenntnis kulturwissenschaftlicher Forschungen zu Hybridität, Inter- und Transkulturalität.

Ebenso allgemein anerkannt ist wohl, dass die dabei verwendeten Begriffe und Konzepte einen sowohl deskriptiven, als auch normativen Charakter besitzen – dies gilt wohl aktuell besonders bei gesellschaftlich relevante Konzepte wie Interkulturalität, Multikulturalität und Transkulturalität in teils unterschiedlichen Ausprägungen, teils sich überschneidenden Voraussetzungen. Ein Fokus des Schwerpunkt *Transkulturalität* ist daher die kritische Auseinandersetzung mit unterschiedlichen Kulturbegriffen und -konzeptionen, ihrer Wandelbarkeit und damit zusammenhängenden Fragen der Konstruktion von Vorstellungen des Eigenen und Fremden. Spätestens der Briefwechsel Armin Nassehis mit Götz Kubitschek (den Nassehi auch in sein jüngstes Buch *Die letzte Stunde der Wahrheit* aufgenommen hat) führt vor Augen, dass eine zufriedenstellende Definition, was denn das (kulturell/völkisch) Eigene überhaupt sein könnte, dass europäische Populisten gegenwärtig so lautstark und teils erfolgreich hochhalten, aus sich heraus nicht möglich ist, Kultur immer ein Beziehungsverhältnis darstellt und das Eigene das Fremde zur eigenen Bestimmung braucht.

Wie weit die Freiheit in der Selbstbestimmung der eigenen Identität als performative Praxis innerhalb der Gesellschaft geht, welche Machtfaktoren und die eigene Stellung und die der eigenen Gruppe in Gesellschaft eine Rolle spielen, ist eine wichtige und noch intensiver zu diskutierende Fragen. Als Konsens innerhalb einer inter- und transkulturellen Literaturwissenschaft kann mittlerweile aber angesehen werden, dass Identität nicht fest, vorherbestimmt und durch Faktoren wie Geschlecht, Rasse, Nationalität festgelegt ist – wenn eben die gesellschaftliche Praxis dies zulässt. Gerade gegen eine Festschreibung der Identität durch Nationalität wenden sich Konzepte einer Transkulturalität, wie es beispielsweise Sonia Weiner festhält, Transkulturalität oder hier Transnationalität „emerges as a form of critique of a national agenda that seeks to make the national space synonymous with identity." (Weiner 2018: 22) Damit einher geht die *Verflüssigung der Identität:* „Identities, once thought to be essential, natural and fixed, are currently understood, as Stuart Hall (among others) has suggested, to be actively constructed in an ongoing process of formation." (Weiner 2018: 7). Dies ist als Ausdruck einer postmodernen Welt zu verstehen, die durch eine Steigerung der Mobilität, durch die fortschreitende Globalisierung und damit einhergehenden interkulturellen Begegnungen zu einer Neubestimmung des Kulturbegriffs hin zu transkulturellen Vorstellungen gelangt ist.

11.2   Saša Stanišić

„Was bist du eigentlich?" Dieser Frage begegnet sowohl dem Erzähler im 2006 veröffentlichtem Roman *Wie der Soldat das Grammofon repariert*, als auch wiederholt dem Autor Saša Stanišić. Die Frage drückt einen Wunsch nach einer eindeutigen, klar bestimmbaren Herkunft und nationalen Identität aus – also nach einer Illusion. Unzweifelhaft haben diese Fragen nach nationaler Zugehörigkeit, nach einer klar bestimmbaren individuellen und kollektiven (nationalen) Identität in den letzten Jahren eine Renaissance (nicht nur) in Deutschland und Europa erlebt. Offensichtlich ist dabei sogar ein „Heimatministerium" in Deutschland notwendig, was angesichts globaler, postnationaler Herausforderungen und der zunehmenden Multikulturalität europäischer, moderner Gesellschaften anachronistisch anmuten mag. Umso wichtiger sind Stimmen, die mit Mitteln der Literatur die Konsequenzen einer nationalen Identitätsfestschreibung, welche den geschichtlichen wie gegenwärtigen multikulturellen Verflechtungen Europas nicht gerecht wird, aufzeigen. allein dies macht *Wie der Soldat das Grammofon repariert* schon zu einem Stück Gegenwartsliteratur und den Autor zu einem kritischen Zeitgenossen aktueller Migrationsdebatten – mit den Mitteln der Literatur, wie zu zeigen ist. Geprüft wird die Vermutung, ob hier durch Elemente des Schelmenromans eine individuelle Migrationsgeschichte in der Gegenwart in die europäische Geschichte von Migration, Flucht und Vertreibung eingereiht wird und in der europäischen „Rahmung" der Autor Konvergenz statt Divergenz hervorhebt. Doch zunächst soll näher untersucht werden, ob der Roman als *Gegenwartsliteratur* und als ein Beispiel für das *Erzählen von Zeitgenossenschaft* anzusehen ist.

11.3   Gegenwart – Zeitgenossenschaft – Autor/Leser

Eine erste, banale, Antwort auf diese Frage ist, dass wir es mit einem erfolgreichen Gegenwarts*autor* zu tun haben, der mit seinen Büchern erfolgreich ein breites Publikum erreicht (auch international: *Wie der Soldat das Grammofon repariert* wurde bisher in mehr als 30 Sprachen übersetzt), von der Kritik gelobt wird, aus einer etablierten deutschen Kreativwerkstatt hervorgeht, von verschiedenen Institutionen gefördert wird, Preise gewinnt und auch im Wissenschaftsbetrieb zunehmend untersucht wird (ein Beispiel sind die beiden Beiträge im vorliegenden Band). Und der selbst explizit seine eigene Position als Autor im Literaturbetrieb kritisch reflektiert.

Stanišić wurde am 07.03.1978 in Višegrad, im ehemaligen Jugoslawien (heue gehört Višegrad zur Republika Srpska, einem Teilgebiet von Bosnien und Herzegowina) geboren. 1992 floh die Familie nach Deutschland. Nach dem Abitur studierte er zunächst Deutsch als Fremdsprachenphilologie in Heidelberg und ab dem Wintersemester 2004 am Deutschen Literaturinstitut Leipzig. Erste Veröffentlichungen von Erzählungen in Zeitschriften/Anthologien stammen bereits aus dem Jahr 2001, der Erstlingsroman *Wie der Soldat das Grammofon repariert* erschien 2006 bei Luchterhand. Gewissermaßen der „Kern" des Romans ist die Erzählung *Was wir im Keller spielen …*, mit der Stanišić 2005 auf Einladung von Ilma Rakusa an den 29. Tagen der deutschsprachigen Literatur in Klagenfurt teilnahm und dabei den Kelag-Publikumspreis gewann. Die Lesung und Diskussion sind abrufbar unter: http://archiv.bachmannpreis.orf.at/bachmannpreis. eu/-de/archiv/72/. Für die Ausarbeitung des Romans erhielt er im gleichen Jahr das Grenzgänger-Stipendium der Robert Bosch Stiftung und gewann 2008 den Adelbert-von-Chamisso-Preis der Robert Bosch Stiftung, mit dem Autorinnen und Autoren ausgezeichnet werden, deren Muttersprache nicht Deutsch ist.

Der zweite Roman *Vor dem Fest* aus dem Jahr 2014 war innerhalb des Literaturbetriebs ein noch größerer Erfolg und mit seiner Beschreibung des kleinen Dörfchens Fürstenfelde in der Uckermark, erzählt von einer Kollektivstimme, den Dorfbewohnern, gewann er den Preis der Leipziger Buchmesse 2014 und stand auf der Longlist des Deutschen Buchpreises. 2016 erschien der Erzählband *Fallensteller,* der in Teilen eine Fortschreibung des Romans *Vor dem Fest* darstellt. Interessant ist, dass Stanišić auf seiner Internetseite im Rahmen der Veröffentlichung des Bandes auf die zeitgleich diskutierte Flüchtlingskrise Bezug nimmt und quasi entschuldigend die folgende Frage aufwirft „Warum zu einer Zeit, da sich 60 Mio. Menschen, so viele wie noch nie, auf der Flucht befinden, andere

Geschichten als ihre erzählen?" (http://www.kuenstlicht.de/kuenstlicht.html) und dabei explizit auf die eigene Erfahrung als Geflüchteter Bezug nimmt:

> So viel erinnert an '92, an unsere Flucht nach Deutschland, an Ungewissheiten unterwegs, das Ausgeliefertsein den Grenzbeamten, Fußmärsche, Angst. Auch Angst in Deutschland, in der eigentlichen Sicherheit, an deren Rändern es brannte: in Rostock-Lichternhagen (sic) wenige Tage nach der Ankunft.

Das ist als Reflexion weniger überraschend anzusehen als vielmehr, so meine These, eine nachvollziehbare Reaktion auf eine Literaturkritik, die die Werke Stanišić primär vor dem biographischen Hintergrund des Autor bespricht und quasi einen Beitrag seinerseits hierzu zu Erwarten scheint (vgl. etwa: Auffermann 2014). Stanišić selbst ist nicht nur erfolgreicher Gegenwartsautor, sondern zudem ein Autor, der explizit auch außerhalb der literarischen Werke kontinuierlich Bezug nimmt auf die Diskussion um die Frage nach der Klassifikation von „Autoren mit Migrationshintergrund" und die besonderen Maßstäbe, die oftmals an deren Werke angelegt werden. Ein Beispiel hierfür ist sein Beitrag „Three Myths of Immigrant Writing: A View from Germany".[1] Wie das folgende Beispiel aus dem *Fallensteller* zeigt, persifliert er die ständige Klassifikation als bspw. *Chamisso-Autor, interkulturellem Autor, Migrationsautor, Autor mit Migrationshintergrund* zudem im literarischen Text selbst:

> Robert Lada Zieschke komponiert in seinem rasanten Milieustück eine Sinfonie der Provinz jenseits der großen Themen und abseits des Mainstreams. Die originale Musikalität seiner Sprache sucht ihresgleichen in seiner Generation, was sicherlich damit zu tun hat, dass Zieschke ein Autor mit Provinzhintergrund ist." Ja, da mussten wir dann mit dem Lesen auch schon aufhören, wir hätten keinen weiteren Genitiv ausgehalten. (Stanišić 2016a: 250).

Kritisiert werden hier sehr scharfsinnig und humorvoll das typische gönnerhafte Loben einer originellen, besonderen Sprache bei *Autoren mit Migrationshintergrund* durch die Literaturkritik (und nicht selten auch durch den Wissenschaftsbetrieb), sowie die direkte Ableitung des literarischen Wertes eines Textes aus der „besonderen Biographie" des Autors, die automatisch Authentizität garantiere. Unbestreitbar ist, dass sich Autoren und Autorinnen mit Migrationshintergrund oftmals zu rechtfertigen haben, wenn sie nicht über Migration schreiben. Stanišić nimmt dabei im *Fallensteller* nicht nur eine Kritik am Literaturbetrieb von, sondern auch an einer weit verbreiten Diskussionspraxis, die kulturelle Unterschiede als gegeben voraussetzt bzw. diese pauschal als Erklärungsmuster für reale wie eingebildete Konflikte heranzieht und Divergenz statt Konvergenz hervorhebt:

---

[1] Abrufbar unter: http://www.wordswithoutborders.org/article/three-myths-of-immigrant-writing-a-view-from-germany. Der Text erschien auf Deutsch in Pörksen/Busch (2008).

> Gölow war zu streng gewesen, finden auch wir. Unfair obendrein, dem Menschen wegen
> der Natur des Wolfes einen Vorwurf zu machen. Klar, es gibt unter den Wölfen auch
> welche, die wahrscheinlich nie auffällig werden. Aber wer will das garantieren? Ein Wolf
> ist ein Wolf, der kann sich doch schon rein von seiner Kultur her nicht an unsere Sitten
> halten, da kann der Naturschutz noch so viele Broschüren drucken, die liest der Wolf
> nicht. Der Wolf ist eine Gefahr, und eine Gefahr darfst du nicht schönreden. (Ebd.: 211 f.)

Unschwer fällt hier eine Lesart, die unter dem „Wolf" den „Fremden" oder
„Flüchtling" versteht. Eine simple, rein soziologische Lektüre verkürzt nicht nur
die Texte Stanišić, indem er ihn auf *ein* Thema reduziert, sondern verkennt gerade
die Literarizität der Texte, die eine solche simpel-soziologische Lesart unterläuft
und, wie in den beiden Textbeispielen ersichtlich, mehr oder minder deutlich
kritisiert.

11.4   Inszenierung von Authentizität; Spiel mit Autorinszenierung

Neben der eigenen medialen Autorinszenierung und der Reflexion der eigenen
Autorposition ist die Inszenierung von bzw. das Spiel mit Authentizität ein zentra-
ler Aspekt im Roman *Wie der Soldat das Grammofon repariert*. Dieses Spiel mit
Authentizität ist typisch für einen wesentlichen Teil der Gegenwartsliteratur (vgl.
Fischer 2016).

Der Text kann zunächst als mehr oder minder verschlüsselte autobiographische
Verarbeitung der Kindheitserinnerung an den Bürgerkrieg in Jugoslawien gelesen
werden (in deren Mittelpunkt die Belagerung und Eroberung Višegrad durch serbi-
sche Truppen steht, also das bereits in *Was wir im Keller spielen …* geschilderte),
der Kindheit vor dem Krieg, der Flucht nach Deutschland, der Erlebnisse als
Bürgerkriegsflüchtling in Deutschland und der späten Rückkehr an den Ort der
erlittenen Traumata vor und während der Flucht. Ein Stück Zeitgeschichte wird
erzählt, deutlich wird Bezug auf die außerliterarische Welt genommen, durch Nennung von konkreten Orten (z. B. Višegrad und Essen), Daten (z. B. 26.04.1992),
realen Kriegshandlungen und Kriegsverbrechen zudem Bezug auf die eigene Biographie. Der zweite Teil des Buches nähert sich dabei in Teilen einem späteren
neo-realistischen Erzählen aus dem *Fallensteller* an.

Zu fragen ist daher meines Erachtens, ob hier versucht wird, ein Stück weit
Gegenwart nicht nur zu beschreiben, sondern auch zu erklären und mit welchen
Mitteln dies geschieht. Scheinbar unterlaufen wird eine mögliche Erklärungs-
absicht und die explizite Bezugnahme auf reale Ereignisse dadurch, dass der
Roman schon durch die barocken Kapitelüberschriften, aber auch durch markierte
Intertextualität und der Bezugnahme auf die Blechtrommel als Schelmenroman
bezeichnet werden kann. Der Roman verbleibt stets in der personalen Erzähl-
perspektive, zeichnet sich durch eine gewisse Episodenhaftigkeit und Vielstimmigkeit, metafiktionale und phantastische Elemente aus:

Meine Geburt wurde von meinem Vater verschlafen und meine Mutter war sofort danach ohnmächtig geworden, so viel Blut und Scheiße auf einmal habe sie einfach nicht vertragen, so dass der einzige anwesende und bei Bewusstsein gebliebene Verwandte, mein Onkel Bora, mit vollem Recht sofort ausgerufen hatte: Aleksandar soll er heißen, der hässliche Drecksack. (Stanišić 2008: 165)

Die Referenz auf den Schelmenroman, einer europäischen Erzählform, die gerade in Krisen- und Umbruchzeiten Geschichte „von unten" schildert und dabei auch die Möglichkeit verlässlichen, autobiographischen Erzählens in Frage stellt (vgl. Gebauer 2006; Rötzer 2009), und insbesondere auf *Die Blechtrommel* von Günter Grass ist an dieser Stelle besonders deutlich, ebenso wie im Folgesatz: „Ich war da zwar noch sehr klein, aber so einen Satz vergisst du niemals" (Stanišić 2008: 165) Die Unzuverlässigkeit des Erzählers wird bereits zu Beginn des Buches hervorgehoben und lässt eine vereinfachende autobiographische Lektüre, die von einem direkten Wahrheitsanspruch des Gesagten ausgeht, somit ins Leere laufen:

Ich zweifelte an der Zauberei, aber ich hatte keine Zweifel an meinem Opa. Die wertvollste Gabe ist die Erfindung, der größte Reichtum die Fantasie. Merk dir das, Aleksandar, sagte Opa ernst, als er mir den Hut aufsetzte, merk dir das und denk dir die Welt schöner aus. Er übergab mir den Stab, und ich zweifelte an nichts mehr. (Ebd.: 11)

Durch dieses offene Spiel mit Faktischem und Fiktivem im Modus des fiktionalen Erzählens, durch die Verdichtung autobiographischer Erfahrung im pikaresken Erzählen gewinnt das Buch letzlich sein gesellschafts- und gegenwartskritisches Potenzial (ähnlich wie ein Insasse in einer Nervenheilanstalt auf Skepsis beim Leser stoßen wird, oder aber gerade durch die Verweigerung eines Autoritätsanspruchs in Krisenzeiten Autorität gewinnt). Selten wurde die Lächerlichkeit und Tragik nationaler und religiöser Kriege und die Illusion einer eindeutigen nationalen Zugehörigkeit als bestimmendem Faktor der eigenen Identität so eindeutig gemacht wie im Fussballspiel bosnischer und serbischer Truppen im Roman.

Was Fakt und was Erfunden ist, ist letzlich in einem fiktionalen Werk nebensächlich und gerade das „Erfundene", die Literarisierung der Realtität lässt uns *Gegenwart* besser verstehen und auch, dass das „Fremde" als Konstruktion und Bezugsgröße auf unsere eigenen Identitätsvorstellungen verweist. Der Erzähler selbst reflektiert dies im Buch und macht dabei auf die eigene Unzuverlässigkeit aufmerksam:

Man müsste, schreibe ich später in das Als-alles-gut-war-Buch, man müsste einen ehrlichen Hobel erfinden, der von den Geschichten die Lüge abraspeln kann und von den Erinnerungen den Trug. Ich bin ein Spänesammler. (Ebd.: 266)

Auch der Autor Saša Stanišić reflektiert das komplexe Verhältnis von „Wahrem" und „Erfundenem", indirekt zumindest und einige Jahre später, in seiner Besprechung von Miljenko Jergović Roman *Freelander:* „Denn das ist auch ein Buch über die Unmöglichkeit autobiographischen Erzählens, über die Möglichkeiten und Notwendigkeiten biographischer Fiktion […]" (Stanišić 2017).

Authentizität im Schildern zeitgenössischer Ereignisse ist ein wichtiges Gut, um überhaupt im medialen Diskurs wahrgenommen zu werden und gewinnt gerade durch ihre eigene Inszenierung erst ihren Legitimitätswert.

11.5 Migration und nationale Zugehörigkeit als Paradigma des 20. und 21. Jahrhunderts

Ähnlich wie bei Miljenko Jergović lässt sich bei Saša Stanišić ein Einschreiben in die jugoslawische (Ivo Andrić) und europäische Kulturgeschichte von unten feststellten. Der Bürgerkrieg in Bosnien, der Krieg in Jugoslawien insgesamt werden in ein weites Panorama einer europäischen Geschichte der Flucht und der Verfolgung eingereiht. Das erinnert an vereinzelten Stellen an das Schreiben Dieter Fortes, das ebenfalls autobiographisch motiviert ist:

> Gegen des Felsen klagt sie, unzählige Kriege habe sie durchgemacht, einer scheußlicher als der andere. So viele Leichen habe sie tragen müssen, so viele Brücken ruhen für immer auf ihrem Grund. (Stanišić: 208 f.)

Hier wird individuelles Leid wie das kollektive Grauen des jugoslawischen Bürgerkriegs in ein weites Panorama europäischer Geschichte eingereiht und in der Form des Schelmenromans narrativ zudem in eine europäische Erzählform eingebettet. Das lässt sich als nachträgliche individuelle wie kollektive Verarbeitung ansehen, insofern als aus der Perspektive der Gegenwart eine narrative Form für das Vergangene gefunden wird – ein „Erschreiben" von Gegenwart in der Verarbeitung individueller wie kollektiver Traumata, die im Roman oft nur angedeutet werden. Interessant ist dabei, dass der Erzähler, anders als die in Višegrad verbliebenen, nach der Rückkehr und mit zeitlichem Abstand aus einer transkulturellen Perspektive eine solche Verarbeitung leisten kann. Dass ein Autor keine auktorial-umfassende Erklärung des Jugoslawienkriegs leisten kann, erscheint in Anbetracht des doch geringen zeitlichen Abstands und der Komplexität des Gegenstands nur logisch.

Eine weitere Parallele zu Günter Grass ist zudem, dass ebenso wie Grass die verlorene, unwiederbringliche Heimat Danzig zumindest literarisch bewahrt, Stanišić das untergegangene Višegrad und Jugoslawien wiederauferstehen lässt: „Wenn man mich fragt, woher ich komme, sage ich, das sei eine schwierige Frage, weil ich aus einem Land komme, das es dort, wo ich gelebt habe, nicht mehr gibt." (Ebd.: 139) Die Schilderung des Vergangenen lässt sich, ähnlich wiederum zu etwa Dieter Forte, als literarische, hier humoristischere, Verarbeitung eines kollektiven und auch persönlichen Traumas ansehen, was die nicht-lineare Schilderung der Ereignisse und das im Zentrum Stehen der Szenen im Keller (hier wird das genaue Datum genannt: 26.04.1992) erklärt.

Ein Paradigma des 20. und 21. Jahrhunderts und unserer unmittelbaren Gegenwart sind sicherlich Migration und die Frage nach den Bedingungen nationaler Zugehörigkeit. Auch dies zeigt Stanišić auf, in einer Verbindung mit der Thematik einer unwiederbringlichen Heimat. Besonders interessant ist hier bei diesem Thema, dass, eingebettet in die fiktionale Erzählposition des *Zauberers,* der Erzähler in einem realistischen Tonfall sich vereinzelt scheinbar direkt auf die reelle Abschiebepraxis in der Gegenwart des Romans bezieht:

> Wenn meine Eltern nicht ausgewandert wären, hätte man sie nach Bosnien zurückgeschickt. Freiwillige Rückkehr nennt sich das. Ich finde, etwas Verordnetes kann nicht freiwillig sein und eine Rückkehr keine Rückkehr, wenn es sich um einen Ort handelt, in dem die Hälfte der ehemaligen Bewohner fehlt. (Stanišić 208: 151)

Ebenso realistisch, und man vermeint die Stimme des Autors durch die Erzählstimme zu hören, sind die Passagen, in denen der ständige Zwang nach nationaler Eindeutigkeit in der Kindheit in Jugoslawien deutlich gemacht und kritisiert wird. So begegnet dem serbisch-bosnischen, muslimisch-christlichen „Mischlingskind" Aleksandar die eingangs erwähnte, ständige, oft aggressive Frage nach einer definierbaren, eindeutigen Nationalität: „[W]as bist du eigentlich?" (Ebd.: 52). Doch nicht nur in der jugoslawischen Heimat ist der Protagonist dieser Vorstellung einer nationalen Eindeutigkeit ausgesetzt, sondern auch in der neuen Heimat Deutschland erlebt er die Illusion einer eindeutig bestimmbaren Nationalität und Monokulturalität. Auch hier sind die Parallelen zwischen den Erlebnissen des Protagonisten und des Autors interessant und bei aller literarischen Verschlüsselung und dem Hintergehen einer unmittelbaren Authentizität als Zeitzeuge, scheint der Erzähler direkt auf außerliterarische Diskurse Bezug zu nehmen: „Ich freue mich für fünf Nationalmannschaften. Wenn jemand sagt, ich sei ein gelungenes Beispiel für Integration, könnte ich ausflippen." (Ebd.: 154). Die Kritik an einer Illusion von Monokulturalität, von der absoluten Homogenität und der zwangsläufigen Verbindung von Herkunft und Identität wird im Roman, wie insgesamt im Schreiben Stanišićs, ständig kritisiert und ist ein wesentlicher Teil des Werkes, wie beispielsweise im Essay *Die Schöne mit dem schlanken Hals* deutlich wird:

> In Bosnien wurde geschossen am 20. August 1992. In Heidelberg hat es geregnet. Es hätte auch Osloer Regen sein können, jede Heimat ist eine zufällige – dort wirst du halt geboren, hierhin vertrieben, da drüben vermachst du deine Nieren an die Wissenschaft. (Stanišić 2016b: 63)

Der lakonische und humoristische Tonfall der oben zitierten Passage ist dabei typisch für Stanišićs Schrieben insgesamt, in dem eine sehr ernste Kritik an der Vorstellung vom homogenen Nationalstaat als Normalfall geübt wird. Ebenso typisch ist die Kritik Stanišićs an einer simplen, nationalen Einordung von Schriftstellern „mit Migrationshintergrund" und einer immer noch anzutreffen Vorstellung einer zwangsläufigen Verbindung von nationaler Herkunft, Sprache und Identität und einer damit häufig erfolgenden, bewusst oder unbewusst, Abwertung von literarischen Werken und Schriftstellern, wenn sie eben nicht vorrangig nach literarisch-ästhetischen Kriterien bewertet werden. Man vgl. etwa das zweifelhafte Lob des Essays *Die Schöne mit dem schlanken Hals* durch Andreas Lindemann: „Der Essay von Saša Stanišić über seine Ankunft als bosnischer Flüchtling

1992 in Heidelberg kann als Beispiel einer beeindruckenden kulturellen Integration angesehen werden." Diese Äußerungen sind typisch, ebenso wie der ständige Rechtfertigungszwang der Autorinnen und Autoren, die keine eindeutige nationale Identität aufzuweisen haben, auferlegt wird und die sich letztlich oft vor allem über ihre eigene deutschsprachige (bzw. mehrsprachige) Literatur definieren. Ein Beispiel hierfür ist Ilma Rakusa (2006: 7):

> Vor einiger Zeit habe ich mir eine Website einrichten lassen, weil mir die über mich kursierenden Informationen zu bunt wurden. Ich war abwechselnd eine slowakische, eine ungarische und eine schweizerische Schriftstellerin, während ich nichts anderes bin als eine deutschsprachige Schriftstellerin, die in Zürich lebt.

Ein weiterer Aspekt, der für *Gegenwartsliteratur* spricht und dafür, den Roman als *zeitgenössischen Roman* zu klassifizieren ist zudem, dass er in diesem Zusammenhang auch ein Bedürfnis nach „Exotik" und Selbstbespiegelung der oft im Selbstverständnis „richtigen Deutschen" zu befriedigen scheint. Es gibt eine weit verbreite Faszination für das „Andere" oder das „Fremde" als Spiegelbild des „Eigenen", bzw. als Konstruktion, die das „Eigene" erst Kontur gewinnen lässt – was zu einem gewissen Teil die Popularität der Texte erklären könnte und die literarische Qualität der Texte auf einen „identifikatorischen Wert" reduziert. Bezeichnend, aber keineswegs ein Einzelfall, ist hier etwa der abschließende Kommentar in einem Porträt des Autors durch Claudia Voigt (2006: 27) im Kulturspiegel: „Es wird interessant sein, wenn jemand wie Saša Stanišić [!] den Blick auf sein neues Deutschland richtet".

Zu fragen ist hierbei, mit welchen literarischen Mittel Stanišić welche Themen und Fragestellungen reflektiert und wie „dieser Blick" zu bestimmen ist. Michael Hofmann kommt dabei zu einer Lektüre, die eher eine interkulturelle Nicht-Verständigung konstatiert:

> Dabei geht es um ein Ringen um einen neuen Standpunkt, der die naive, trotz aller Gewalt heiter bleibende Sicht des Kindes überwindet, und der schließlich von Deutschland, genauer von Essen aus, ein Jahrzehnt später neu justiert wird. Dabei wird jedoch erstens deutlich, dass die Kommunikation mit dem Raum der damaligen Erlebnisse nur scheitern kann (wie aus den Briefen an die verlorene Jugendliebe, das verwaiste blonde Mädchen Asija, deutlich wird) und zweitens, dass die Bruchstücke aus der zusammengebrochenen Kindheitswelt zwar präsent sind, aber nicht in die Realitäten und Bezugsrahmen der deutschen Gegenwartsgesellschaft hineinübersetzt werden können. Deshalb sind die im Roman eingestreuten Geschichten aus der Kindheit märchenhaft gestaltet, und der Roman als Ganzes beantwortet gerade nicht die Fragen nach der europäischen Memoria des jugoslawischen Bürgerkriegs und seiner Gewaltverbrechen, sondern zeigt sie lediglich auf und wirft den Leser auf das Ungeklärte zurück. Insgesamt nimmt der Text eine Position kritischer Transkulturalität ein.

Eine weitere Lesart scheint auf der Basis des bisher ausgeführten möglich. Der Roman gewinnt meiner Meinung nach durch die Form des Schelmenromans, durch den Bezug auf europäische Referenzgrößen und vor allem durch die literarische Einbettung der Geschehnisse in eine europäische Geschichte der Flucht,

Vertreibung und der nationalen Identitätskonflikte ein enorm produktives, positives Potenzial der Transkulturalität. Für eine europäische Erinnerung an den jugoslawischen Bürgerkrieg ist es sicherlich noch zu früh, eine Einbettung der Bürgerkriegs in eine gesamt-europäische Geschichte erfolgt meines Erachtens jedoch genau im Roman. Und so würde ich auch, auch vor dem Hintergrund der Erfolgsgeschichte des Autors, den letzten Satz des Romans positiver lesen: „Aleksandar?, sagt die Frauenstimme, und es ist ein Fluss, in dem ich liege, meine eigene Regen-Drina habe ich bekommen, und ich sage: ich bin ja hier." (Stanišić 2008: 313). Hier wird in deutscher Sprache, aus einer neu gewonnen transkulturellen Perspektive eine Gegenwart erschrieben. So wie der Protagonist des Romans, Aleksandar, am Ende der Geschichte in der Gegenwart angekommen ist, erschafft der Autor durch Mittel eines zwischen Realismus und Phantastik positionierten Textes ein Ankommen als Autor in der Gegenwart und der europäischen Literatur. Seine Souveränität im Umgang mit Themen und Motiven ist dabei zu bewundern und noch mehr noch zu honorieren, wie er sich nicht als „Autor mit Provinz- oder Migrationshintergrund" vereinnahmen lässt. Saša Stanišić ist vielmehr ein mehrsprachiger europäischer Autor, der bewusst europäische Traditionen weiterführt.

Literatur

Auffermann, Verena (2014): Eineinhalb Neonazis. „Vor dem Fest": Saša Stanišić entdeckt das Gemeinsame an Bosnien und der Uckermark. In: Die Zeit 11/2014. Abrufbar unter: http://www.zeit.de/-2014/11/sasa-stanisic-vor-dem-fest-roman.

Fischer, Alexander M. (2016): Posierende Poeten. Autorinszenierungen vom 18. bis zum 21. Jahrhundert. Heidelberg.

Gebauer, Mirjam (2006): Wendekrisen. Der Pikaro im deutschen Roman der 1990er Jahre. Trier.

Pörksen, Uwe/Busch, Bernd (Hg.) (2008): Eingezogen die Sprache, angekommen in der Literatur. Positionen des Schreibens in unserem Einwanderungsland. Bd. 8. Darmstadt.

Rakusa, Ilma (2006): Zur Sprache gehen. Dresdner Chamisso-Poetikvorlesungen 2005. Dresden 2006.

Rushdie, Salman (1983): Shame. London: Vintage book.

Rötzer, Hans-Gerd (2009): Der europäische Schelmenroman. Stuttgart.

Stanišić, Saša (2008): Wie der Soldat das Grammofon repariert. München. (Originalausgabe: München 2006).

Stanišić, Saša (2016a): Der Fallensteller. München.

Stanišić, Saša (2016b): Die Schöne mit dem schlanken Hals. In: Christian Ammer, Andreas Lindemann (Hg.): Kultur und Identität: Konstruktionen der Identität im europäischen Kontext. Leipzig, 63–69.

Saša Stanišić (2017): Gegen die Verrohung. Besprechung von Miljenko Jergovićs Roman „Die unerhörte Geschichte meiner Familie". In: Die Zeit 31/2017. Abrufbar unter: http://www.zeit.de/2017/31/unerhoehrte-geschichte-meiner-familie-miljenko-jergovics.

Voigt, Claudia (2006): Der Übersetzer. In: Kultur Spiegel 10/2006, 22–27.

Weiner, Sonia (2018): American Migrant Fictions. Space, Narrative, Identity. Leiden.

Erratum zu: *Third Culture Building:* Vom territorialen Paradigma zur Vereinbarungskultur

Jürgen Beneke

Erratum zu:
Kapitel 4 in: H. W. Giessen und C. Rink (Hrsg.),
Migration, Diversität und kulturelle Identitäten,
https://doi.org/10.1007/978-3-476-04372-6_4

Im 4. Kapitel, des Buches von Giessen und Rink „Migration, Diversität und kulturelle Identitäten" wurden Korrekturen gegenüber der ersten Veröffentlichung ausgeführt.

Die E-Mail Adresse des Autors Jürgen Beneke war in der ersten Version leider falsch wiedergegeben und wurde in dieser Version nun richtig eingefügt.

Die Literatur am Ende des Kapitels war unvollständig und wurde nun vervollständigt.

Die korrigierte Version des Kapitels ist verfügbar unter
https://doi.org/10.1007/978-3-476-04372-6_4

© Springer-Verlag GmbH Deutschland, ein Teil von Springer Nature 2020
H. W. Giessen und C. Rink (Hrsg.), *Migration, Diversität und kulturelle Identitäten,*
https://doi.org/10.1007/978-3-476-04372-6_12